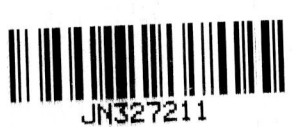

BEST INTRODUCTION TO ECONOMY

［入門］ 見る 読む 深く わかる

金融のしくみ

田渕 直也
TABUCHI NAOYA

日本実業出版社

まえがき

金融は、誰にとっても身近な存在のはずなのですが、その反面、馴染みにくいところが多々あります。それどころか、魑魅魍魎《ちみもうりょう》が跋扈《ばっこ》する不気味な世界と感じられることさえあります。マネーの流れはあまりにも巨大で、その一方で具体的な動きが見えづらいというのが大きな原因でしょう。また、小難しげな専門用語が次々と飛び出してくる点もそれを助長しているかもしれません。

しかし、現代の経済活動は金融抜きでは成り立ちません。金融のしくみを理解することは、経済や社会の動きを理解するうえで欠かすべからざるものなのです。

本書は、そんな金融の全体像を、入門者の方にも理解できるように、図表を交えてわかりやすく解説しています。

本書の大きな特徴としては、金融に関して知っておくべき基本的な事項を網羅するだけでなく、実際の金融活動がどのように行なわれ、それが経済や社会にどのように影響を与えるのかという点を実感できるような解説を心掛けているところにあります。

金融は、様々な意味でとてもダイナミックなものです。たとえば、２００８年に起きたリーマン・ショックは、それ自体がとてもダイナミックな出来事であっただけでなく、金融のあり方そのものに大きな影響を与えました。リーマン・ショック後の金融は、もはやそれ以前のものと同じではありません。このように、金融理論も、金融機関の行動も、歴史のなかで常に大きく変遷してきたのです。

そうした金融の最前線にある議論の数々や、現在の金融が抱える様々な課題についても、本書では可能な限り取り上げています。

本書を読み終えていただいたとき、金融の全体像を生き生きとした現実のものとして実感していただけると思います。さらに、本書をきっかけとして、金融への理解と関心を育んでいただければこれ以上の喜びはありません。

２０１４年２月

田渕　直也

［入門］金融のしくみ／もくじ

序章　金融は普通の人にも身近な存在

0-2 金融商品は身近な存在
銀行預金、住宅ローン、株、投資信託、外国為替… … 013

0-3 株式
株式会社が発行する証券で資産運用の代表選手 … 016

0-4 債券
特定の時期に利息や元本の支払いを約束する証券 … 019

0-5 投資信託
資金を集めて株式や債券に投資して成果を分配する金融商品 … 022

0-6 ETFとREIT
投資信託の一種で取引所に上場されているもの … 025

0-7 FX
異なる通貨を交換する取引のこと … 028

1章　企業活動と金融は深く関係している

1-1 自己資本と負債
返済義務のない自己資本と返済義務のある負債（他人資本） … 032

1-2 直接金融と間接金融
資金の流れが銀行などの金融機関を経由するのかどうか … 035

1-3 企業にとっての株式
株式会社は自己資本を調達するために株式を発行する … 038

4章 投資家は金融にどう関わっているの？

5章 金融と経済の関係はどうなっているの？

6章 金融は政策や規制でどうコントロールされているのか

装丁・DTP／村上顕一

BEST INTRODUCTION TO ECONOMY

序章 金融は普通の人にも身近な存在

SECTION 0-1

そもそも金融って何だ？

お金がある人とお金を必要とする人を仲介して資金を融通させること

金融とは資金を融通すること

そもそも金融とは、「資金を融通する」というところからきている言葉です。

世の中には、お金が余っている人（資金余剰者）とお金が足りない人（資金不足者）がいます。現在の日本では、大まかにいって、家計が資金余剰になっていて、企業と政府部門が資金不足になっています。

お金が余っている人は、資金を安定的に貯蓄したり、あるいは投資をしてさらに資金を増やしたりしたいというニーズを持ちます。

一方お金が足りない人は、事業を行なったり、サービスを提供したり、あるいは資産を購入したりするために、お金を借りたり、出資を募ったりして資金を確保したいというニーズを持ちます。

この両方の仲介をして、資金を融通させるのが金融の働きです。

もし金融の機能がなければ、お金持ちしか事業を起こすことができなくなり、企業も手元にある資金でしか設備投資ができませんから、経済はまったく活力を失い、経済成長もままならないでしょう。

政府部門も、たとえば現在の日本などでは税収以上の支出をしていますから、その分の資金を調達できなければ公共サービスがストップしてしまいます。

企業活動や政府のサービスだけではありま

日本の金融資産・負債の構造（2013年6月末、単位：兆円）

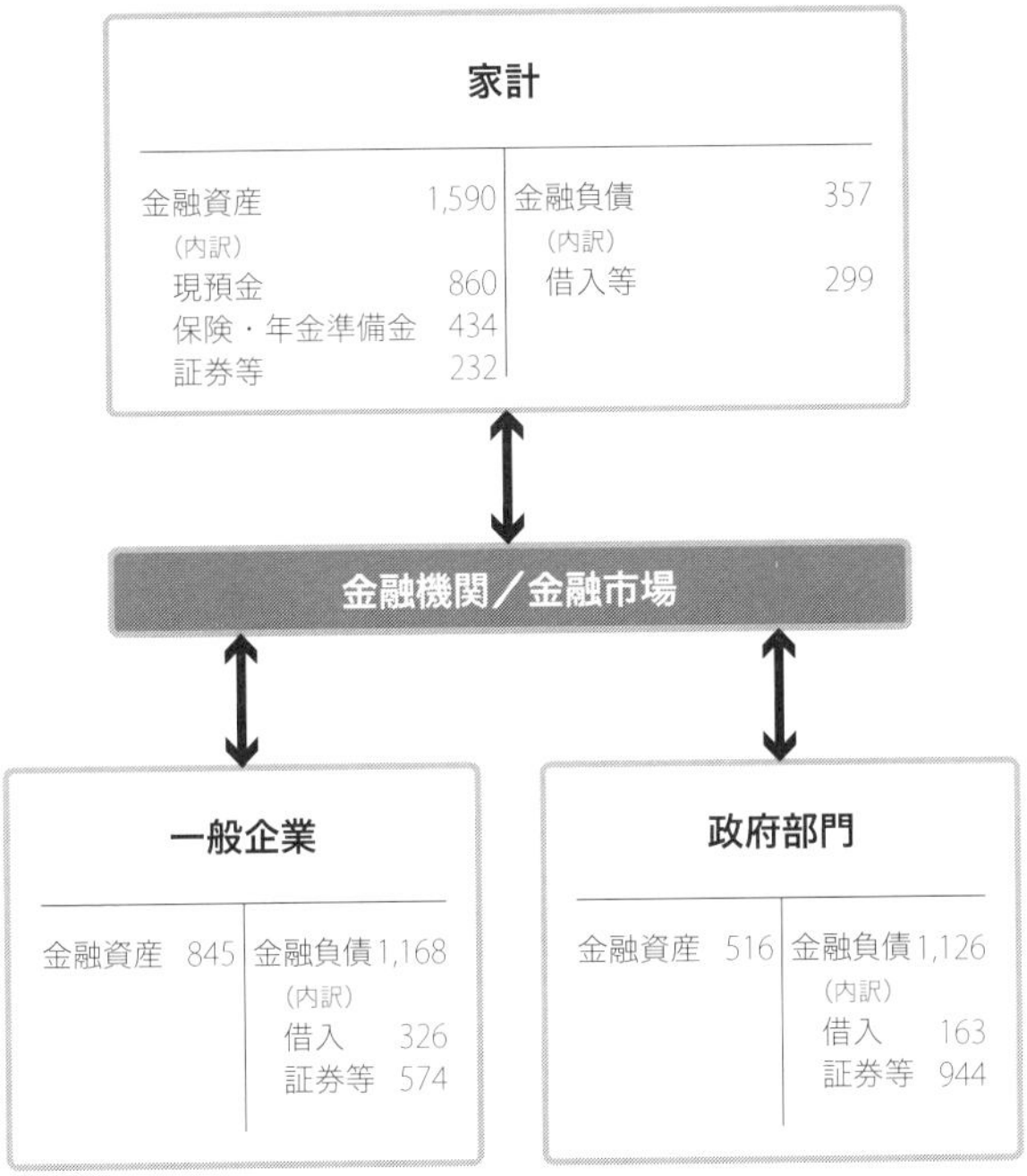

出所：日銀資金循環統計

KEY WORD

為替：内国為替と外国為替に分かれる。外国為替は本来、国内外にまたがる資金決済のしくみを意味するが、狭義には異なる通貨を交換する取引を指す。

せん。家計は全体で見ると資金余剰ですが、個々の家計ではばらつきがあります。とくに持ち家を購入する際には多くの家計は資金不足となり、住宅ローンによってその資金不足を補います。そうした住宅ローンがなくなれば、ほとんどの人が若いうちに住宅を購入することが不可能になります。

●金融には他の機能もある

金融には、単に資金を融通する以外にも重要な機能があります。

現代の経済活動では、何かを購入したり、サービスを受けたりする対価を支払うのに、現金で支払うケースばかりではありません。多くの場面で、送金や振込み、あるいは小切手による支払いなど、現金を直接受払しないで決済が行なわれています。

これは多額の現金をやり取りしたり、移送したりするのが非効率で、かつ危険をともなうからです。このように現金を直接やり取りしないで決済を行なうことを（広義の）**為替**と呼びます。外国との輸出入の際には、異なる通貨を交換する手段も必要となります。この機能をとくに外国為替と呼んでいます。

この為替というしくみも長い歴史の中で発展してきた金融の機能のひとつです。

また、近年になって重要さを増しているのが、金融活動にともなう様々なリスクをヘッジ（回避）する手段の提供です。

金融活動においては、株価、金利、あるいは為替レートの変動など、様々な要因によって、思わぬ損失を被る可能性が内在しています。これがリスクです。

こうしたリスクをヘッジする手段を提供することも、金融の大きな役割のひとつになっています。

SECTION
0-2 金融商品は身近な存在
銀行預金、住宅ローン、株、投資信託、外国為替……

身近にある金融商品の数々

　金融は、企業活動や政府財政になくてはならない存在です。前項の図表にもあるとおり、企業部門の資金調達額は２０１３年６月末で１１６８兆円、一般政府部門が１１２６兆円という巨額に上ります。桁が大きすぎてちょっとピンとこないほどの規模だと思います。

　また、Ｍ＆Ａ（企業買収・合併）、国の債務問題、金融危機、デリバティブ、証券化商品、ヘッジファンド等々、ニュースに頻繁に登場する金融の話題は、どれも複雑で、専門用語が飛び交うものがほとんどです。

　こうしたことから、金融というと、遠い世界の専門的な世界という印象を抱く人も多いことでしょう。

　しかし、金融はすべての経済主体を深く結び付けています。金融に関係のない人などまずいません。

　図表に戻ると、家計は１５９０兆円の資金余剰（金融資産）を持ち、最大の資金供給者となっています。それとは別に、おもに住宅ローンをはじめとして２９９兆円の借入もしています。家計は、金融における巨大なプレーヤーなのです。

　それでも金融がなかなか身近に感じられないのは、家計にとって金融取引のほとんどは銀行相手のものであり、その裏側で何が起こっているのか意識することがほとんどないか

●日米の金融資産の内訳（2013年9月末）

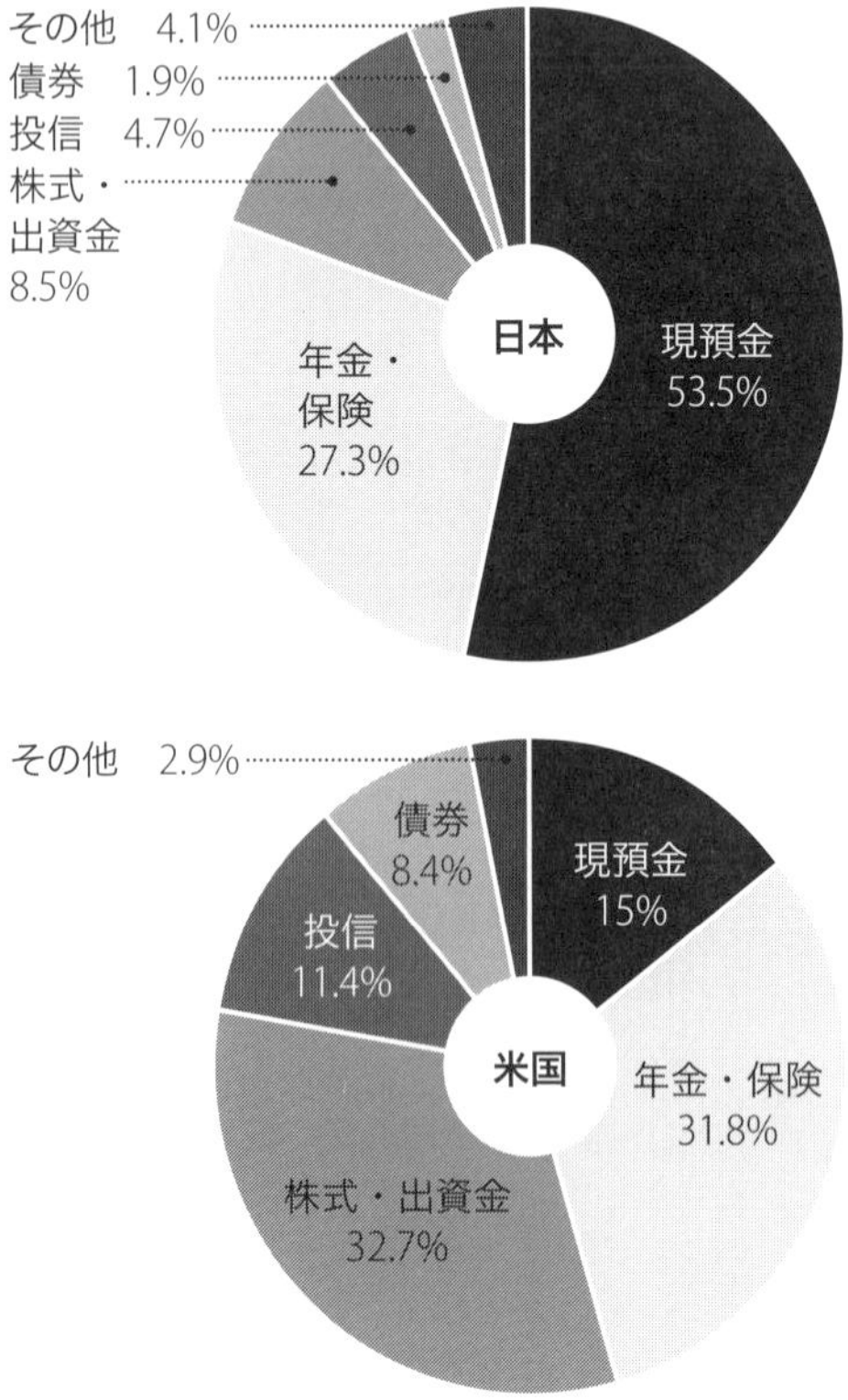

出所：日本銀行

らでしょう。

家計の余剰資金のうち、半分以上が銀行等に預金として預けられています。これに保険・年金を合わせると8割以上に達します。他に、後ほど説明をする債券や株、投信などの証券投資が十数%ほどを占めていますが、これらは比較的一部の家計に集中する傾向があるため、多くの家計にとっては必ずしも馴染みのあるものではないでしょう。

つまり、多くの家計にとって、金融とは銀行預金、場合によっては住宅ローン、それにせいぜい保険を加えたものを意味しているにすぎないのです。

もちろん、預金も住宅ローンも保険も、とても重要な金融商品です。ただし、後述するように、こうした金融機関を経由する金融取引は間接金融と呼ばれ、たとえば銀行に預けた預金がどのように使われているかということが直接わからないしくみとなっています。ダイナミックに動く金融の全体像を意識する必要がないといってもいいでしょう。

しかし、少しでも金融に関心を持つならば、それ以外の様々な金融商品が、われわれのごく身近に数多く存在することに気がつくはずです。

現在では、株や投資信託、債券、外国為替等々、様々な金融商品が、誰にでも簡単に取引できる環境が整っています。これらの金融商品の多くは、ダイナミックな金融の世界と直接つながっていて、価格変動などのリスクをともなっているものがほとんどです。

こうした金融商品を取引するにはそれなりの知識が必要ですが、これらを活用できれば、預金に預けっぱなしとなっている資金を有効に運用することが可能です。また、直接取引をしなくても、こうした金融商品の動向を知ることで金融や経済のダイナミックな動きを知る手掛かりを得ることができます。

SECTION

0-3 株式

株式会社が発行する証券で資産運用の代表選手

●株式とは何か

株式は、株式会社が発行する証券の一種です。以前は、株券と呼ばれる紙に印刷したものが実際につくられていたのですが、現在では電子化され、コンピューター上で管理されるようになっています。

株式を購入すると、その会社の株主となり、次のような権利を得ます。

- 株主総会に出席し、会社から提案された議案を議決できる
- 会社の上げた収益のうち、株主への分配である配当金を受け取ることができる

一般の人が取引をする株式は、**上場株**といわれるものです。上場株とは、東京証券取引所（東証）などの取引所で取引されることが認められている株式で、証券会社を通じて自由に売買することができます。

上場していない株（非上場株）についても、グリーンシートという制度があり、この制度に登録されている銘柄であれば、取扱証券会社を通じて取引をすることは可能なのですが、銘柄数はわずかで、通常の上場株に比べてリスクも大きいので、一般には馴染みが薄いものとなっています。

また、株式会社は、様々な種類の株式を発行することが可能です。たとえば他の株式よりも優先して配当が支払われるもの（優先株）、議決権に制限がつくもの（優先株に議決権の制限

株式の取引制度と株式会社の意思決定機関

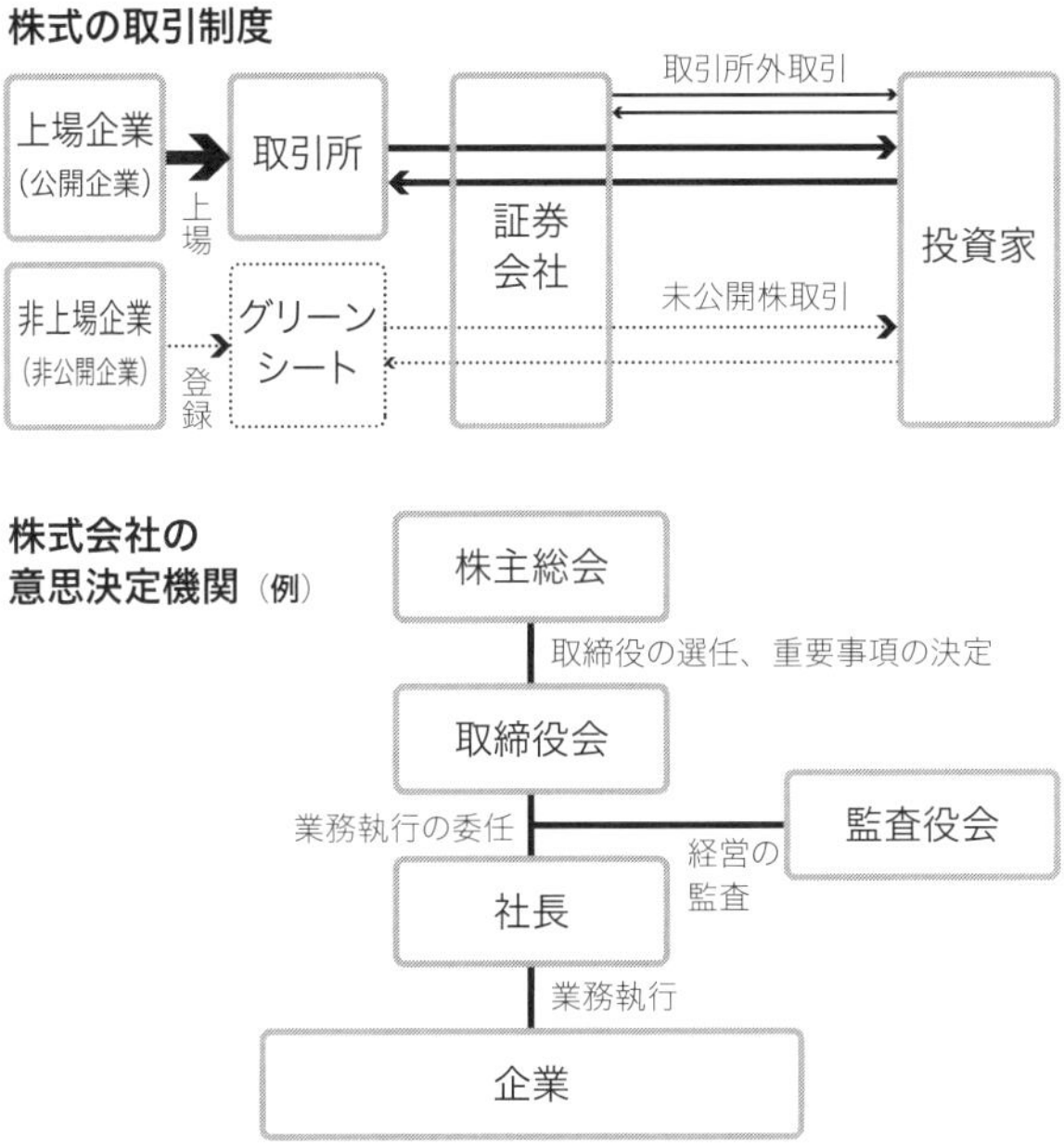

KEY WORD

普通株：株式にはいろいろな種類があるが、標準的な普通株に対して、それ以外のものを種類株と呼ぶ。

インサイダー：企業の内部関係者以外には知りえない重要な情報をインサイダー情報といい、それに基づいて株などの取引を行なうことをインサイダー取引という。市場の公平さ、公正さを阻害するため禁止されている。

がつくケースが多い）、特定の事業や子会社の業績に連動するもの（トラッキング・ストック）などがあります。これらの特殊な株式に対して、一般に取引されている標準型の株式を**普通株**といいます。

●株式は資産運用の代表選手

株式（上場されている普通株）は、多くの投資家により活発に取引され、資産運用における代表的な金融商品に位置付けられます。

上場株には、投資家を保護するための様々なしくみがあります。たとえば株式を取引所に上場している上場企業は、取引所が定める様々なルールに従わなければならず、業績や重要事項を迅速かつ正確に公表することも必要です。

また、特定の投資家が**インサイダー**と呼ばれる一般投資家が知りえない内部情報を使って株式を売買することも禁じられています。

公正な取引が保証されることで、多くの投資家が安心して株式投資に参加できるようになり、それが市場の発展を促し、ひいては株式市場が果たす金融機能を強化することにつながるのです。

株式が企業活動に果たす役割や、株式投資の考え方については、章をあらためて解説しますが、基本的には株式の価格（株価）は企業の価値を表しています。

経済が成長して企業がより多くの利益を生み出すことができれば、企業の価値は増大し、株価も上がります。株式投資は、そうした意味で、経済成長の恩恵を多くの人に分配するしくみでもあるわけです。

近年では、インターネット証券の登場により、より低コストで、より気軽に株式投資ができる環境が整っています。もちろん、株式投資にはリスクが伴いますが、とても重要な金融商品といえるでしょう。

SECTION 0-4

債券

特定の時期に利息や元本の支払いを約束する証券

●債券とは何か？

債券は、特定の時期に利息や元本の支払いを約束する証券です。

株式との最大の違いは、返済義務の有無にあります。株式は、利益を分配する証券ですから、企業から見れば、利益が出なければ配当を行なう必要がなく、借金ではないので出資分を返済する義務もありません。

これに対して債券は、借用証書のようなものですから、決められた利息や元本を支払う義務があります。もし、この義務を果たせない場合には、**債務不履行**（**デフォルト**）と認定され、経営が破たんしたとみなされます。

ですから、債券への投資においては、債券を発行した企業など（発行体という）が将来にわたって義務を果たす意思と能力を保てるかどうかという判断がとても重要になってきます。

こうした支払い義務（債務）を果たせるという信頼感や能力のことを「**信用**」と呼びます。言い換えると、債券の価値は、発行体の信用力に左右されるということになります。

信用力の高い発行体が発行する債券は、安全性が高い運用資産とみなされます。後で解説するように、債券の価値は金利の変動によっても左右されますが、信用力の高い発行体の債券であれば、価格が株価のように大きく下落するということはほとんどありません。

債券の分類

①発行体による分類

発行体	債券の分類
政府	国債
地方公共団体	地方債
企業	社債
SPC等	証券化商品など
政府機関	政府機関債
海外発行体	サムライ債 (円建外債) など

発行体別発行残高

(2013年6月末、国内市場、兆円)

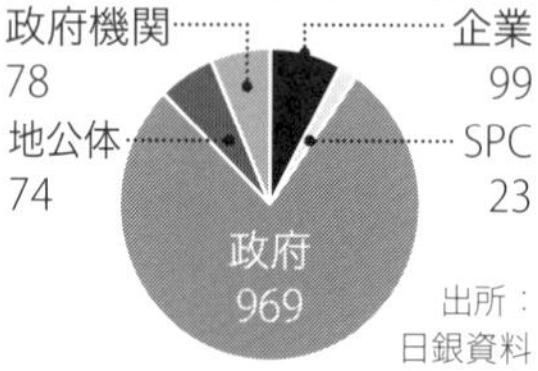

②返済の優先順位による分類

債券の分類	優先順位	概要
担保付社債	高	担保が設定されている債券
優先債	↕	一般の債券
劣後債		デフォルト時に返済が(優先債等の一般債権に対して)劣後する債券
永久劣後債	低	劣後債のうち満期が定められていない債券

③利子(クーポン)や元本の形態による分類

債券の分類	概要
固定利付債	クーポンがあらかじめ決められている債券
変動利付債	クーポンが市場金利に合わせて定期的に見直される債券
ゼロクーポン債	クーポンがない債券(その代り低価格で取得できる)
転換社債※	株式に転換できる債券
仕組債(例)	デリバティブを組み込んだ債券
デュアル債	円で発行され、クーポンも円だが、償還元本が外貨の債券
リバース デュアル債	円で発行され、償還元本も円だが、クーポンが外貨の債券
TARNS(ターンズ)	変動クーポンの累積が一定額を超えると償還される債券

※正式には転換社債型新株予約権付社債という

KEY WORD

債務不履行(デフォルト):期日が到来した債務を履行できないことをいう。資産の保全、債務の弁済計画策定や債権者間の権利調整などが必要になり、経営破たんとみなされる。

ただし、万が一、発行体が経営不振に陥って債務を返済できなくなると、債券が一気に減価して、紙くず同然になってしまうということも起こります。

基本的に、債券は大きな損失を被る確率は低いものの、いったん経営破たんなどが起きると一気に価値が急減してしまうという性質を持っています。

国債を中心とした巨大市場

株式と比べた債券のもうひとつの特徴は、発行体が株式会社などの企業に限らないという点にあります。

債券の発行体は、基本的に（発行時点で）信用力が高いとみなされる先がほとんどですから、債券を発行する企業は一部の優良企業に限られます。その一方で、国や地方公共団体など、企業以外の発行体も多くいます。

実際には、現在の日本でいうと、債券市場の主役は国（政府）であり、国が発行する債券（国庫債券、または**国債**）の残高は約１０００兆円にも上り、巨大な市場を形成しています。

債券に投資をするのは、金融機関や大口の投資家がほとんどで、一般の投資家の占める比率は高くありません。なかには、個人投資家向けに債券が発行されたり、後述する投資信託を通して個人投資家が間接的に債券を購入したりするケースもありますが、一般には、株式と比べるとやや馴染みの薄い金融商品といえるでしょう。

ただし、債券市場は株式市場を上回る巨大市場であり、われわれが預金を預けている銀行が巨額の債券を保有するなど、金融全体の中ではとても大きな役割を占めています。

SECTION

0-5 投資信託

資金を集めて株式や債券に投資して成果を分配する金融商品

●投資信託とは何か？

投資信託（投信）は、投資家の資金を集めて、その資金で株式や債券などに投資し、その成果を投資家に分配する金融商品です。投資家の資金を集めて運用するしくみを総称してファンドといいますが、投資信託はその中でも一般投資家向けの公募型のものが主流を占めていて、ファンドの中では一般に最も馴染みの深いものとなっています。

投資信託には、**契約型投信**と**会社型投信**という2つの形態があります。日本では契約型が主流です。

契約型では、**信託**という制度が利用されます。信託とは、特定の資産の管理を信託銀行などに委託する制度です。投資家の資金は、この信託契約に基づき、信託銀行の信託口座で管理されます。

この資金を株式や債券などに投資して運用するわけですが、その運用方針を定めるのが運用会社（投資信託委託会社）です。実務的には、資産を管理している信託銀行が、運用会社の運用指図に従って取引を行ないます。このように運用方針の決定と資産の管理が切り離されていることで牽制が効くしくみとなっていて、投資家の保護が図られています。

投資信託は、多くの投資家の資金をまとめて専門家が運用し、その成果を投資家に分配するしくみですので、一般の投資家には大き

一般の投資信託のしくみ

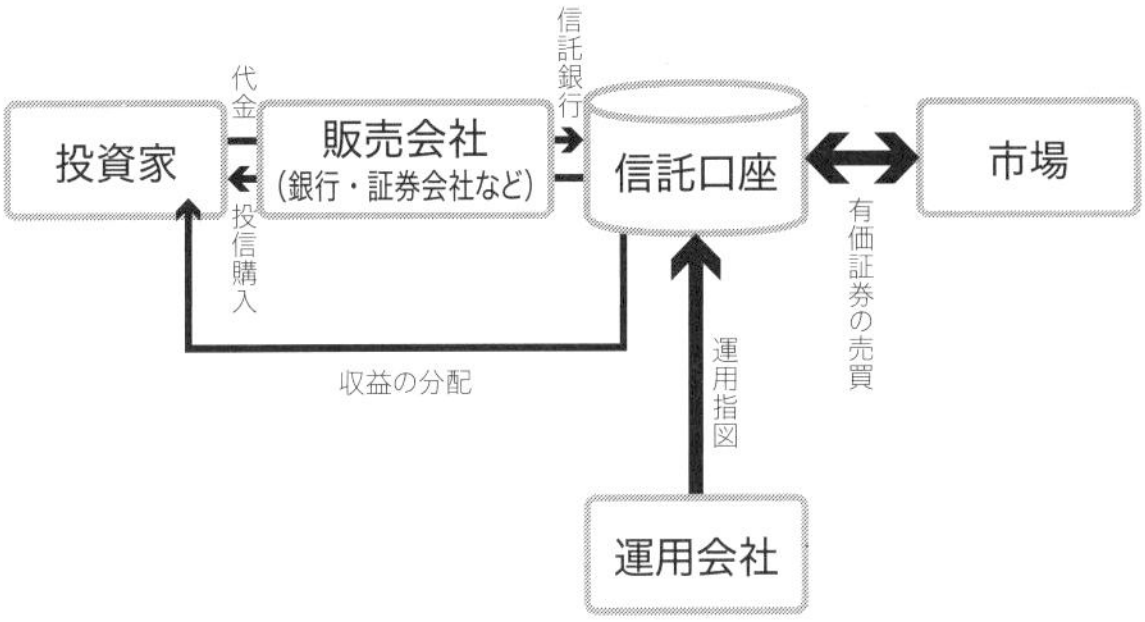

公募投信の純資産総額推移（単位：10億円）

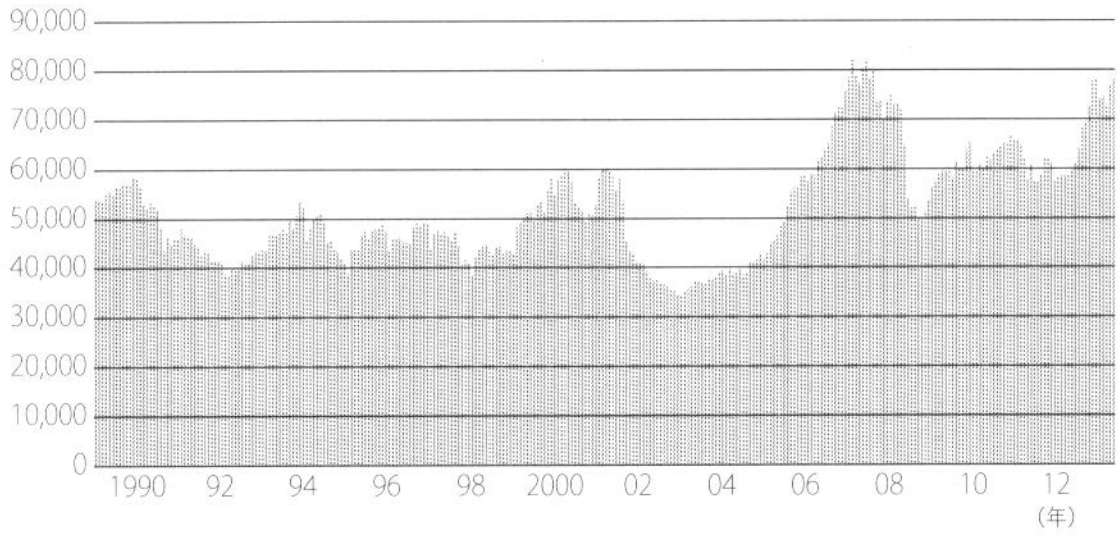

出所：投資信託協会公表データ

KEY WORD

契約型投信、会社型投信：日本の投資信託は契約型が一般的だが、米国の投資信託（ミューチュアルファンド）は会社型である。

なメリットがあります。

多数の銘柄に投資する分散投資には、安定した投資収益を期待できる効果がありますが、それにはまとまった資金と専門的なスキルが必要であり、一般の投資家にはなかなか実現できません。投資信託を購入することによって、そうした専門的スキルに裏打ちされた分散投資の効果を享受できるのです。

「貯蓄から投資へ」の切り札

こうしたメリットにより、投資信託は、「貯蓄から投資へ」といわれる投資促進策の切り札とされてきました。現在では、主力の公募投信だけで78兆円の残高を有しています。

ただし、この数字は1590兆円に上る家計資産のごく一部に過ぎず、投信先進国の米国と比べるとかなり低い水準にとどまっています。

投資信託は、投資家保護のしくみや専門家の運用スキルを利用するためのコストとして、運用報酬や管理報酬が差し引かれます。十分な運用成績を上げられない投資信託ではこの手数料負担が大きく効いてきます。

また、購入時や解約時にも手数料がかかるのが一般的です。そのため、こうした手数料を獲得するために投資家に短期間での売買を勧奨することも少なくないといわれており、投資家が安定的な投資成果を享受するという本来の投資信託のメリットが必ずしも活かされてこなかったという経緯があります。

結局、「専門家に運用を任せる」投資信託についても、適切な投信を選ぶという〝目利き〟力が必要だといえます。投資信託には他の金融商品にはないメリットがあるわけですから、それをうまく活かせば、一般投資家の主力投資商品として成長する大きな潜在力があることは間違いないでしょう。

SECTION

0-6 ＥＴＦとＲＥＩＴ

投資信託の一種で取引所に上場されているもの

上場投資信託（ＥＴＦ）

ＥＴＦ、すなわち上場投資信託は、その名のとおり投資信託の一種で、上場株式のように取引所に上場されているものをいいます。

ＥＴＦはExchange Traded Fundsの略です。

日経平均株価や東証株価指数（ＴＯＰＩＸ）などといった株価指数に連動するように資産が構成されているものが多くを占めますが、なかには株価指数の値動きの2倍に連動するレバレッジ型ＥＴＦや、金価格に連動する金価格連動ＥＴＦなどもあります。

ＥＴＦのメリットとしては、まず、取引所で取引されている商品なので、売買が容易で、換金性が高いということが挙げられます。

また、ＥＴＦはあらかじめ資産構成が決まっているので、運用会社が運用方針を決める通常の投資信託よりも運用報酬が低めに設定されています。

こうした点からＥＴＦはたいへん利便性の高い金融商品で、一般投資家の投資の幅を大きく広げてくれるものといっていいでしょう。

不動産投資信託（ＲＥＩＴ）

ＲＥＩＴは、Real Estate Investment Fundsの略で、日本語では不動産投資信託と呼ばれます。これは、その名のとおりで不動産に投資する投資信託です。主な投資対象には、オフィスビル、商業施設、賃貸マンション、物

●REITのしくみ

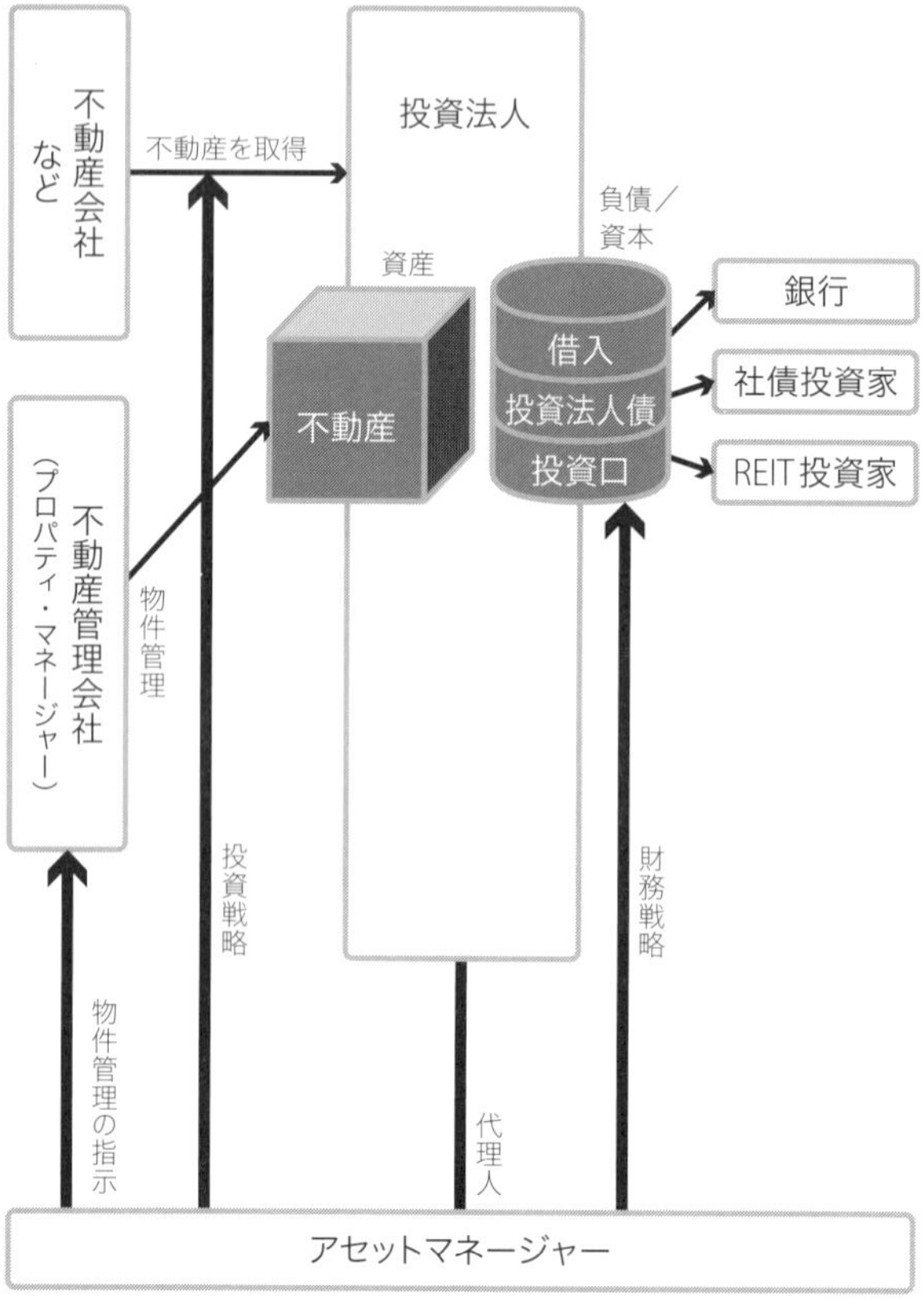

不動産会社など
不動産を取得
投資法人
負債／資本
資産
不動産
借入
投資法人債
投資口
銀行
社債投資家
REIT投資家
不動産管理会社（プロパティ・マネージャー）
物件管理
投資戦略
財務戦略
物件管理の指示
代理人
アセットマネージャー

流施設、ホテルなどがあります。

ちなみに、ＲＥＩＴは米国の制度を日本に移入したもので、日本版という意味でJapanのＪをつけて、Ｊ－ＲＥＩＴと呼ぶことがあります。

日本では、通常の投資信託は契約型ですが、ＲＥＩＴでは会社型投資信託のしくみが用いられています。

日本の会社型投信では、投資法人という特殊な会社がつくられ、その投資法人が投資家の資金を受け入れて投資を行ないます。

投資法人は、投資証券（または投資口）という株式に類似した出資証券を発行して、投資家の資金を集めます。他に、銀行からの借入や投資法人債という債券を発行して追加の資金を調達することもできます。

このように、会社型投信では、会社という形態を使って資金を集めるわけですが、運用のしくみに関しては一般の投資信託と同じようなしくみが用いられます。

投資法人は、投資家の資金を運用・管理するのに特化した会社です。実際にどの不動産物件を購入して運用していくのかといった運用方針は、アセット・マネージャーと呼ばれる不動産投資顧問会社に委ねられます。

ＲＥＩＴは、通常であればまとまった資金がなければ投資対象にすることがむずかしい不動産への投資を小口でも可能にするもので、こちらもまた投資信託という制度を使って一般投資家の投資の幅を大きく広げてくれる金融商品です。

また、ＲＥＩＴの多くは、投資証券を取引所に上場しており、上場株式と同様に容易に売買できるようになっています。

SECTION 0-7

FX

異なる通貨を交換する取引のこと

外国為替証拠金取引

ＦＸとは、Foreign Exchangeの略です。もともとは外国為替という意味で、日本円と米国ドルといった異なる通貨を交換する取引を意味します。しかし最近は、ＦＸという場合は、個人投資家が簡単に外国為替を取引できるように設計された外国為替証拠金取引をさすことが一般的です。

金融がグローバル化する過程で、外国為替市場は巨大市場に発展し、異なる通貨の交換レートである為替レートの変動は毎日経済ニュースで報じられるようになっています。

ＦＸが出現するまでは、こうした為替レートの変動に投資するのに、ドル円であれば売買するたびに1ドル当たり1円という大きな手数料を銀行に支払う必要がありました。

これに対してＦＸでは、ドル円で1ドル当たり1銭以下という極めて低いコストで外貨を自由に売買することができる会社もあります。

証拠金取引とレバレッジ

ＦＸのもうひとつの特徴は、**証拠金**制度というものを使って、実際の資金量の何倍もの取引ができるという点です。

証拠金は、為替レートの変動によって生じる損失をカバーするための担保のようなお金で、ＦＸを取引するときはこの証拠金をあら

証拠金取引とレバレッジのしくみ

例）投資家の投資可能額＝100万円
ドル円為替のFX取引証拠金率＝5%
為替レート＝1ドル当たり100円

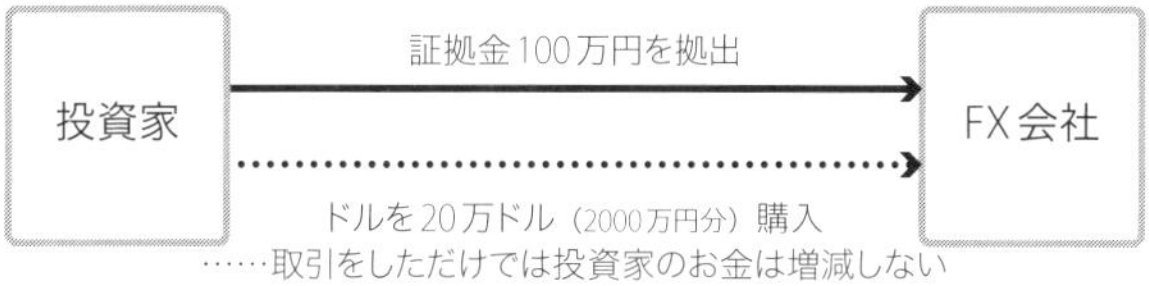

為替レートが100円→105円になったら　5%の値上がり
20万ドル×（105－100）＝100万円の儲け
⇒証拠金が200万円に増加　5%×20倍＝100%の収益率
レバレッジ効果

為替レートが100円→95円になったら　5%の値下がり
20万ドル×（95－100）＝△100万円の損失
⇒証拠金が全額失われる　△5%×20倍＝△100%の収益率
レバレッジ効果

KEY WORD

証拠金：証拠金取引にはFXのほか、後述する先物、上場オプション取引などがある。
レバレッジ：ここでは、負債や信用取引、証拠金取引、デリバティブを使って、投下資金以上の取引をすることを指す。企業財務においては、総資産／自己資本を（財務）レバレッジという。

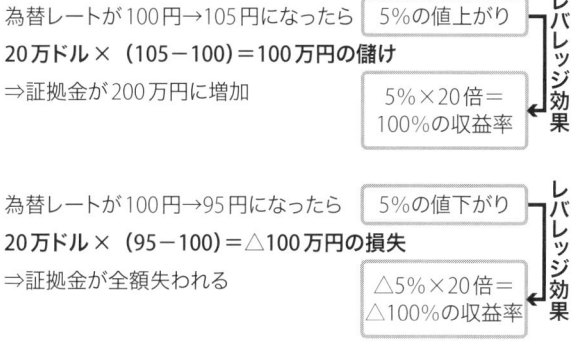

かじめ拠出して取引を行なうことになります。

　短期間で見れば、為替レートの変動が数％を超えることはほとんどありません。つまり、ある金額の外貨を売買しようとするときには、その数％の変動をカバーできる証拠金を拠出すればよいということになります。

　仮に拠出する証拠金の率が２％ならば、実際に拠出する金額の50倍（＝１÷０・０２）の外国為替を取引できます。

　このように、実際に投下する資金額よりも大きな金額の取引を行なうことを「**レバレッジ**をきかせる」と呼びます。レバレッジとは〝てこ〟の意味で、てこを使って効果を増幅することを意味しています。

　株の売買でも、信用取引という制度を使ってレバレッジをかけた取引を行なうことができますが、ＦＸではもっとレバレッジの倍率を高くできるようになっています。

　このレバレッジは、金融にとってはとても重要な概念です。このレバレッジによって、わずかな資金で大きな利益を得ることができるようになります。もちろん、レバレッジを大きくすれば、リスクもそれだけ膨らみます。

　レバレッジが50倍というのは、逆にいえば、為替レートが思わぬ方向に２％動いただけで証拠金が全額失われるということです。損失率は１００％（＝２％×50）です。つまり損失もレバレッジの分だけ増幅されるのです。

　ＦＸでは、こうしたリスクの増幅効果によって、投資資金のほとんど、またはすべてを失う投資家が続出する事態が生まれています。

　そうした事態を受けて、現在ではレバレッジには規制がかかっており、最大で25倍となっていますが、依然として大きなレバレッジが可能であることに変わりはありません。便利な金融商品でも、そのリスクには十分に注意を払わなければならないという格好の事例といえるでしょう。

BEST INTRODUCTION TO ECONOMY

1章 企業活動と金融は深く関係している

SECTION 1-1

自己資本と負債

返済義務のない自己資本と返済義務のある負債（他人資本）

●企業のバランスシート

企業が活動を行なうためには、資金が必要です。事務所を開くにしろ、工場を建設するにしろ、原材料を仕入れるにしろ、人を雇うにしろ、いずれにしても資金がないと事業は始まりません。

企業に、こうした活動資金を供給するのが金融の大きな機能のひとつです。

企業に提供される資金は、返済義務があるかどうかによって、大きく2つに分類されます。返済義務のない自己資本と、返済義務のある負債（他人資本ともいう）です。

図は、企業の**バランスシート**というものをイメージ化したものです。左側の「資産」は、自社で保有する事務所や工場、設備などの固定資産、売掛金や現金などの流動資産が含まれます。「**資産**」は企業活動のもととなるものであると同時に、企業活動の結果が資産価値の増減となって反映されます。

バランスシートの右側が、その資産を賄うための資本（事業の元手）の調達構造を示しています。

「**負債**」には、銀行からの借入、社債の発行、あるいは買掛金などが含まれます。いずれも、決められた期限までに決められた金額を支払う義務を負います。つまり、負債は、事業がうまくいっているかどうかにかかわらずに支払わなくてはならないものであり、こ

企業のバランスシートと利益

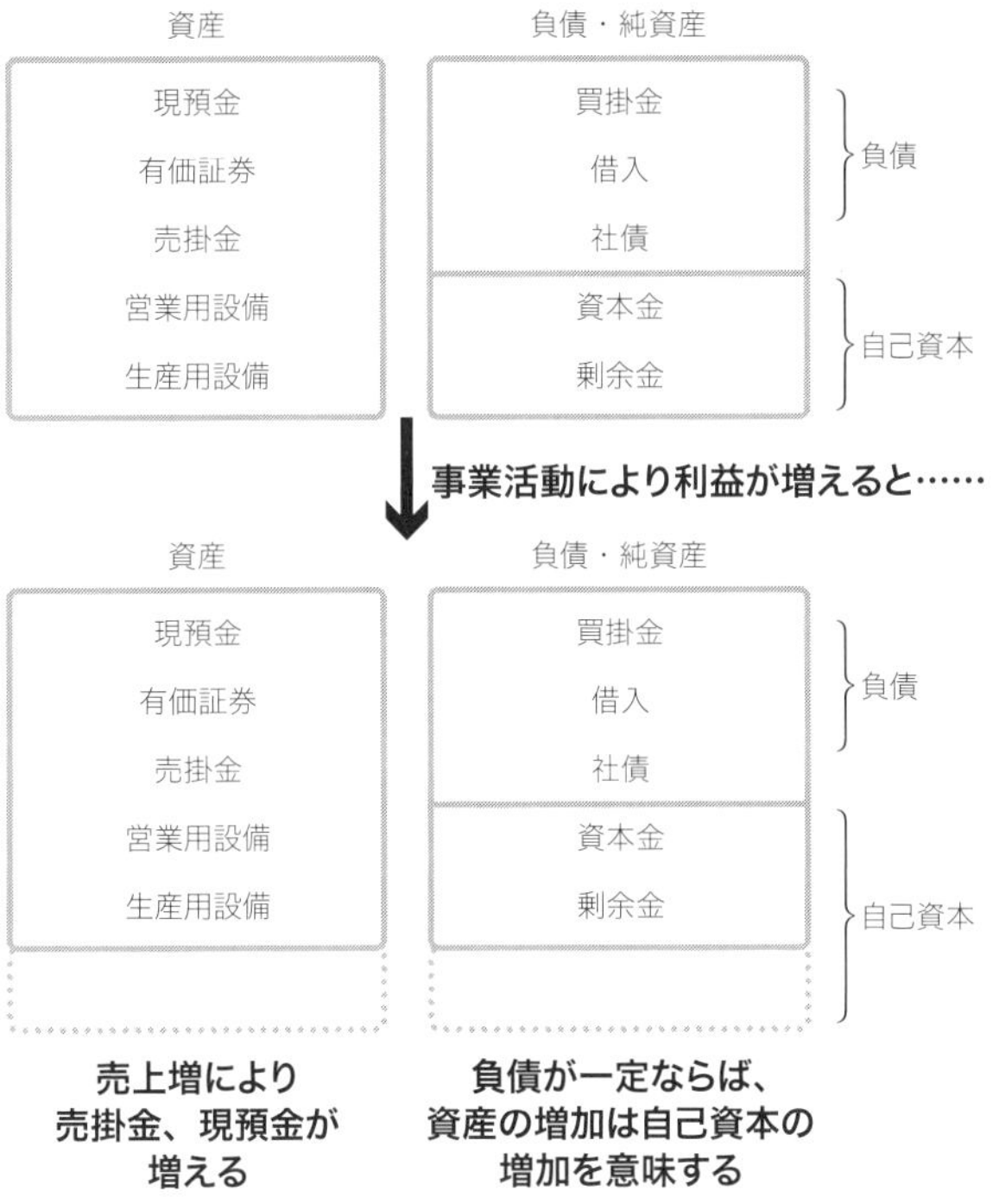

KEY WORD

バランスシート：貸借対照表のことで、転じて企業の資産構成や資本構成のことを意味する。総資産＝負債＋自己資本の関係が成り立つ。

の義務を果たせないと経営が破たんしたとみなされることになります。

●自己資本とは何か

さて、「資産」から「負債」を引いたものは、会計上は純資産と呼ばれます。これが、返済義務のない「**自己資本**」です。株式会社の場合は、株主に帰属するものという意味で、株主資本ともいいます。

自己資本は、出資者からの出資金（株式発行時の払込金など）をスタート台として、その後の事業の結果としての損益が蓄積されていきます。株主配当などの出資者への還元はこの部分から支払われます。

自己資本は、企業の正味価値をあらわすものといえます。ただし、これは会計上の価値（時価評価された価値ではない）なので、ブックバリュー（帳簿価値）という言い方をします。

自己資本にはもうひとつの意味合いがあります。自己資本は返済義務のない資金なので、損失が出た場合には自己資本を取り崩すことが可能で、自己資本を取り崩している限りでは、経営破たんということにはなりません。つまり、自己資本は損失のバッファーとなるのです。

したがって、総資産に対する自己資本の比率（**自己資本比率**）が高いほど、損失に耐えることができ、財務基盤が強固であるといえます。

さて、「資産」が「負債」を下回ると、純資産がマイナスとなります。この状態を**債務超過**といいます。債務超過になったからといって必ず経営破たんするわけではありませんが、早急に利益を積み上げたり、あるいは新たな出資を募ったりする（増資）ことによって自己資本を回復しなければいずれは破たんに追い込まれてしまう危険な状態といえます。

SECTION
1-2 直接金融と間接金融
資金の流れが銀行などの金融機関を経由するのかどうか

直接金融

企業に対する資金の供給機能は、取引の経済的性質によって**直接金融**と**間接金融**に分けることもできます。

直接金融は、家計などの資金余剰者（これを最終投資家という）が、自らリスクを負って企業に直接投資をする形態のものをいいます。典型的には、個人投資家が株式や社債を購入するのがそれに当たります。

多くの場合、証券会社などがその仲介をしますが、これはあくまでも仲介役であって、投資から発生する損益は直接、投資家が負うことになります。また、企業に対する権利（株主総会での議決権行使など）も投資家が直接持ちます。

投資信託などのファンドが株式や債券を購入するケースについてはどうでしょうか。ファンドでは、どの企業に投資するかを選ぶのも、企業に対する権利を行使するのも運用会社（ファンドマネージャー）です。そうした意味では少し意味合いは異なるのですが、投資の損益（から運用報酬などを引いたもの）はあくまでも最終投資家に帰属するため、これも直接金融に分類されます。

間接金融

これに対して間接金融は、銀行などの金融機関を経由して、資金余剰者（最終投資家）か

●直接金融と間接金融

直接金融

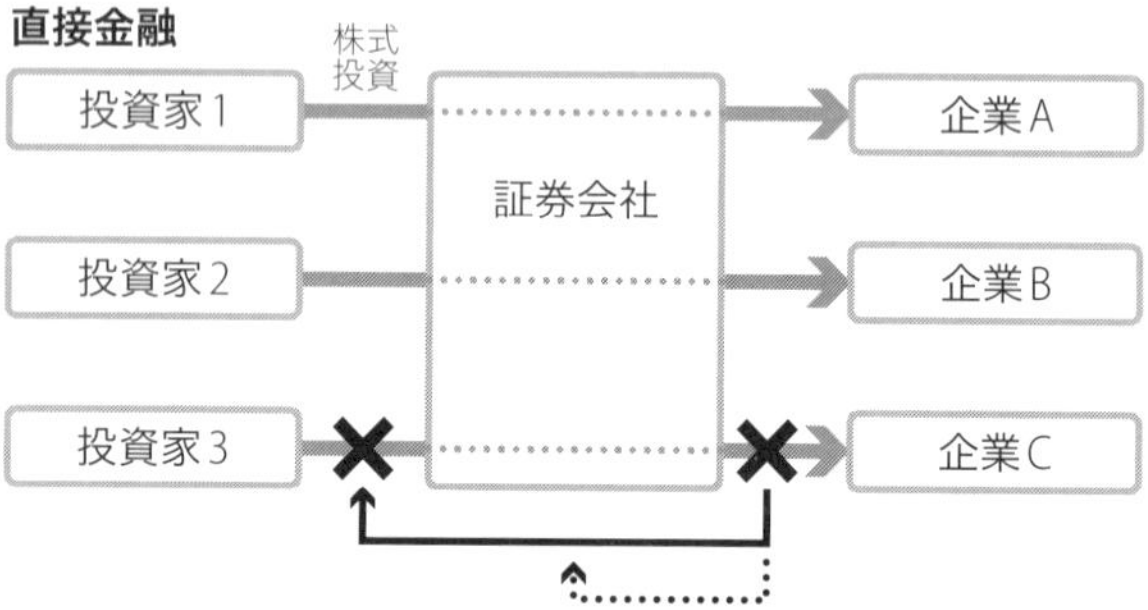

証券会社経由であっても投資家は自己の責任で投資しているので、株式投資に損失が発生したら投資家の損失となる。証券会社はただ取次ぎをしているだけ。株式投資に損失が発生しても損失を被らない。

間接金融

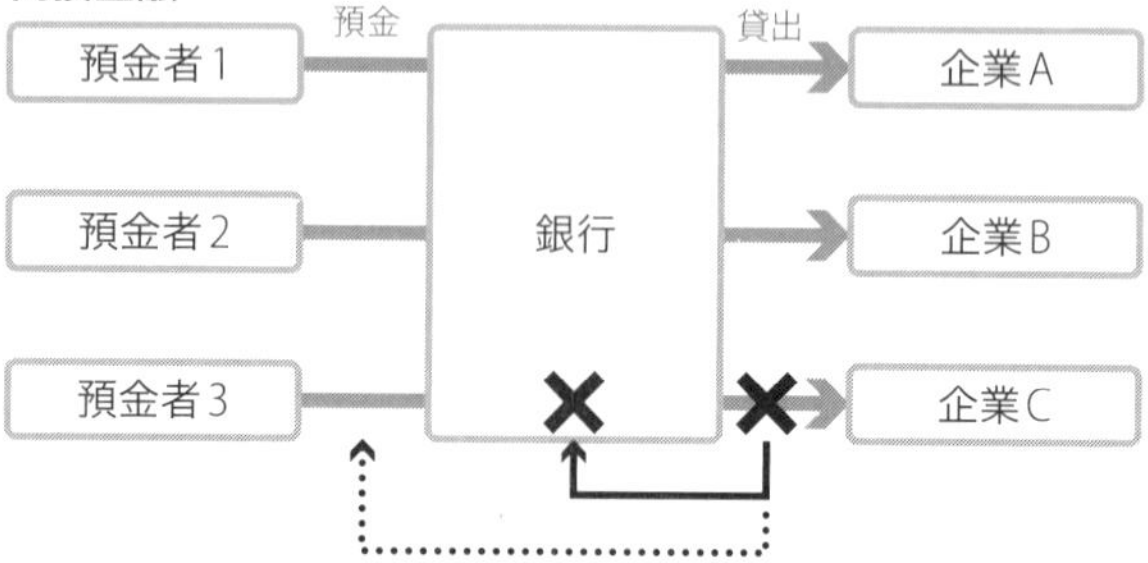

銀行は自己の責任で貸出を行なっているので、貸出に損失が発生したら銀行の損失となる。貸出は預金者とは無関係。貸出に損失が発生しても預金者は損失を被らない。

ら資金不足者へ資金が流れる形態のものをいいます。経由とここでいっているのは、単なる媒介という意味ではありません。

たとえば銀行は、預金という形で家計の資金を預かります。これはあくまでも預金者と銀行のあいだで行なわれる取引で、その資金を銀行がどう使うのかは、預金者にとって直接の関係はありません。銀行が信用を受けて資金を預かるという意味で受信とも呼ばれます。

銀行はこの預金を元手に企業に融資（貸出）をするわけですが、融資先の決定は銀行が自らの責任で行ないます。もしその融資先が融資を返済できなくなっても、その損失は銀行が負い、これを預金者に転嫁することはできません。こちらは銀行が相手を信用して資金を貸し出すので**与信**とも呼ばれます。

つまり、資金余剰者である預金者と資金不足者である企業が直接的なつながりを持たずに、それぞれがあくまでも銀行と取引するだけということになります。

直接金融と間接金融には、それぞれの役割があります。資金余剰者にとっては、銀行預金は安全性が高い資金の運用先ですが、高い収益は期待できません。一方で直接金融の手段である株などは、リスクは高いものの運用益を期待することができます。

企業にとっては、株式の発行や債券の発行は低コストでの資金調達を可能にしますが、こうした手段を機動的に使えるのは一定以上の企業だけで、誰もが利用できるわけではありません。

一方で、銀行などの融資は株や債券を発行するよりも利用者の間口が広く、より多くの企業に機動的な資金調達手段を提供します。ただしコストは高めであり、また銀行の判断に企業の経営が左右される部分が大きくなるという制約があります。

SECTION 1-3

企業にとっての株式

株式会社は自己資本を調達するために株式を発行する

●自己資本を調達する手段

株式は、株式会社が自己資本を調達するために発行される証券です。

1—1で自己資本は返済義務のない資金で、損失のバッファーに使えるという話をしました。しかし、株式に投資する人たちは、無償で資金を提供しているわけではありません。

出資した企業が利益を上げ、それを株主に還元してくれることを期待しているのです。ただし、経営者が適切な経営をしなければ、その期待は裏切られてしまいます。そこで、株主には、経営者を選任し、経営を監視し、企業の重要な意思決定に加わることができる権利が与えられます。

したがって企業の経営者にとっては、株主は企業の最終意思決定者であり、その株主の持ち分である自己資本を野放図に使っていいということにはならないのです。

投資家が株式投資で期待している投資収益率のことを期待リターンといいます。この投資家の期待リターンこそが、自己資本の調達コストであり、これを株式の**資本コスト**と呼びます。企業の経営者は、この資本コストを上回る収益を上げることを期待されます。

企業の収益性を測る指標としては、**ROA**（総資産収益率＝利益÷総資産）や、**ROE**（自己資本収益率＝利益÷自己資本）があります。ROAは事業そのものの収益率を評価するときに用

企業の時価総額と自己資本の関係

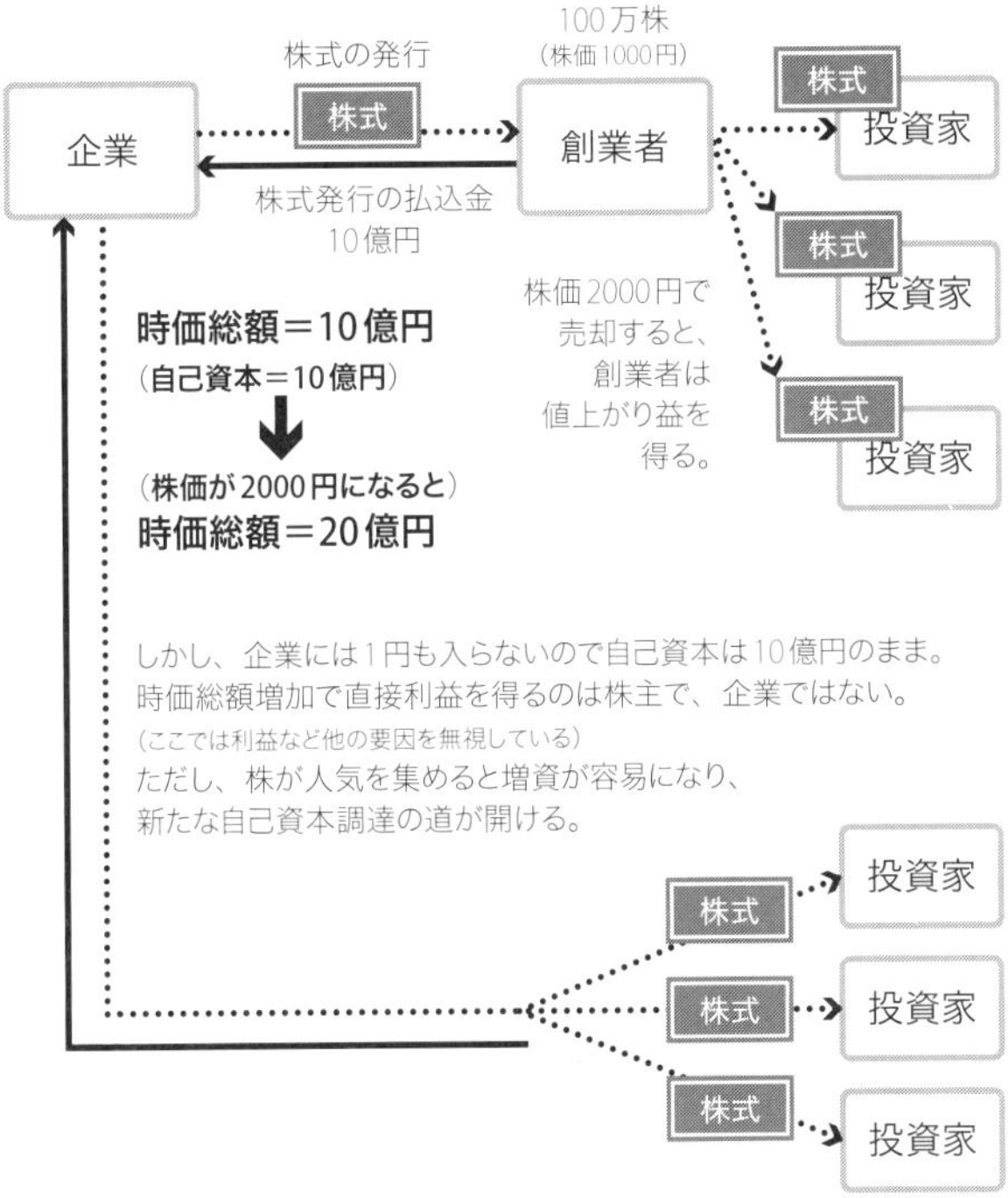

100万株
(株価1000円)
株式の発行
株式
企業
創業者
株式発行の払込金
10億円
株式
投資家
株式
投資家
株式
投資家
株価2000円で
売却すると、
創業者は
値上がり益を
得る。
時価総額＝10億円
(自己資本＝10億円)
(株価が2000円になると)
時価総額＝20億円
しかし、企業には1円も入らないので自己資本は10億円のまま。
時価総額増加で直接利益を得るのは株主で、企業ではない。
(ここでは利益など他の要因を無視している)
ただし、株が人気を集めると増資が容易になり、
新たな自己資本調達の道が開ける。
株式
投資家
株式
投資家
株式
投資家

KEY WORD

資本コスト：資本を調達するためのコスト。負債であれば支払い金利が資本コストとなる。株式の場合は、投資家の期待リターンが資本コスト。

いられ、ＲＯＥは自己資本がいかに有効に使われているかを示します。

自己資本の比率を高めれば財務の安全性は増しますが、自己資本に対する利益率（ＲＯＥ）は低下し、株主の期待に応えることがむずかしくなります。逆に、自己資本比率を低めて負債に頼れば、ＲＯＥは高まりますが、財務の安全性が損なわれることになります。

このように相反する財務の健全性と収益性の適切なバランスをとることが企業の財務戦略の基本です。

●自己資本と時価総額

企業の経営状態によって株式の価値は上下していきます。企業の発行済みの全株式数に、現在の（1株当たりの）株価をかけたものを**時価総額**といいます。この時価総額は、市場（投資家）が評価するその企業の価値そのものということができます。

株価が上昇して時価総額が増加しても、それが企業の資金量（自己資本）を増やすわけではありません。あくまでも企業が手にする資金は株価が発行されたときの払込金だけです。

しかし、株価は投資家による企業の通信簿の役割を果たしています。

株価が高水準の企業は、市場からそれだけ高く評価されているということを意味しますので、銀行からの借入や社債発行による資金調達も容易になり、資金調達コストを下げることができます。また、株式を追加発行して新たに自己資本を調達することを増資といいますが、株価が好調であればそれだけ増資も容易になりますし、それだけ多くの資金を集めることも可能になります。

そうした意味で、株価は企業の追加資金調達力のバロメーターでもあるのです。

SECTION 1-4

上場することの意味とは？

様々な義務も生じるが資金調達（増資）をしやすくなる

成長資金の確保

株式会社は設立されるときに株式を発行し、それが最初の自己資本となります。事業が軌道に乗ってきて、さらなる業容拡大を目指すことになれば、追加の資金調達が必要になってきます。

もちろん銀行からの借入に頼るのもひとつの方法です。ただし、自己資本は損失に対するバッファーですから、自己資本を拡充しないままに事業をどんどん拡大していくと、破たんのリスクが高まり、財務基盤の弱い企業とみなされてしまいます。そうすると、銀行からの借入もむずかしくなっていきます。

自己資本を充実させながら業容を拡大しようと思えば、株式を追加発行（**増資**）することが必要です。

取引所に上場していなくても、増資は可能です。しかし、非上場企業では幅広く一般の投資家から増資資金を募ることができませんので、特定の投資家を探してきて株式を発行することになります。

こうした非上場の成長企業に投資をする個人投資家を**エンジェル**と呼びます。一般にエンジェルは裕福な投資家で、業界や投資に精通したプロであるケースがほとんどです。

他に、**ベンチャーキャピタル**という成長企業専門に投資をする投資会社があります。

ただし、こうした投資家は限定的ですので、

●上場のしくみ

東京証券取引所の構成

東京証券取引所	本則市場	第一部	1760社
		第二部	571社
	新興企業市場	マザーズ	188社
		JASDAQ	901社

出所：東証HPより、企業数は2013年7月16現在

IPO（株式公開）のしくみ

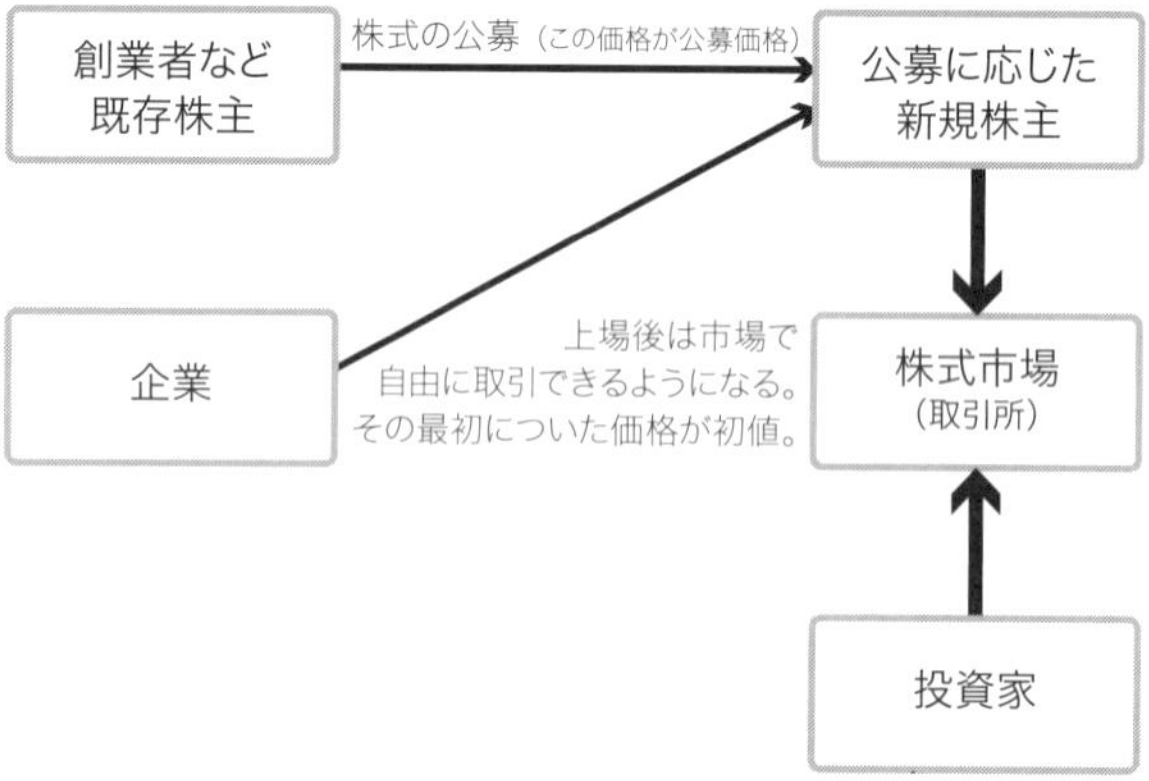

KEY WORD

増資：公募増資、第三者割当増資、株主割当増資などがある。払込金がある場合（有償増資）に自己資本増強となる。

適時開示：上場企業は、重要な企業情報を適時適切に開示する義務を負う。これを適時開示の義務という。

一般の投資家から広く資金を集めたい場合には、株式を取引所に上場させることを目指すことになります。

エンジェルやベンチャーキャピタルも、基本的には投資収益を狙って投資をしています。彼らにとっても、企業が上場すれば、一般の投資家に自分たちの持ち株を高値で売却して利益を確保することが可能になりますので、上場がゴールとなるのが一般的です。

IPO

企業が株式を初めて取引所に上場することを、IPO（Initial Public Offering）といいます。日本語では新規株式公開といわれます。

IPOでは、創業者やベンチャーキャピタル、エンジェル投資家などの既存株主が保有している株式を一般の投資家に売り出す形で行なわれます。同時に、企業が新株を追加発行して増資も合わせて行なうことが一般的です。

IPOには膨大な準備作業が必要です。取引所の審査を経て上場を承認してもらう必要があるからです。また、投資家に対して自分たちの事業を説明し、アピールすることも大事になってきます。

さらに上場企業には様々な義務が課されます。取引所の上場基準を満たし続けなければなりませんし、重要な会社情報を適時適切に開示するという適時開示も求められます。様々な義務を果たすために社内体制の整備も必要です。さらに、経営状況に関して、常に株式投資家の監視や圧力にさらされることにもなります。

ただし、こうした株主あるいは市場の圧力は、経営に規律をもたらし、経営の失敗に対するチェック機能を果たします。これも、上場のメリットのひとつと考えることができます。

SECTION

1-5 借入と社債発行

社債を発行できる企業は財務基盤が健全な大企業がほとんど

銀行借入

銀行からの借入は、増資や社債発行が困難な多くの企業にとって不可欠な資金調達手段です。増資や社債発行が可能な大企業にとっても、銀行借入は機動的に資金調達ができる手段として重要です。

日本の金融では、英米と比べて間接金融の比率が高く、銀行がとりわけ重要な役割を担っています。

銀行がある企業に融資を行なうときには、十分に返済能力があるかという審査が行なわれ、それを通過して初めて融資が行なわれます。銀行借入は増資や社債発行に比べると多くの企業が利用しやすいといっても、この審査に通らなければ融資は受けられません。

日本の銀行は担保主義という考え方をとっていて、審査を通った企業でも、担保または保証の差し入れを求めるケースが一般的です。

また、日本では**メインバンク**制というしくみがあります。ある企業のメインバンク（主取引銀行）となった銀行は、融資をはじめとする各種業務で主要な地位を確保する代わりに、その企業の経営をできる限り支援します。

とくに融資先が経営危機に陥ったときには、メインバンクは経営者を派遣するなどして再建を主導することがあります。

大企業では特定のメインバンクを置かないケースもありますが、中小企業の多くはメイ

負債の長さと財務の安定性

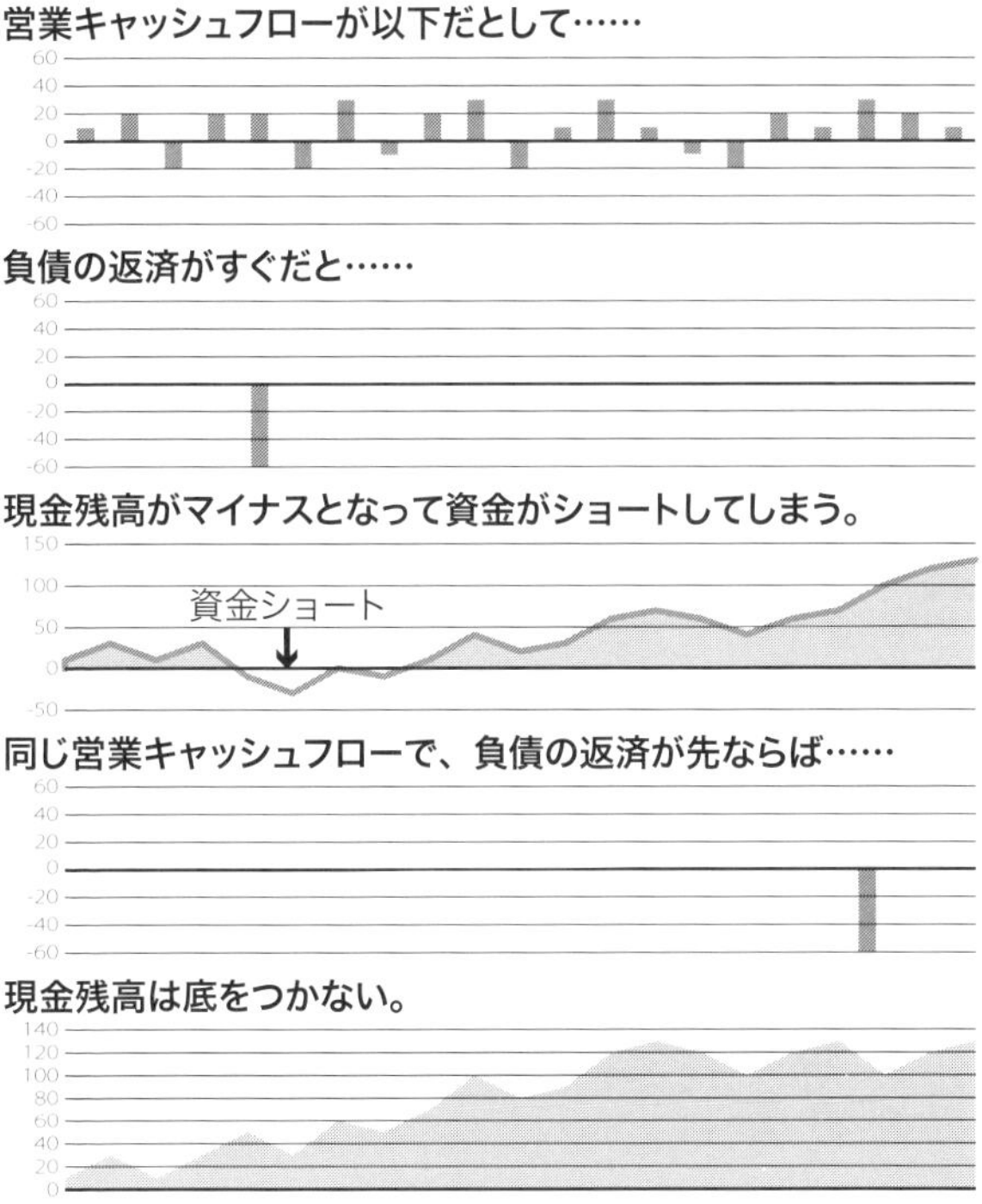

KEY WORD

期限の利益：期限が到来するまで債務を返済しなくてもいいことを意味する。経営破たん時には、期限の利益は失われる。

ンバンクを置いているとみられます。

●社債発行

社債は、銀行に頼らず、直接投資家から資金を借り入れる手段として用いられます。

また、一般に、社債は償還（満期に返済をすること）までの期間が比較的長く、長期的に安定して資金を確保するのに適しています。そこで、日常の業務を賄う運転資金については銀行からの短期借入で調達し、長期にわたって資金が必要になる設備投資資金は社債発行で賄う、といった使い方をされます。

また、同じ負債でも、償還までの期間が長い資金を調達することは財務の安全性を高める効果があります。

前にも述べたように、経営破たんは債務（負債）を返済できないときに起きます。償還までの期間が長いということは、満期が到来するまでは返済の必要がないので、それだけ猶予期間が長いことを意味します。これを期限の利益といいます。

これに対して、銀行からの借入は満期までの期間が短い短期の借入が中心です。もちろん、銀行から長期の借入をすることも可能ですし、短期の借入でも満期が来たときに借り換えをすることはよく行なわれています。それでも社債が発行できるようになれば、負債の安定度を高めることがさらに容易になるということがいえます。

ただし、社債を発行して投資家に販売するためには、返済能力が十分に高いことを多くの投資家に納得してもらわなければなりません。そのために、通常は、次項で述べる信用格付というものを取得することになります。

こうしたハードルを乗り越えて社債を発行できる企業は、財務基盤が健全な大企業がほとんどです。

SECTION 1-6

信用格付と様々な社債

多くの投資家が社債に安心して投資できるようにする制度

社債の格付制度

社債は、たとえば満期までの期間が十年で、年率でX%の利息を毎年支払い、満期になると元本が全額償還される、というような条件で発行されます。

社債を発行する企業は、財務が健全な大企業がほとんどですが、その後、満期までの10年間に経営が悪化してしまうことも考えられます。そして、企業が破たんしてしまえば、社債の価値は大きく目減りし、紙くず同然になってしまうかもしれません。

もちろん社債は、満期まで保有し続ける必要はなく、危ないと感じたら市場で売却することが可能です。しかし、いずれにしても企業の財務の健全性や経営体力が社債の価値を大きく左右することに変わりはありません。

こうした特性を持つ社債を多くの投資家が安心して投資できるようにするために、格付制度というものがあります。

格付（**信用格付**）は、社債が約束どおりに返済されそうか否かを専門機関が判断し、その安全度を記号として表したものです。この専門機関を格付会社といいます。

格付会社は民間企業です。債券を発行しようとする企業は、この格付会社に手数料を支払い、各種の情報を提供して、格付をつけてもらいます。格付は、あくまでも格付会社の意見であり、それを信じて投資をするかどう

●格付記号

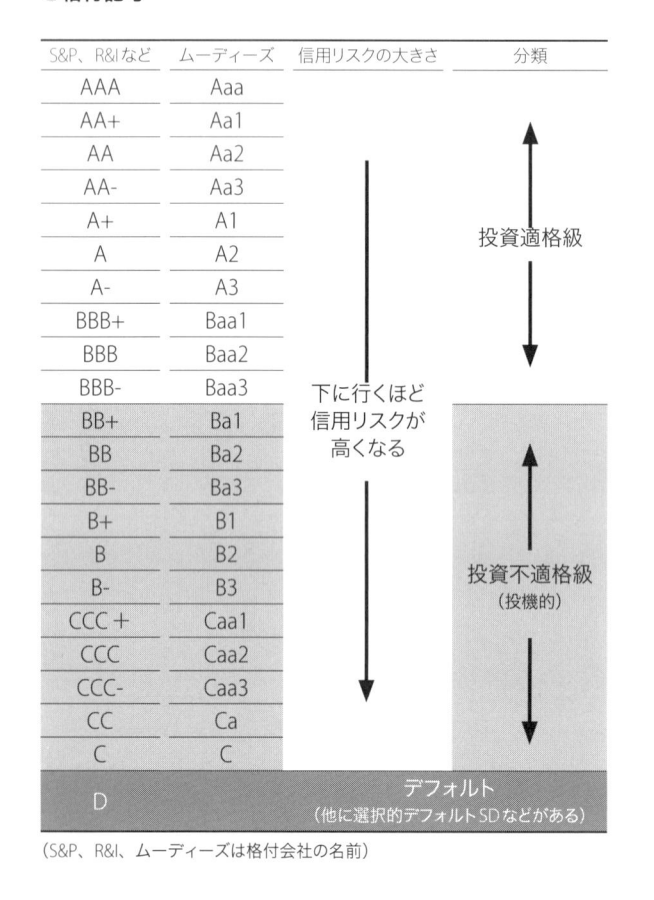

S&P、R&Iなど	ムーディーズ	信用リスクの大きさ	分類
AAA	Aaa		
AA+	Aa1		
AA	Aa2		
AA-	Aa3		
A+	A1		
A	A2		投資適格級
A-	A3		
BBB+	Baa1		
BBB	Baa2		
BBB-	Baa3	下に行くほど信用リスクが高くなる	
BB+	Ba1		
BB	Ba2		
BB-	Ba3		
B+	B1		
B	B2		
B-	B3		投資不適格級（投機的）
CCC＋	Caa1		
CCC	Caa2		
CCC-	Caa3		
CC	Ca		
C	C		
D		デフォルト（他に選択的デフォルトSDなどがある）	

（S&P、R&I、ムーディーズは格付会社の名前）

かは投資家の自己責任となりますが、この格付制度は、社債市場を円滑に成り立たせるために欠かせない存在となっています。

様々な債券

債券には、様々な種類があります（0―4の図表を参照）。

まず、満期までの期間はそれぞれの社債で決められていて、様々なものがあります。

利子についても、発行時に何％と決められて、ずっとその利子を払い続けるタイプのもの（固定利付債）が一般的ですが、その時点の金利情勢に合わせて利率が変動していく変動利付債もあります。なかには、利子がないもの（ゼロクーポン債）までもあります。

他にも途中で株式に転換できる権利が付いた転換社債や、デリバティブを組み込んだ仕組債などがあります。

返済の優先順位が異なる債券もあります。

一般の債券は、優先債券（**優先債**）といわれていて、優先的に返済しなければならないものです。全額返済できない事態に陥ったときでも、残余財産の中から可能な限り返済がされます。これに対して、この優先債よりも返済の優先順位が劣後する債券があります。これを劣後債券（**劣後債**）といいます。

劣後債は、経営破たん時には、優先債の返済がすべて終わったあとに初めて返済されることになります。優先債を守るためのバッファーといえますが、リスクが大きい分、利回りは高くなります。

劣後債は自己資本の性質が少し混じった債券で、さらに自己資本に近づけた永久劣後債などもあります。自己資本と負債の混合という意味で、これらはハイブリッド証券ともいわれています。

SECTION 1-7

M&A（合併と買収）

様々な目的のために他の企業と合併したり買収したりすること

M&Aとは

企業は、様々な目的のために、他の企業と合併したり、他の企業を買収したりします。これを**M&A**（Mergers and Acquisitions）といいます。主な目的としては、

- 自社に足りない技術や事業を補う
- 市場でのシェアや地位を引き上げる
- 海外など新しい市場に展開する

などがあります。

M&Aには、文字どおり、合併と買収があります。ほかに、1つの会社を2つ以上に分割する会社分割や、資本提携なども含めてM&Aと呼ぶことがあります。

合併は、2つ以上の会社が1つになることをいいます。通常、合併する企業の一方が存続会社となり、他方の企業は消滅します。消滅する側の企業の株主には、その消滅する株式の代わりに一定の交換比率によって存続会社の株式が交付されます。これを株式交換といいます。2つ以上の会社が共同の持ち株会社を設立し、ともにその持ち株会社の子会社となる手法もあります。元の会社の株主は、元の株と交換で新設された持ち株会社の株を受け取ります。これを株式移転といいます。

企業買収の概要

買収は、ある企業が他の企業を支配下に置くことを指します。企業そのものではなく、

M&Aの分類と買収防衛策の例

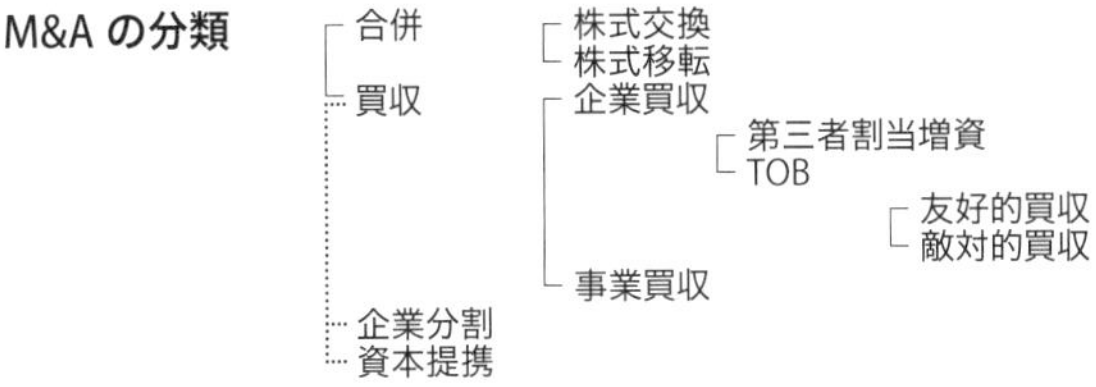

買収防衛策の例

主な防衛策	概要と効果
ポイズン・ピル （**毒薬**）	敵対的買収を受けたときに既存株主に低い価格で株式を発行することをあらかじめ定めておく。 **→既存株主に新株を発行するので、敵対的買収者が取得した株主の権利を薄めることができる。**
ゴールデン・パラシュート	敵対的買収を受けたときに経営者が莫大な退職金を得られることをあらかじめ定めておく。 **→買収者の費用がかさむため、敵対的買収への抑止力になる。**
黄金株	取締役の選任や合併などの重要事項に対する拒否権を友好的な特定株主に与えておく（種類株式の発行）。 **→敵対的買収者の提案をその株主に否決してもらう。**
ホワイトナイト （**白馬の騎士**）	友好的な第三者に、敵対的買収者に対抗して友好的買収をしてもらう。この友好的買収者のことをホワイトナイトという。 **→ホワイトナイトによる買収で、敵対的買収者を退けられる。**
クラウンジュエル （**王冠の宝石**）	重要な事業や資産（クラウンジュエル）を売却したり、巨額の負債を負ったりする。焦土作戦ともいう。 **→敵対的買収を思いとどまらせる。**
パックマン・ディフェンス※	敵対的買収者に対して、逆に敵対的買収を仕掛ける。 **→敵対的買収者を飲み込んでしまうことで脅威を取り除く。**

※日本のコンピューターゲームから名前がとられた。

KEY WORD

TOB：買付条件を開示し、応募してきた投資家から同条件で株式を買い取る制度。投資家間の公平を期すためのもの。

企業の事業部門を取得する事業買収も買収に含まれます。

企業買収では、被買収企業（買収される側）の株式（厳密には株式に付随する議決権）を取得して、その経営権を握ることが目標になります。このうち、被買収企業の経営陣の同意を得て行なうものを友好的買収、同意を得ずに行なうものを敵対的買収といいます。

また、どちらのケースでも、上場企業等の株式を大量に取得するときは、取得条件を公開して幅広い投資家から買い付けを募集する公開買付（TOB：Takeover bid）が義務付けられます。

買収の成否は、一定以上の議決権を取得できるかどうかにかかっています。そこで、敵対的買収を阻止したい被買収企業の経営陣は、図表にあるような様々な買収防衛策を講じて対抗し、熾烈な攻防が繰り広げられることも少なくありません。

ただし、敵対的買収を避ける究極の手段は、常日頃から経営効率を高め、市場の評価と株主の信頼を得ることにつきます。

M&Aのひとつに、企業の経営者が自ら株式を買い取って、その企業の大株主の地位を兼ねる形態のものがあります。これをMBO（Management Buy-Out）といいます。よくあるケースとしては、企業の創業者がいったんは企業を上場させたものの、再び株式を買い戻して非上場のオーナー企業に戻すケースや、ある企業の事業部門や子会社が独立をするケースなどがあります。

また、買収に際して、被買収企業の資産やキャッシュフローを担保にした借入や社債発行によって買収資金を調達する場合があります。これをLBO（Leveraged Buy-Out）といいます。

SECTION
1-8 為替取引
国際的な事業活動には通貨の交換が不可欠

企業が抱える為替リスク

国際的な事業活動には、為替のリスクが付き物です。

たとえば輸出企業は、国内で生産した製品を海外に輸出します。

生産コストは円建てで、輸出代金を米ドルで受け取るとしましょう。生産してから海外に輸送して販売し、ドル建ての売上を得て、それを円に交換するまでにはかなりのタイムラグが発生します。

その間に、ドルの対円為替レートが値下がりしたら、円建ての生産コストは変わらないのに、売上のドルを円に交換したときの円の手取り額が目減りしてしまいます。

ちなみに、一般に為替レートというと、１ドル＝１００円というような表記がされます。これは１ドルの値段を円で表現したものです。ドルが値下がりするというのは、これがたとえば90円になることを指します。ドルが値下がりするということは、逆に円の立場でいうと円の価値が高くなることですから、これを円高と表現します。

したがって、為替レートが１００円から90円に下がることを円高と呼ぶことに注意しましょう。

さて、先ほどの輸出企業に話を戻すと、この企業は円高になると収入が目減りしますから、円高リスクを負っていることになります。

●為替レートが及ぼす影響

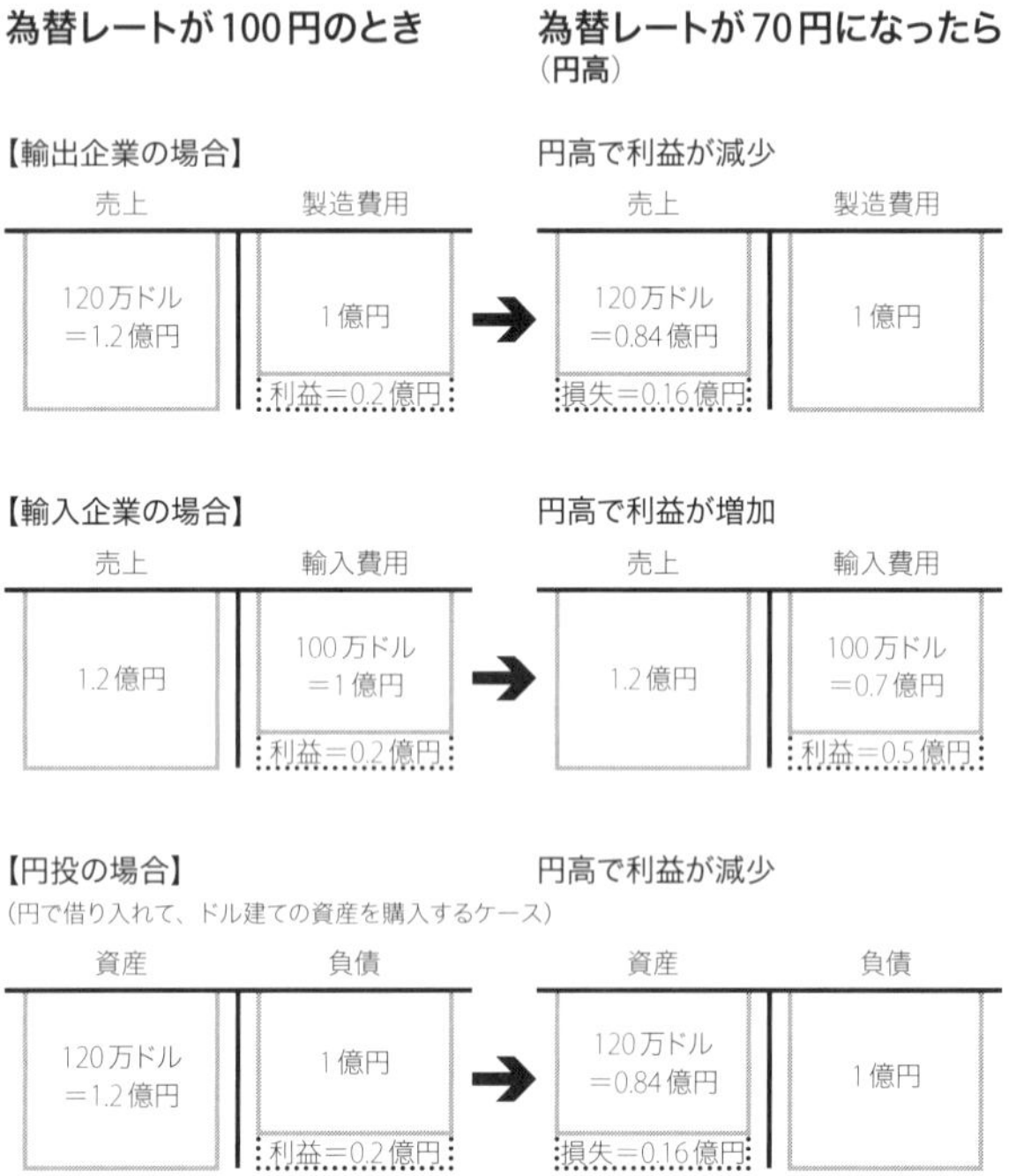

KEY WORD

先渡外国為替：先日付で異なる通貨の交換を予約する取引。先物外国為替ともいわれることがあるが、一般に先物（Futures）は上場デリバティブの先物を指し、OTC取引の場合は先渡（Forward）を使うのが正しい。

輸入企業の場合は逆です。海外の製品を輸入したり、原材料などを海外からドル建てで輸入してそれをもとに製品を生産したりして国内で販売している企業は、その間にドルの価値が上昇（円の価値が減少）すると利益が目減りします。つまり、円安リスクを負っていることになります。

輸出入だけではありません。円を投入して外貨の資産（海外の工場や、外国企業の株式、債券、あるいは海外不動産など）を取得する取引（これを円投取引という）でも、外貨が値下がり（円高）すれば、その外貨資産の円ベースでの価値が目減りしてしまいます。

また、グローバルな事業展開を行なう国際企業では、原材料の調達、生産、販売がそれぞれ異なる国・地域で行なわれることが多く、複雑な為替リスクを抱えることになります。

●リスクのヘッジ

金融は、このようなリスクのヘッジ手段を提供するという機能も有しています。

最も一般的なヘッジ手法としては、為替予約（先日付で取引する場合はとくに先渡外国為替またはフォワード為替という）という取引があります。これは、将来のある時点でドルを売って円を買うといった為替取引をいまの時点で予約しておくものです。こうした取引は、銀行と個別に条件を決めて契約をすることになります。

たとえば6か月後にドルの入金予定があるとすれば、その6か月後にドルを売って円を買う取引を予約しておきます。レートは予約した時点で決まります。

そうすれば、その後為替レートがどのように変動しても、予約した取引を実行して、あらかじめ確定した円の金額を受け取ることができ、為替レートの変動リスクを回避することができるのです。

SECTION 1-9

プロジェクト・ファイナンスとアセット・ファイナンス

特定の事業や特定の資産を担保として行なう資金調達

●プロジェクト・ファイナンス

銀行借入にしろ、社債発行にしろ、企業が負債によって資金を調達する場合、企業はその返済について全面的な義務を負うのが普通です。たとえば、あるプロジェクトに資金が必要なので銀行から借入れをするというようなケースで、そのプロジェクトがうまくいかなかったとしても借入れは返済しなければなりません。

このように、一般の負債は、あくまでも企業そのものが返済の義務を負うことになっており、これを**コーポレート・ファイナンス**といいます。

これに対して、特定の事業に向けて資金が貸し出され、返済もその事業が生み出すキャッシュフローのみで行なわれる形態のものを**プロジェクト・ファイナンス**と呼びます。

コーポレート・ファイナンスでも個々の事業やプロジェクトの見通しや分析は重要なのですが、最終的には企業全体の返済能力の有無が融資の可否の決め手になります。

一方のプロジェクト・ファイナンスでは、まさにそのプロジェクトの採算性の判断だけがポイントです。

もしプロジェクトが失敗に終わって返済が困難になれば、仮にその企業の他の事業が絶好調であっても、企業に追加の返済を要求することができません。このように企業の他の

コーポレート・ファイナンスとプロジェクト・ファイナンスの違い

コーポレート・ファイナンス

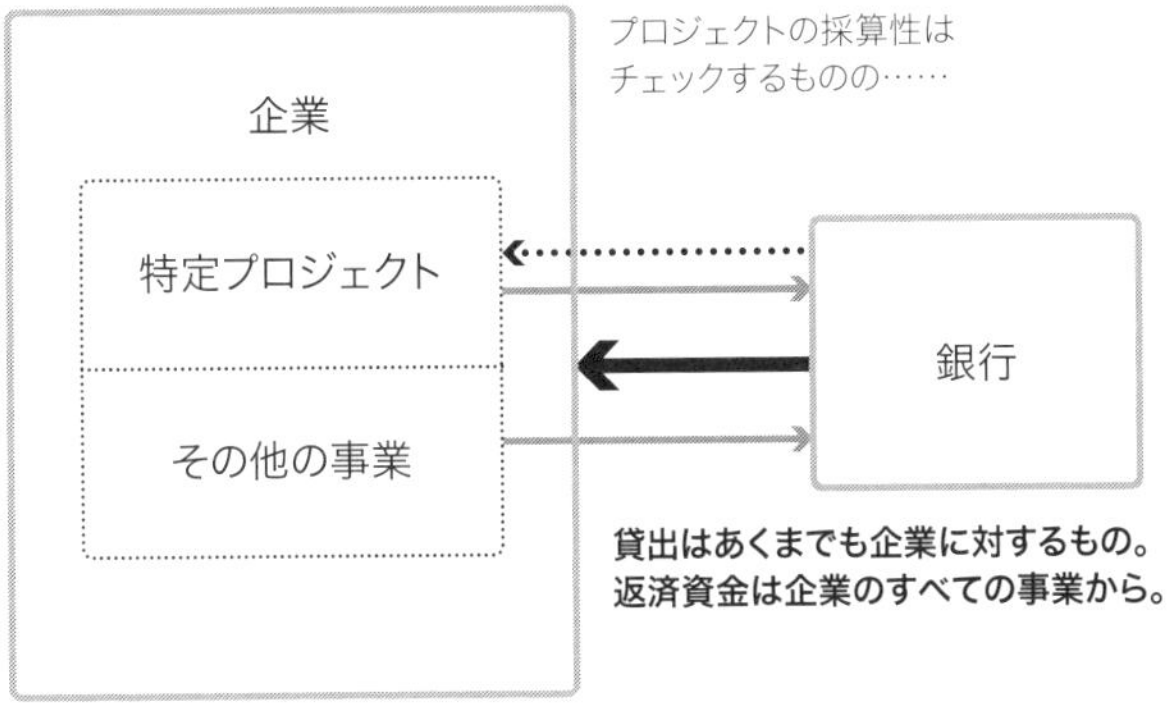
プロジェクトの採算性は
チェックするものの……
企業
特定プロジェクト
その他の事業
銀行
貸出はあくまでも企業に対するもの。
返済資金は企業のすべての事業から。

プロジェクト・ファイナンス

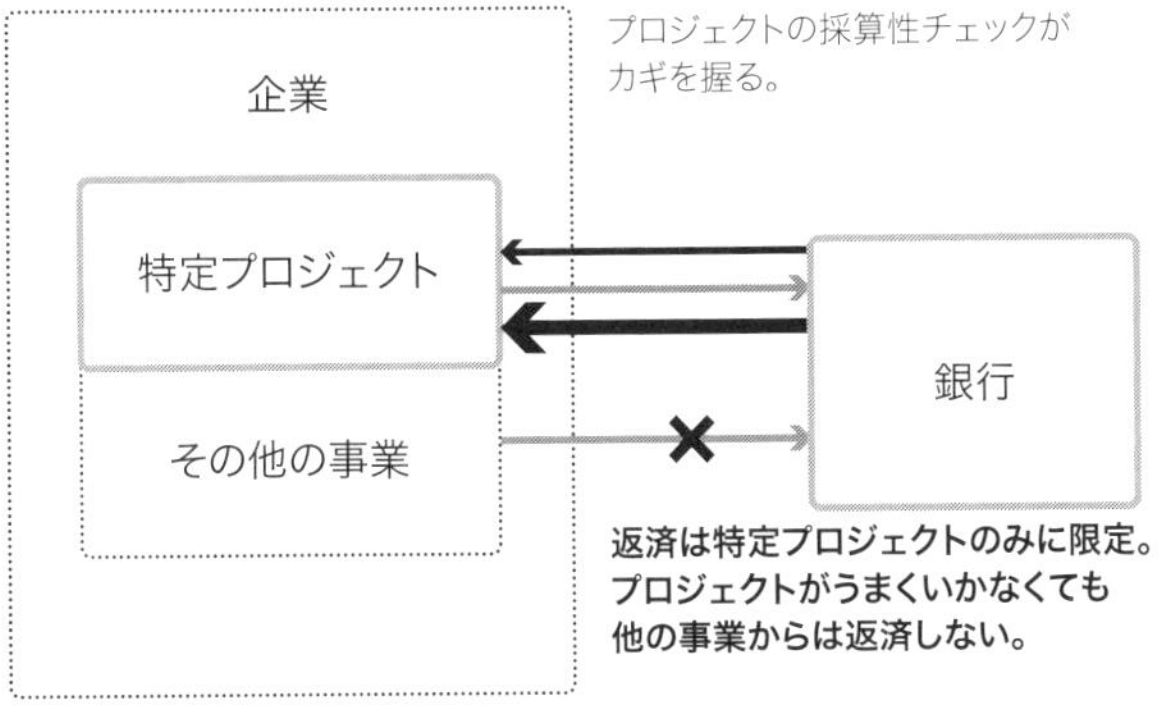
プロジェクトの採算性チェックが
カギを握る。
企業
特定プロジェクト
その他の事業
銀行
返済は特定プロジェクトのみに限定。
プロジェクトがうまくいかなくても
他の事業からは返済しない。

資産に請求権が及ばないことを**ノンリコース**（非遡及）と呼びます。

　プロジェクト・ファイナンスを行なえば、その特定事業のリスクを限定して、他の事業に影響が及ぶことを回避することができます。

●アセット・ファイナンス

アセット・ファイナンスも、性質としてはプロジェクト・ファイナンスに似ています。

　アセット・ファイナンスでは、企業が有している各種の資産を担保にして、借入れ、または社債発行が行なわれます。

　たとえば事業資金を銀行から借り入れるのに自社保有の不動産を担保に提供するというような場合には、企業そのものが返済義務を負っているので、コーポレート・ファイナンスの範疇であり、アセット・ファイナンスとはいいません。

　アセット・ファイナンスは、担保となった資産が生み出すキャッシュフローのみが返済原資になっていて、企業がそれ以外の追加の返済をする義務を負わないものをいいます。つまり、こちらもノンリコース型の負債です。

　アセット・ファイナンスの対象となる資産には、不動産、貸付債権、割賦販売債権など様々な資産があります。

　アセット・ファイナンスは、自社が保有する資産を使って新たな資金調達を可能にするもので、コーポレート・ファイナンスよりも低コストの資金調達が可能です（アセット・ファイナンスについては、7章の証券化の項目で詳しく見ていきます）。

　プロジェクト・ファイナンスもアセット・ファイナンスも、伝統的なコーポレート・ファイナンスを補完し、新しいファイナンス手段を企業に提供します。

COLUMN

ジャンクボンドの帝王

デフォルトのリスクが高い債券は、投資家の資金を簡単に集めることができず、価格が低くなり、その分利回りは高くなります。一般に、信用格付でBBB-（トリプルビーマイナス）に満たない格付の債券をハイリスクな債券とみなし、ハイイールド債、または俗称でジャンクボンドといいます。

しかし、これらのリスクの高い債券は、利回りも十分に高いので、リスクを適切に分散し、長期に保有すれば高い運用リターンを得られることに着目した人物がいました。後にジャンクボンドの帝王といわれたマイケル・ミルケンです。

ミルケンはジャンクボンドの販売で巨額の利益を上げるだけでなく、買収先企業の資産を担保にした債券を発行することで企業買収を実現するLBOを開発し、1980年代のM&Aブームを支えました。

彼が勤めていたドレクセル・バーナム・ランバートは弱小投資銀行だったのですが、ミルケンの活躍で売上第1位にまで躍進します。そしてミルケン自身もウォール街の帝王と呼ばれるほどになり、巨万の富を築きました。映画「ウォール街」でマイケル・ダグラスが演じたゲッコーは、このミルケンがモデルの一人ではないかといわれています。

ミルケンは、その後インサイダー取引や脱税ほう助などの罪で逮捕され、その余波でドレクセルも倒産に陥ります。このときの捜査の指揮を執ったのが後のニューヨーク市長で大統領候補にもなったジュリアーニです。彼はこの一件で「金にまみれたウォール街と闘って勝った男」として一躍ヒーローとなったのでした。

ミルケンは、新しい市場を創出した革命児で金融のダイナミズムを体現する人物とみることも、巨額の資金を振り回し、世間とは桁外れの報酬を稼ぎ、ついには法律まで無視した悪徳の象徴とみることもできます。ただ、彼が金融史に名を留める人物であることに疑いはありません。ちなみに、ミルケンはその後、慈善活動家やM&Aのアドバイザーとして奇跡的な復活を成し遂げています。

2章 その名のとおり「金融機関」は金融の中心

SECTION 2-1

銀行の業務①

家計や企業から広く預金を集めて貸出を行なう

●預金とペイオフ

銀行は、間接金融における中心的な存在です。日本は間接金融のウエートが高く、銀行の影響力も非常に大きなものになっています。間接金融の担い手として、銀行は、預金で家計や企業から幅広く資金を集め（受信業務という）、それを元手に企業等に対する貸出を行ないます（与信業務という）。

預金にはいくつかの種類があり、主なものとしては、いつでも引き出せる当座預金や普通預金と、原則として満期まで解約できない定期預金があります。

預金には、一般の家計の生活資金や企業の活動資金がプールされていますので、銀行が経営破たんをすると影響は甚大です。そのため、銀行は政府（金融庁）・日銀による監督を受けます。それでも銀行が破たんしてしまうケースを考えて、一定の預金を政府の責任で保護する**預金保険制度**が整備されています。

当座預金や決済性普通預金は全額、それ以外では１行につき１人当たり１０００万円までが保護対象となり、銀行破たん時にも全額が払い戻されます。預金保険の保護対象以外の預金については金額の保証はなく、状況によって一定割合を減額されて払い戻しされます。こうした破たん時の預金払い戻しのことを**ペイオフ**といいます。

信用創造のメカニズム

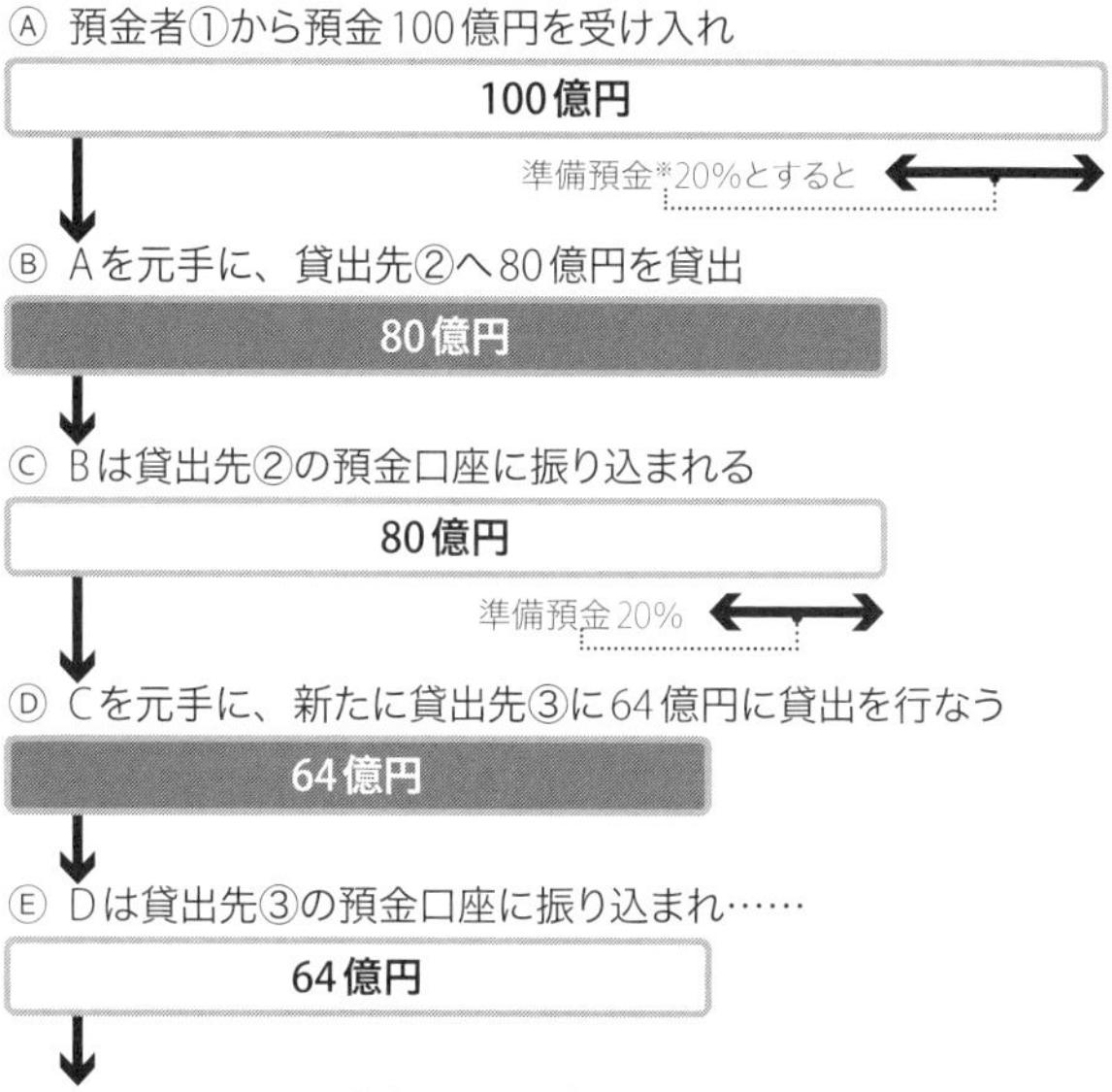
Ⓐ 預金者①から預金100億円を受け入れ
100億円
準備預金※20%とすると
Ⓑ Aを元手に、貸出先②へ80億円を貸出
80億円
Ⓒ Bは貸出先②の預金口座に振り込まれる
80億円
準備預金20%
Ⓓ Cを元手に、新たに貸出先③に64億円に貸出を行なう
64億円
Ⓔ Dは貸出先③の預金口座に振り込まれ……
64億円

最終的には、　**預金額＝500億円**（＝100億円／20%）
　　　　　　　貸出額＝400億円（＝500億円×80%）

※銀行は預金の一定割合を日銀に預けなければならない。それを準備預金という。準備預金を除いた部分が貸出原資の上限となる。

KEY WORD

与信：主に貸出（融資）のことを指す。相手先に対して債権を有している状態を指すこともあり、その場合は、貸出（融資）よりも広い意味で使われる。

●貸出と信用創造

銀行は、預金を元に貸出を行なうわけですが、このときに間接金融ならではのメカニズムが働きます。

まず、ある銀行に１００億円の預金が集まったとします。銀行は、このうちの一定割合、たとえば80億円を貸出に回します。このとき、貸出金は、貸出を受ける人の口座に預金として振り込まれます。こうして貸出を行なった分（80億円分）の預金が新たに増えることになり、この銀行の預金残高は、最初に集まった１００億円＋貸出によって増加した80億円＝１８０億円となります。そして新たに増えた80億円の一定割合、たとえば64億円がさらなる貸出の原資となっていきます。

これを繰り返していくと、１００億円の預金を元手に最終的には４００億円の貸出が行なわれ、預金額は５００億円に達します。

銀行を経由することで預金・貸出が一定の倍率で増えていくこの機能を、**信用創造**といいます。

銀行の貸出先は多岐にわたっていますが、なかでも大きなウエートを占めているのが企業向け、とくに中小企業向けの貸出です。

中小企業の多くは、株式発行や社債発行など直接金融による資金調達が困難です。そのため、銀行からの融資に頼らざるを得ないのです。日本の金融が間接金融中心だというのは、日本の経済活動のなかで中小企業の占める割合が大きいことも原因のひとつです。

そのため、これらの中小企業の活動資金を円滑に提供し、その成長を助けるというのが銀行の重大な社会的役割といえます。

SECTION 2-2

銀行の業務②

企業に対して様々なリスクヘッジの手段を提供している

為替とデリバティブ

さて預金や貸出業務以外にも、銀行が重要な役割を担っているものがあります。振込みや、小切手・手形などによって資金を決済する為替業務もそのひとつです。

このうち外国為替は、輸出入の代金の決済などに用いられますが、同時に外国為替レート（異なる通貨の交換比率、たんに為替レートともいう）の変動に伴うリスクをヘッジするという機能も含まれています。

とくに将来のある時点で通貨を交換することを予約する先渡外国為替は、主にこうしたリスクヘッジに用いられます。

このように銀行は、企業における様々なリスクをヘッジする手段を提供するという役割も果たしています。

他にはたとえば、金利の上昇や下落によって損失が発生する可能性（金利リスク）がある企業に、それをヘッジするための金利スワップ取引などが提供されます。

先渡外国為替や金利スワップは、デリバティブ（派生商品取引）といわれるものの一部です。デリバティブを提供するのは銀行だけではありませんが、こうした分野でも銀行は中心的な存在となっています。

証券業務とのかかわり

日本では戦後長いあいだ、社債市場の整備

●内国為替のしくみ

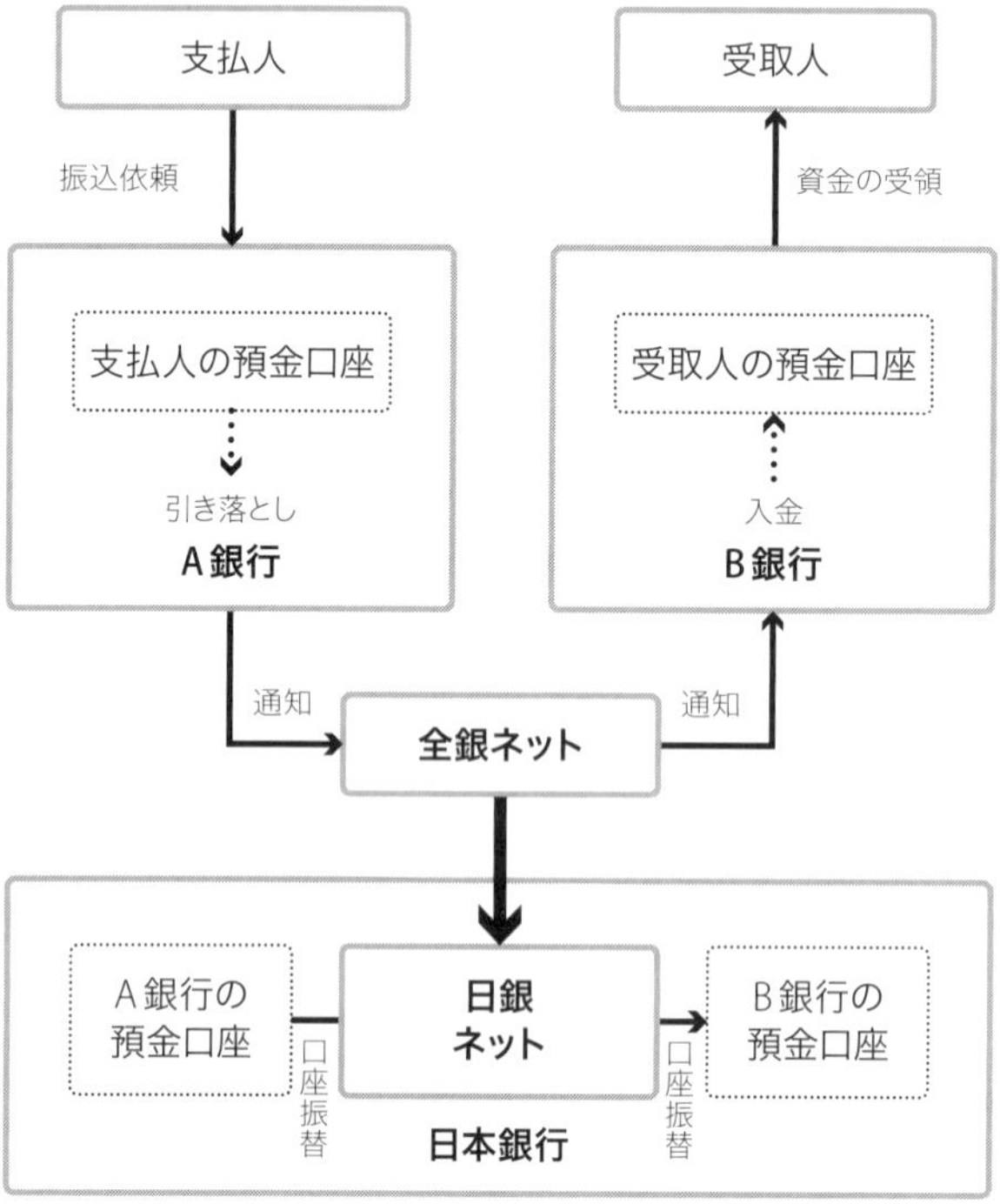

KEY WORD

ファイアウォール：同一グループの企業間で、利益相反や優先的地位乱用を防ぐための規制。同一企業内の部署間で情報の流用を防ぐための規制はチャイニーズ・ウォールと呼ばれる。

が遅れ、証券会社はもっぱら株式を取り扱ってきました。社債市場は本来、長期安定的な資金調達の場です。その代わりをしたのが、長期金融機関（長期信用銀行と信託銀行）です。

中心的な役割を担ったのが長期信用銀行（現在は該当する金融機関はありません）で、金融債と呼ばれる債券を発行して長期資金を集め、それを主要産業の設備投資資金などに貸し出していました。いわば、債券版の間接金融といえます。

現在は債券市場が整備され、長期信用銀行は歴史的役割を終えましたが、このように銀行は証券業務とも深くつながっていたのです。

ちなみに、米国では長く銀行業務と証券業務が厳しく区別されていて、これを兼営することができませんでした（グラス・スティーガル法）。これが1990年代に緩和され（1999年にグラス・スティーガル法廃止）、現在では大手銀行グループが傘下に証券会社を持つ形態が見られるようになっています。

これに対して欧州では、伝統的にユニバーサルバンクと呼ばれる制度があります。銀行が銀行業務だけでなく、証券業務やその他の金融業務を兼営する形態です。

日本は米国型に近く、もともとは銀行業務と証券業務が分かれていたのですが、現在では持株会社による兼営が認められています。そのため、大手銀行グループの一部は傘下に証券会社を持ち、証券業務を行なっています。

ただし、銀行が貸出をする代わりに証券会社との取引を強要したり、お互いが保有する顧客情報を不当に流用したりしないように、同じグループ内でも銀行と証券会社は明確に分離することが規定されています。これを**ファイアウォール**といいます。

SECTION 2-3

証券会社の業務

株式の売買、投資信託の販売に加えて債券も主力商品に

株式の売買

証券会社の主要業務に株式の売買業務があります。

一般に取引される上場株は、基本的に取引所で取引が行なわれます。一般の投資家は直接取引所で取引をすることができませんので、証券会社に注文を出して、注文を取り次いでもらいます。これを**委託売買**といいます。

この取次ぎをするときに投資家から証券会社に支払われる委託手数料が証券会社の伝統的な収入源です。

最近では、インターネットで取次ぎを行なうネット証券が登場し、低率の委託手数料で顧客を惹きつけ、大きなシェアを獲得するようになっています。

従来、上場株の売買は取引所を介することが義務づけられていましたが、1998年にこの取引所集中義務が廃止され、取引所を介さない取引、いわゆる**取引所外取引**が可能となっています。

この取引所外取引には、投資家が証券会社と相対で大口の売買を行なうブロックトレード、証券会社の内部で投資家の売り注文と買い注文を付け合わせて取引を成立させるダークプール、証券会社が運営する私設取引所（PTS）で株式を売買する取引などがあります。

さて、証券会社は、株式の売買を取り次い

株式売買業務の概要

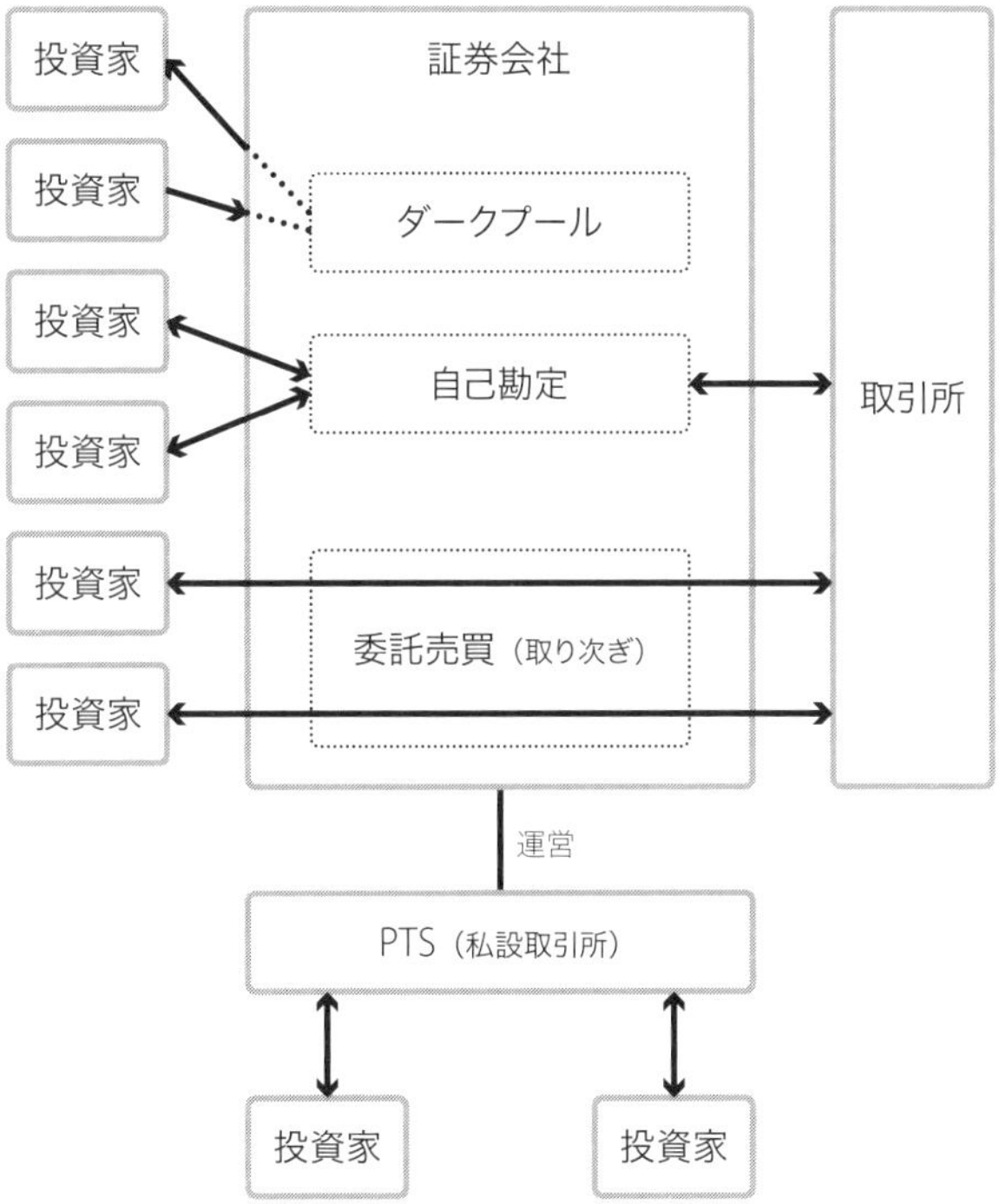

KEY WORD

自己勘定取引：銀行や証券会社が、自らの勘定で行なう取引。相場変動による損益は銀行や証券会社に帰属する。

0　2章

6　その名のとおり「金融機関」は

9　金融の中心

だり、付け合わせたりしているだけではありません。株価の変動リスクを負いながら、自らの勘定で取引をすることもあります。これを**自己勘定取引**といいます。

自己勘定取引では、自己で保有する株価の変動がそのまま証券会社の損益となって現れます。顧客の売買にともなって一定の手数料が入る委託売買業務とは異なって損失を被るリスクがありますが、相場の読みが当たったときには大きな収益を得ることができます。

ちなみに先ほど述べたブロックトレードは、自分の相場観で行なう取引とは違い、顧客の注文を受けて行なう取引ですが、証券会社は自己の勘定で取引を受けるのでこれも自己勘定取引の一種です。

●投資信託・債券の販売

投資信託の販売もまた、証券会社にとっては大きな収入源のひとつです。そのため、大手証券会社になると、投資信託の運用会社（投資信託委託会社）を傘下に持っています。

従来、投資信託の販売は証券会社の牙城でしたが、１９９８年に銀行の窓口で投資信託を販売すること（銀行窓販）が認められました。そして、２０１３年6月現在では、銀行窓販が占める割合は47・8％（残高ベース）にまで達するようになっています。

近年、株式、投資信託と並んで証券会社の主力商品に育ってきたのが債券です。

とくに大手証券では、国債、社債、あるいは外国債券など幅広い債券を取り扱うようになっています。

債券の場合は、取引所取引というものもあるのですが、投資家と証券会社が相対で取引をすることが一般的です。証券会社は、自己の勘定で債券を保有しながら、投資家の注文に応じていくことになります。

SECTION 2-4

投資銀行

株式の発行や社債の引受け、M&Aの仲介を行なう金融機関

●投資銀行とは何か

投資銀行は日本の制度ではないので、一般にはあまり馴染みがないかもしれません。しかし、世界の金融業界においては非常に大きな影響力を持っているので、ここで見ていくことにしましょう。

投資銀行は、米国におけるInvestment Bankを日本語訳にしたものです。これは、株式の発行や社債の引受け、Ｍ＆Ａの仲介を行なう金融機関のことで、銀行と名がついていますが業態としては証券会社に当たります。

普通の銀行が間接金融の担い手であるのに対して、投資銀行は直接金融を取り仕切る存在です。

投資銀行といえば、ゴールドマン・サックスやモルガン・スタンレーが代表格ですが、ＪＰモルガン・チェースなど欧米の大手銀行グループも強力な投資銀行業務部門を有しています。これらの大手投資銀行は、投資銀行業務のほかに前項で述べた株式などの委託売買、自己勘定取引や、デリバティブ業務なども行なう総合証券会社です。

ほかに、たとえばＭ＆Ａの仲介業務を専門におこなうブティック型と呼ばれる特化型の投資銀行も多く存在しています。

日本では大手証券会社や銀行系証券会社が投資銀行業務を行なっていますが、一般に投資銀行という場合は、欧米の金融機関を指す

●投資銀行の業務イメージ（総合投資銀行の場合）

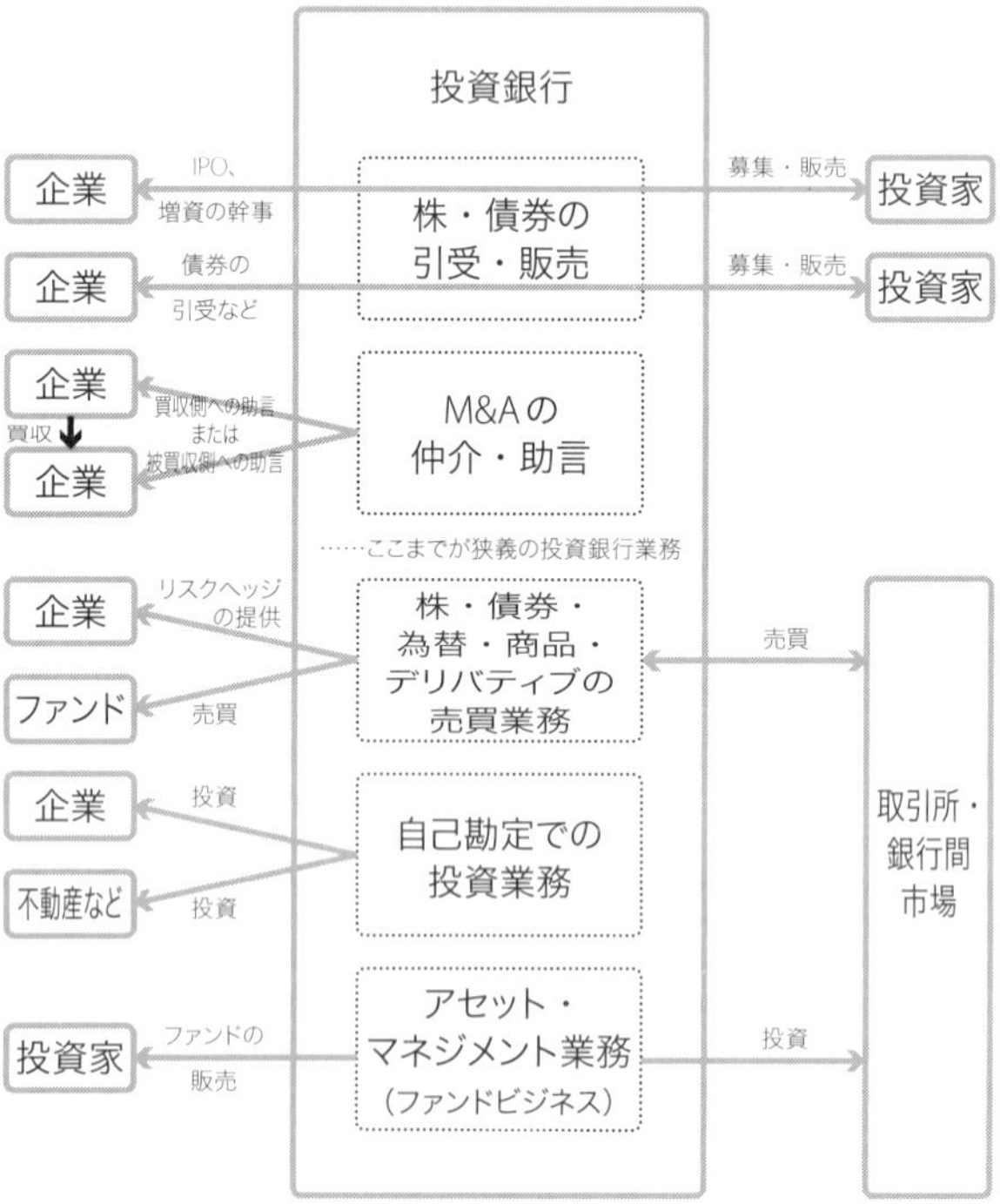

KEY WORD

投資銀行：米国の金融業態のひとつ。似たものとして英国では伝統的にマーチャント・バンクと呼ばれる業態があったが、金融ビッグバンにより投資銀行に吸収され、一体化した。

のが普通です。

投資銀行はウォール街の主役

投資銀行は、独特のカルチャーを持っています。世界の金融市場を相手に巨額の資金を動かし、壮絶なマネーゲームを繰り広げるというイメージはよく映画や小説の題材にもなっています。

世界の金融センターであるニューヨークのウォール街は、投資銀行の街といっていいでしょう。また米国では、投資銀行が政府への人材供給バンクのようになっていて、数多くの高官を輩出しています。

投資銀行の花形従業員のなかには、メジャーリーグのプロ野球選手をはるかにしのぐ年収を稼ぐ人たちがごろごろしています。そのため、「ウォール街を占拠せよ」など格差是正を求めるデモの格好の標的ともなります。

投資銀行は、直接金融の担い手として不可欠な存在です。ただし、近年の投資銀行は、顧客の依頼に基づく本来の投資銀行業務よりも、自己の勘定で巨額の利益を狙う業務の比重を高めています。ホテルチェーンやゴルフ場、商業施設やオフィスビル、さらにはパブチェーンなどを自己勘定で保有するケースさえあります。

こうしたリスクの高い業務の比重を高めてきた結果として起きたのが、大手投資銀行の一角であったリーマン・ブラザーズの破たんとその後の金融市場の大混乱です。投資銀行は、金融のダイナミズムの象徴であり、世界の金融技術の革新をリードしてきた存在でもありますが、いつしかとてつもない利益を稼ぎ出すマネーマシーンとなり、そして世界経済を振り回す怪物のような存在になったといえます。

SECTION

2-5 保険会社

保険料を預かって運用し、保険金を支払う

●生命保険会社

生命保険（生保）は、ある人が亡くなったときに、残された遺族などに保障をする制度です。この「ある人」のことを被保険人といい、保障を受ける人を保険受取人といいます。

　生命保険会社は、この生命保険を扱う金融機関で、株式会社である場合もありますが、相互会社という特殊な形態をとるケースが多くあります。生命保険相互会社は、保険契約者が会社の出資者（法律上は社員と呼ばれる）を兼ねる会社です。

　生命保険会社が扱う商品には、先に述べた死亡時に保障をする保険（これを死亡保険という）のほかに、疾病などで収入が失われたときに保障をする所得保障保険、貯蓄性の高い養老保険や年金保険などがあります。

　保険に加入するには、**保険料**と呼ばれる金額を、定期的にまたは一括で支払います。これに対して、保障時に支払われる金額が**保険金**です。

　これを保険会社の側から見ると、保険料を預かって負債を負い、保険金を支払うことでその返済をしているということができます。要するに、保険契約者から資金調達をしているのです。保険会社は、その調達した資金を自ら運用して、その運用成果を保険金の支払いに充てます。

　これは、間接金融の一形態ともいえますし、

保険のしくみと保険会社の利益構造

終身保険のしくみ

一定年齢まで保険料を支払い続けると

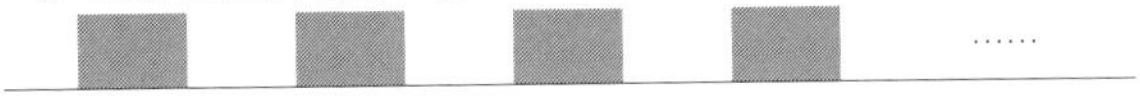

被保険人の死亡時に保険受取人に保険金が支払われる

保険料と保険金の決まり方

以下のように死亡表という統計データをもとに、
保険料と保険金の将来の期待値を推定する。

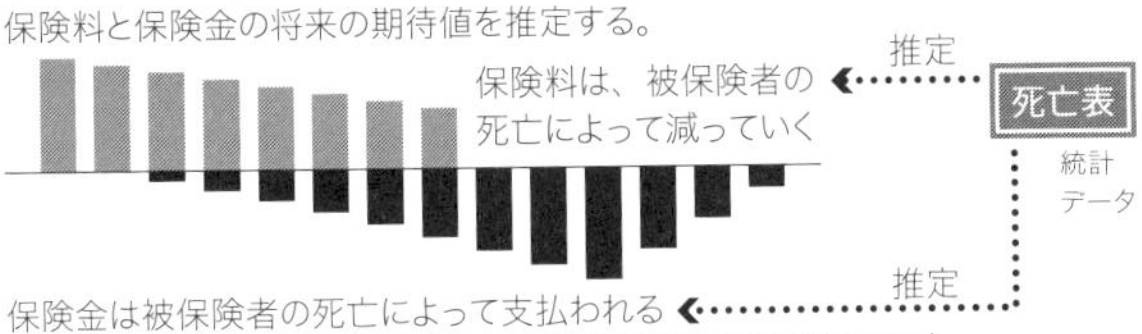
推定
保険料は、被保険者の
死亡によって減っていく
死亡表
統計
データ
推定
保険金は被保険者の死亡によって支払われる

（保険金額×死亡確率によって、年齢ごとの保険金支払額の予想値を推計する）

↓

上記の予想キャッシュフローに基づいて

保険料の受取総額（**期待値**）＋
保険料を受け取ってから保険金を支払うまでの予定運用利益－
事務にかかる予定費用＝保険金

となるように保険料、保険金が決められる。

↓

保険会社にとっては、以下が利益となる

- 実際の死亡率が予想よりも低かったとき→**死差益**
  （保険金の支払いが先延ばしになるので、その間運用益を得られる）
- 実際の運用益が予定の運用益を上回ったとき→**利差益**
- 実際の事務費用が予定よりも下回ったとき→**費差益**

また運用会社（投資家）の一種ともいえます。

生命保険の場合、とくに保障期間が生涯にわたる終身保険では、保険料を収受し始めてから保険金を支払うまでの平均期間が非常に長くなります。そのため、長期わたって安定した運用をすることが必要で、それが運用会社としての生命保険会社の大きな特徴を形づくっています。

●損害保険会社

損害保険（損保）は、事故や火災、災害による損失や、船舶、物品などの毀損を補償する制度です。これらを取り扱う金融機関が損害保険会社です。自動車保険、火災保険、船舶保険などが主力商品です。

ちなみに、保険による支払いのことを生命保険では保障と呼び、損害保険では補償と呼びます。紛らわしいのですが、生命保険では、損失を回避して収入を守ることに主眼が置かれるので「保」の字が用いられ、損害保険では実際に生じてしまった損害を補てんすることに主眼が置かれるので「補」の字が用いられます。

損害保険会社も、保険料を収受し、後に保険金を支払うという点では生命保険と変わりません。そして、その間、預かった資金を運用するという点も変わりません。ただ、保険の契約期間は短いものが多く、資金を運用する期間もそれほど長くはありません。

ちなみに、損害保険の世界では、いったんある会社が保険を引き受け、それと同内容の保険を他の会社に引き受けてもらうことで保険のリスクをヘッジすることが行なわれています。これを再保険といいます。この再保険を取り扱う取引市場として有名なのが、ロンドンにあるロイズ保険です。

SECTION 2-6

その他の金融機関

銀行以外にも実質的に融資機能を果たす金融機関（ノンバンク）がある

●貸金業

貸金業には、消費者金融、信販・カード、商工ローン、リースなどがあります。

消費者金融は、一般の消費者向けに、小口、無担保で資金を貸し出すものです。俗称では「サラ金」と呼ばれることがあります。

日本では、銀行の貸出を受ける場合に審査が厳しく、担保を要求されるケースがほとんどであるため、高金利ながら無担保で借り入れができる消費者金融が大きく発展してきました。

消費者金融は、貸出先の個別審査に重点をおく銀行とは違い、小口で数多くの人に貸し出すことでリスクを分散させるという統計的手法に基づくビジネス・モデルといえます。

日本では、銀行との競合がないため、消費者金融会社は高い利益率を誇ってきました。しかし、高利貸付や取立てが社会的に批判を浴びることも多く、過去にグレーゾーン（罰則はないが、債務者の同意がなければ課すことができない金利水準）と呼ばれる金利水準で行なった貸出の金利支払いに対する返還請求（過払い請求）訴訟や、法的な上限金利の引下げによって大きな打撃を受けました。

信販会社は、物品を分割払いで購入するときに、消費者に代わって物品の販売会社に一括で支払い、消費者からは分割で資金を回収するという役割を担います。カード会社は、

●リースのしくみ

①ファイナンス・リース

普通に機器を購入する場合

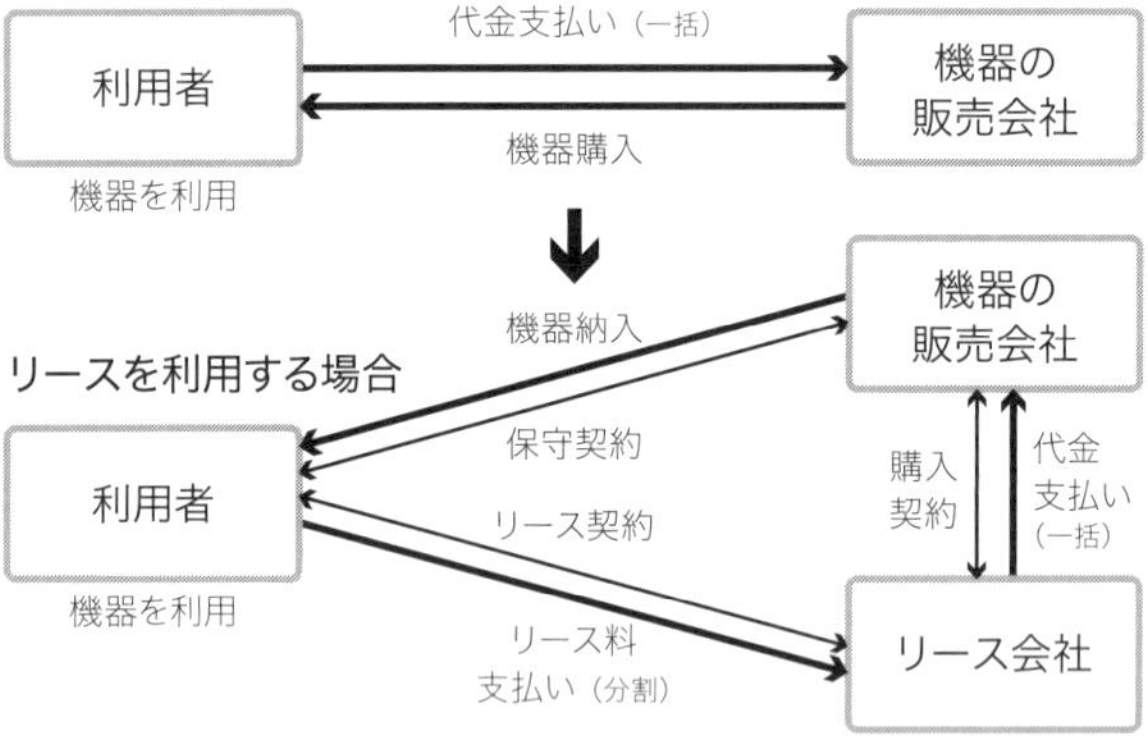

利用者は、自ら選定した機器を分割払いで購入したのと同じ効果を得る。

（機器の維持コストは利用者が負担し、途中解約はできない）

②オペレーティング・リース

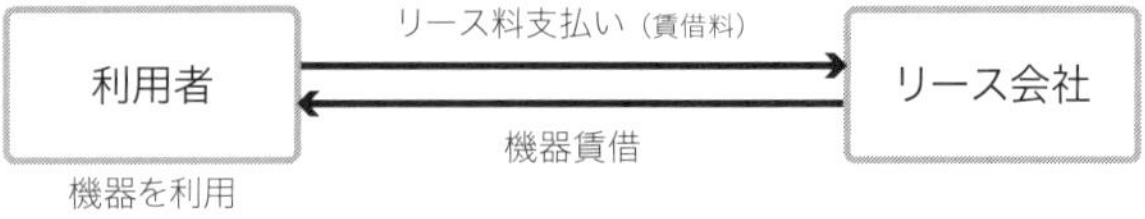

利用者は、リース会社が保有する機器を、リース料を支払うことで一定期間借りて使用する。

クレジットカードでの購入で一時的に代金を立て替えて、後に一括または分割払いで回収します。

商工ローンは、零細企業に、担保付き、保証人付きで高利で貸出をするものです。おもに銀行からの借入れがむずかしい企業が借り手となります。

商工ローンもまた、銀行がカバーしきれない部分を補う存在ですが、高利と悪質な取立てによってしばしば社会問題となり、規制の強化が図られています。

リース

リースも貸金業のひとつですが、他の貸金業とはやや毛色が違います。

リースは基本的に、機械や設備などをリース会社が購入し、それを利用企業が借りて使用料を支払うしくみです。

利用企業が、機械や設備を自ら購入する代わりにリース会社に購入してもらい、リース料という形で支払うことによって実質的に分割払いで購入したのと同じ効果を得るのが、ファイナンス・リースです。

これに対して、機械や設備の購入にともなうリスクを避け、賃借料を支払うことによって一定期間のみ利用するのがオペレーティング・リースです。

リース会社には、航空会社向けに航空機のリースを専門に行なう航空機リースなどの専門会社や、様々な物品のリースに加え、融資や投融資なども行なう総合リース会社などがあります。

ちなみに、銀行以外で実質的に融資機能を果たす金融機関のことをノンバンクといいます。一般に、ノンバンクという場合は、ここで説明した貸金業者のことを指します。

COLUMN

最強の投資銀行、ゴールドマン・サックス

現在、ウォール街最強と評されるのがゴールドマン・サックス（以下ゴールドマン）です。ゴールドマンは、1869年、コマーシャルペーパー（CP）という約束手形のようなものを扱う小さなユダヤ系金融業者としてスタートしました。

ゴールドマンは、堅実で、顧客志向が強く、長い年月をかけて少しずつ地歩を築いてきました。かつてはM&Aのアドバイザーを務めるときも、敵対的買収をする側には立たず、される側のアドバイザーのみを引き受けることを長くその方針としていました。

また、ゴールドマンは人材の宝庫でもあります。投資銀行の社員の報酬は一般企業からすると桁違いなのですが、ゴールドマンはその中でもとくに高報酬企業として知られています。そのため米国の有名大学の大学院の成績優良者がずらりと並び、ゴールドマンの出身者もまた各界で活躍しています。

とくに米国政府は、民主党政権、共和党政権に関わらず、ゴールドマン出身者が多いことが知られています。クリントン政権のロバート・ルービン財務長官、ブッシュ政権のヘンリー・ポールソン財務長官はともにゴールドマンの経営トップの経験者です。そのため、「政府とゴールドマンは癒着している」とか、「ゴールドマンが陰で政府を操っている」と勘繰られることも少なくありません。

ゴールドマンは長くパートナーシップ制という形態をとる非公開企業だったのですが、1999年に株式会社に移行し、上場企業となりました。顧客志向の強かったゴールドマンも、この前後から自社の勘定で大きなリスクをとるハイリスクのビジネスに業務の主体が移っていきます。

ゴールドマンは卓越したリスク管理能力でサブプライムローン問題やリーマン・ショックを乗り切っていきますが、ギリシャの財政赤字隠し問題に関わっていたことが明らかになるなど、近年では「強欲な金融機関」の代表格のように批判の矢面に立つことが増えてきています。これも、「最強」ならではの悩みといえるかもしれません。

BEST INTRODUCTION TO ECONOMY

3章 金融＋市場＝「金融市場」のしくみ

SECTION 3-1

金融市場の全体像

大勢の参加者が集まって取引（市場取引）を行なう場が金融市場

様々な金融が取引される場

金融取引は、金融機関が内容や条件を定めた定型的な取引のほかに、大勢の参加者が集まって一斉に取引を行なったり（後述の取引所取引など）、あるいはそこで自由に相手を見つけて個別に取引を行なったり（後述の店頭取引）する場合があります。こうした形態を市場取引といい、その市場取引が行なわれる場を金融市場といいます。

金融市場には様々なものがありますが、そこで取り扱われる商品によって分類すると、代表的なものとしては、株式市場、債券市場、（短期）資金市場、外国為替市場、デリバティブ市場などがあります。

これ以外にも金融市場の分類には、様々な切り口があります。

たとえば、短期（1年未満）の金融取引をする場を短期金融市場といい、資金市場がこれに該当します。英語でいうと**マネー・マーケット**です。これに対して、長期（1年以上）の金融取引をする場を長期金融市場といいます。株式市場や債券市場がこれに該当します。英語では**キャピタル・マーケット**で、その日本語訳で資本市場という場合もあります。

この分類では、金融市場＝資金調達の場という意味合いが強いため、為替市場やデリバティブ市場はこうした分類には含めないのが一般的です。

金融市場の分類

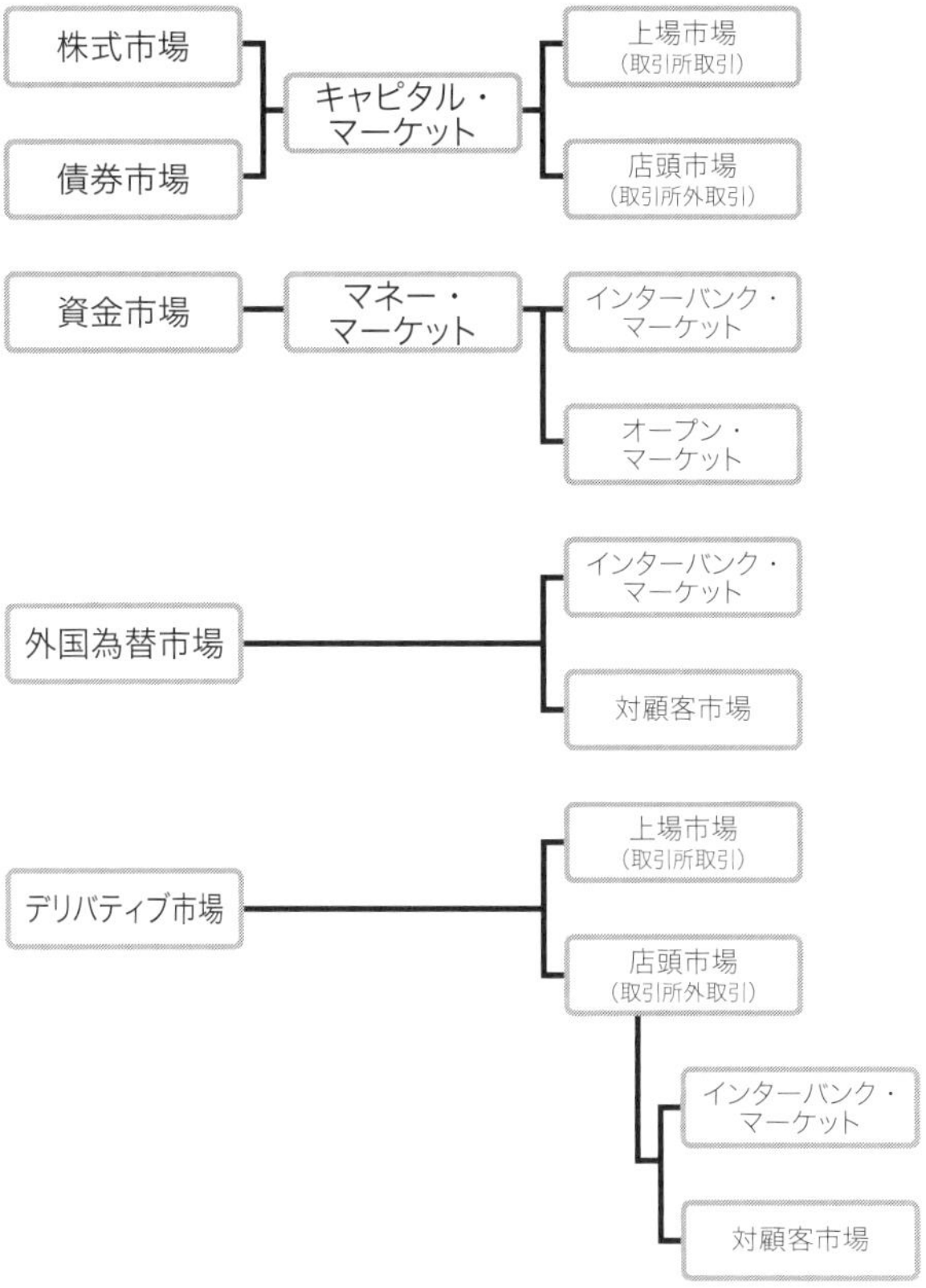
株式市場
債券市場
キャピタル・マーケット
上場市場
(取引所取引)
店頭市場
(取引所外取引)
資金市場
マネー・マーケット
インターバンク・マーケット
オープン・マーケット
外国為替市場
インターバンク・マーケット
対顧客市場
デリバティブ市場
上場市場
(取引所取引)
店頭市場
(取引所外取引)
インターバンク・マーケット
対顧客市場

また、参加者の範囲によって市場を分類することもあります。参加者が金融機関に限定されている市場がインターバンクマーケット（銀行間市場）で、参加者が金融機関に限定されていない市場がオープンマーケット（公開市場）です。

●取引所取引と店頭取引

金融市場の取引の形態のひとつに**取引所取引**があります。上場株式市場が典型例ですが、ほかに上場デリバティブ市場などがあります。

これは、取引所において、取引所が決めたやり方で多くの参加者が一堂に会する形で取引が行なわれるものです。

一堂に会するといっても、以前は場立と呼ばれる証券会社の担当者が実際に顔を合わせて取引を行なう立会場方式がとられていたのですが、現在はコンピュータ・ネットワーク上で電子的に取引が行なわれるのが一般的です。

取引所取引は、取引所の監視のもとで透明性の高い取引が行なわれるので、多くの投資家が共通の商品を取引するのに適しています。取引所取引に直接参加できるのは会員会社に限定されていますが、その会員会社が様々な投資家の注文を取り次ぐ形で、結果として多くの投資家が参加することができます。

これに対して、市場で取引相手を見つけ、一対一（相対）で取引を行なっていく形態のものを**店頭取引**（OTC＝Over the Counter取引ともいう）といいます。店頭といっても、実際に銀行や証券会社の店頭で行なう取引という意味ではなく、相対取引を取引所取引と区別するために使われる言葉です。

店頭取引は、伝統的に電話で行なわれることが多かったのですが、近年では電子的に行なわれるケースが増えています。

SECTION 3-2

株式市場

長期金融市場の代表的な存在でおもに取引所で取引される市場

日本の株式市場

株式市場は、すでに述べてきたように、長期金融市場（キャピタル・マーケット）の主力市場のひとつで、おもに取引所で取引される市場です。

日本では、株式を取引する取引所として最も代表的なものに**東京証券取引所**（東証）があります。ほかには、名古屋、福岡、札幌に証券取引所があります。以前は、東証に次ぐものとして大阪証券取引所（大証）があったのですが、２０１３年7月に東証と市場統合をしています。

東証を見てみると、まず1部市場というのがあり、大企業を中心に日本を代表する企業が上場しています。次に2部市場があり、１部市場の予備軍と位置づけられます。

東証が運営する株式市場には、他に新興市場といわれるものがあります。マザーズと大証から移管されたジャスダックです。新興市場は、新興の成長企業が上場しやすいような上場基準を設けている市場です。このような新興市場は、東証以外の各証券取引所でもそれぞれ運営されています。

取引所には、数多くの企業が上場されています。代表的な東証1部ではその数は１７００以上に及びます。ですから、１日の内でも、値上がりする株もあれば値下がりする株もあるというのが普通です。そこで、市場全体が

世界の株式市場

世界の主な株式市場の時価総額
（2013年10月、兆ドル）

（国際取引所連合より）

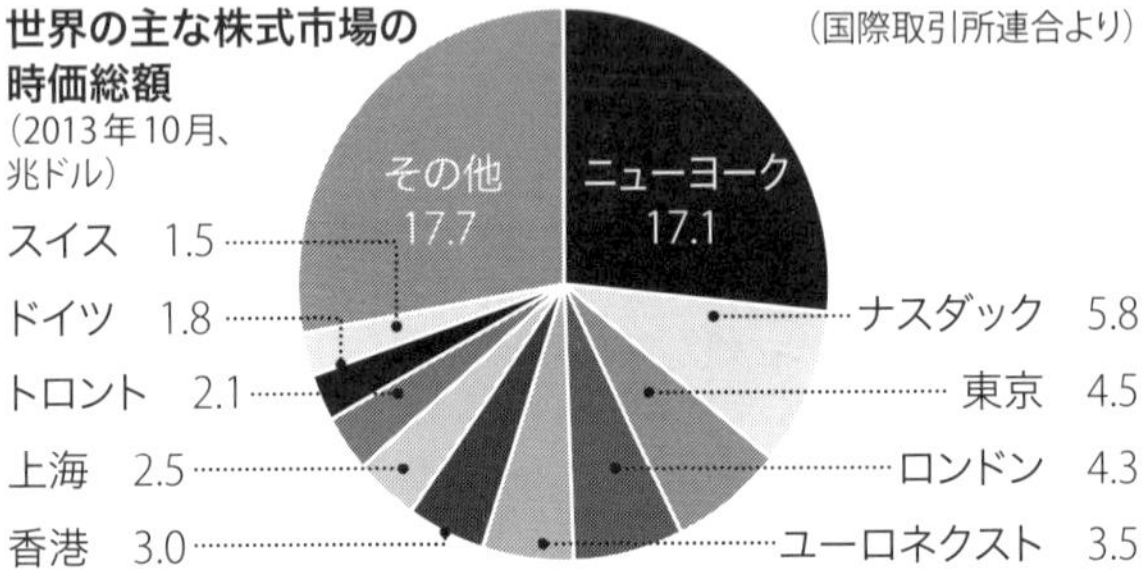

世界の主な株価指数

地域	名称
米国	ダウ（ダウ工業株30種平均）
	S&P500
	ナスダック総合指数
欧州	FTSE100（イギリス）
	DAX（ドイツ株価指数）
	CAC40（フランス）
アジア	KOSPI（韓国総合株価指数）
	HKHSI（香港ハンセン株価指数）
	上海総合指数
日本	日経225（日経平均株価225種）
	TOPIX（東証株価指数）

KEY WORD

株価指数：元々は株式市場全体の動きを表すために開発されたものだが、先物やオプションの対象として取引が可能なものもある。

どのような動きをしたのかが簡単にわかるように指数化されたものが**株価指数**です。

たとえば、東証株価指数（**ＴＯＰＩＸ**）は、東証１部の全上場企業の時価総額（発行済み株式数×株価）の合計を指数化したものです。

ＴＯＰＩＸは、プロの投資家が運用の基準とする重要な株価指数ですが、新聞などで一般によく目にするのは日経平均株価（**日経２２５**）です。こちらは東証１部上場企業の中から代表的な２２５社を選び、その株価の単純平均値を指数化したものです。

世界の株式市場

世界最大の株式市場は、米国のニューヨーク市場です。ニューヨーク市場は、米国というよりも世界に名だたる大企業が名を連ね、時価総額でも圧倒的な存在感を示しています。

このニューヨーク市場の株価指数にもいくつかあって、最も有名なのがダウ平均と呼ばれるダウ工業株30種平均です。これは日経平均のモデルとなった株価指数で、代表的な30社の株価平均値を指数化しています。

米国にもＮＡＳＤＡＱ（ナスダック）という新興企業向けの市場があります。日本のジャスダックのモデルとなった市場です。新興市場といっても世界的に有名な大企業が多く含まれており、時価総額で東証をしのぐほどの巨大市場です。

さて、米国の株価指数にはもうひとつ、スタンダード・アンド・プアーズ社が発表するＳ＆Ｐ５００というものがあります。これは全米を代表する５００社の時価総額を指数化したもので、プロの投資家にとってはとくに重要な株価指数です。

世界の株式市場としては、ほかにロンドン証券取引所、ユーロネクスト（欧州）、上海証券取引所、香港証券取引所などがあります。

SECTION 3-3

資金市場

金融機関などが短期的な資金の貸し借りを行なう場

● インターバンクマーケット

資金市場は、金融機関などが短期的な資金の貸し借りをする場です。代表的なものに、コール市場、レポ市場などがあります。

コール市場は、参加者が銀行を中心とする金融機関に限定されているインターバンクマーケットの代表格です。

コール市場では、おもにごく短い期間の資金取引が行なわれ、今日借りて明日返すという1日だけの取引（オーバーナイト、O／N）が中心的な存在です。

銀行は日々大量に資金をやり取りしますので、一時的に資金が余ったり、あるいは足りなくなったりします。この資金の短期的な過不足を調整する市場がなければ、銀行は常に自分の手持ちの現金でしか取引ができなくなり、経済全体における資金の流れが円滑に行なわれなくなってしまいます。

コール市場のもうひとつの重要性は、このコール市場が日銀の金融政策の直接的なターゲットになっている点です。日銀の金融政策については、6章であらためて解説しますが、その政策効果はまずコール市場にあらわれ、それが銀行の行動に影響を及ぼすという経路をたどることになります。

他にインターバンクマーケットとしては、**銀行間預金**市場があります。これは、コール市場よりも少し長めの期間の資金をやり取り

●レポ取引のしくみ

最初にAがBに単価100.00円で債券を売り……

一定期間後にAがBから単価100.10円で債券を買い戻す。

Aは債券を担保にして資金を借り入れているのと同じ効果を得られる。

Bは債券を担保にして資金を貸し出している、または現金を担保にして債券を借り入れているのと同じ効果を得られる。

レポ料（この例では@100.10-@100.00=@0.10分）は、債券が担保になっているので無担保資金取引の金利よりも低くなる。

- レポ取引は、相手側（B）から見た場合、リバースレポ取引と呼ばれる。
- 海外では「レポ取引」は上記のような買い戻し条件付きの債券売買取引の形態をとるが、日本ではこれを「債券現先取引」と呼ぶ。日本で「債券レポ取引」という場合は、現金担保の債券貸借取引を指す。基本的な経済効果はどちらも同じである。
- レポ取引（貸借取引を含む）は、債券だけでなく、株、CP（コマーシャル・ペーパー）、CD（譲渡性預金）なども対象となる。

KEY WORD

LIBOR：ライボーと読む（TIBORはタイボー）。ドルLIBORや円LIBORなど主要通貨について公表されている。金利スワップや変動利付債の変動金利の指標として使われることが多い。

する市場です。

　ちなみに、様々な金融取引の基準金利として使われる**ＬＩＢＯＲ**（London Inter-Bank Offered Rate）は、ロンドンの銀行間預金市場の取引金利の指標です。これに対して、東京の銀行間預金市場の指標金利はＴＩＢＯＲと呼ばれています。

　ＬＩＢＯＲは、主力銀行が申告した金利を一定のルールで平均して求められますが、申告制となっているため実際の取引金利とかい離する可能性があります。

　しかし、そのＬＩＢＯＲが様々な取引の基準金利として用いられるため、主力銀行のディーラーたちが自分たちの利益になるように恣意的なレートを申告していたという問題が２０１１年に発覚しました。

　このためＬＩＢＯＲは２０２１年末で公表停止となる予定で、現在それに代わる新たな指標金利の整備が進められています。

レポ市場

　資金市場のもうひとつの柱が**レポ**と呼ばれる取引です。これは、保有する国債などをいったん売却し、一定期間後に買い戻すという契約をセットで行なうものです。ちなみに、日本では売買契約による現先取引と、貸借契約による日本版レポ取引が存在します。

　レポ取引では、まず国債の売却代金を手にしますので、買い戻すまでのあいだはその資金を自由に使うことができます。これは国債を担保に資金を調達しているのと同じことです。

　この取引を相手側から見ると、国債を担保として資金を貸し付けているのと同じで、とくにこれをリバース・レポといいます。リバース・レポは、債券を空売りするために借り入れる目的で行なわれることもあります。

　レポ市場は、金融機関以外の投資家も参加するオープンマーケットの代表格です。

SECTION 3-4

債券市場

株式市場と並んで長期の資金をやり取りする代表的な存在

日本の債券市場

債券市場は、株式市場と並んで、長期の資金をやり取りする長期金融市場で重要な役割を担う市場です。

債券には、国が発行する国債、地方公共団体が発行する地方債、企業が発行する社債などがあります。企業のうちでは、金融機関がとくに債券発行額が多く、その他の企業とは分けて分類されることがあります。

債券市場の特徴のひとつとして、投資家のほとんどが金融機関や機関投資家（生保など）といわれる大口の投資家であるという点があります。とくに日本では投資家層が偏っていて、彼らの意向で金利動向が決定されることから、時として談合市場と揶揄されることがあります。

近年では、量的金融緩和という手法で日銀が国債を大量に購入しています。いまや、債券市場の最大の買い手は日銀といっていいでしょう。このため、官製市場という色彩も帯びるようになっています。

さて、債券には様々なものがあります。一般に取引されているのは、信用格付が一定以上の信用力の高い債券（投資適格級）です。リスクが小さい代わりに利回りも低めで、ローリスク・ローリターンといえます。

これに対して、ハイイールド債（またはジャンクボンド）は、信用力が低く、返済されない

●世界の債券市場

世界の債券市場（時価総額、兆ドル）

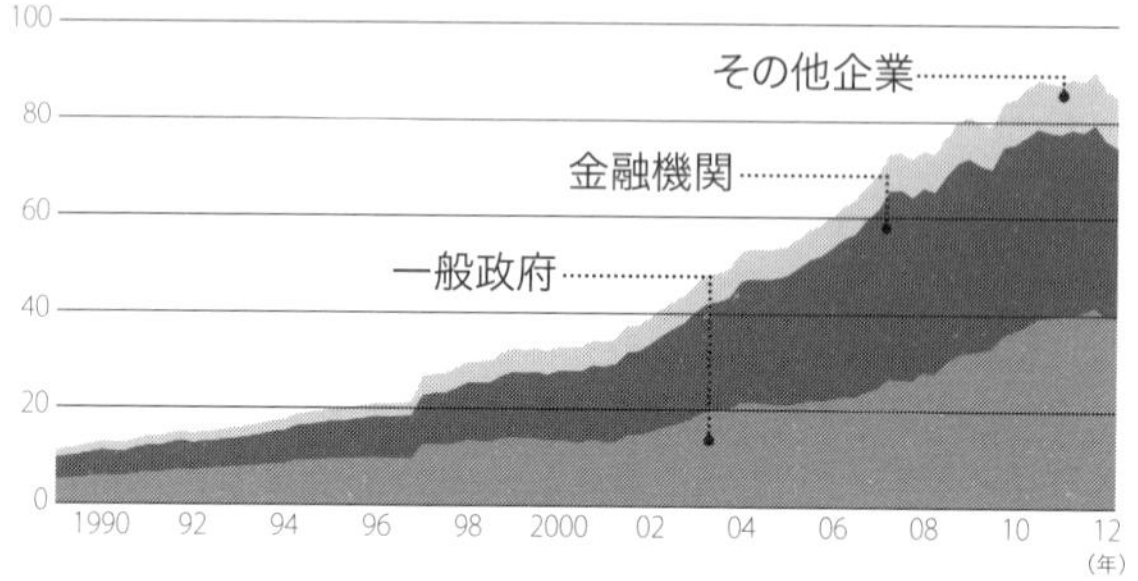

国別内訳（2013年3月、兆ドル）

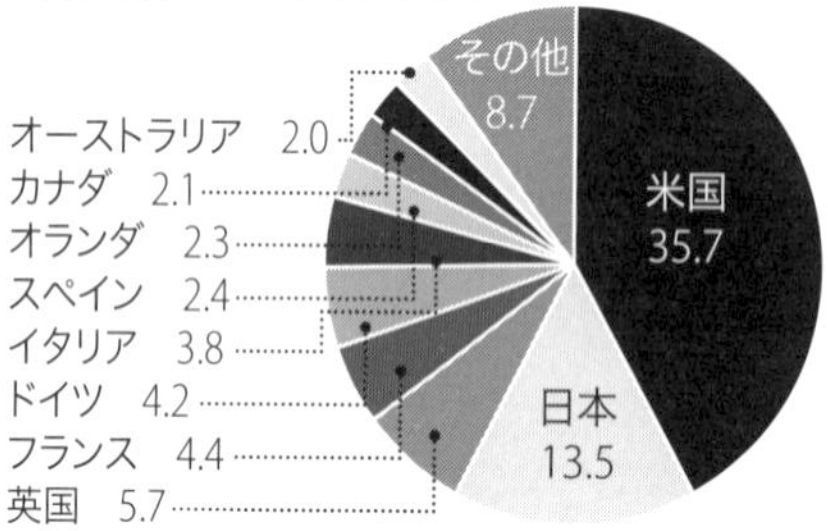

出所：国際決済銀行資料

KEY WORD

ABS：後述する証券化によって発行される債券の総称。その内訳として様々なものがあるが、住宅ローンなどの不動産担保ローンの証券化によって発行されたものをとくにＭＢＳという。

リスクが高いのですが、その代わり高利回りです。ミドルリスク・ミドルリターン、もしくはハイリスク・ハイリターンの市場です。

しかし日本では、こうしたハイイールド債の市場はほとんど発展していません。これも、投資家が特定の層に限定されていて、基本的にローリスク・ローリターンの債券にしか投資しないことが背景にあります。

米国の債券市場

債券先進国といえば、やはり米国です。まず、米国でも国債（財務省証券）が大量に発行され、巨大なマーケットを形成しています。これらは単に**トレジャリー**、もしくは短期債ならトレジャリー・ビル、中期債ならトレジャリー・ノート、長期債ならトレジャリー・ボンドと呼ばれます。

トレジャリーは、世界で最も安全な資産のひとつとされ、世界中の投資家が投資をしています。その金利は世界中の金利水準の基準とされます。近年では、債務上限問題という政治上の問題から何度か利払い停止になる可能性が浮上していますが、本当にそのような事態になれば、世界中に混乱が広がることが懸念されています。

米国では、社債の取引も活発です。投資家層が厚いため、ミドルリスク、ハイリスクの債券にも資金が集まり、ハイイールド債も活発に取引されています。

近年とくに急成長を遂げたのがABS（資産担保証券）です。米国はこの分野でも最先端で、市場規模も巨大です。しかし、この市場がサブプライムローン問題とリーマン・ショックの震源地となり、世界を大混乱に陥れることになりました。このとき大打撃を受けたABS市場も、その後少しずつ回復に向かっています。

SECTION 3-5

外国為替市場

異なる通貨を交換する市場で中心にはインターバンク市場がある

●為替市場の構造

外国為替市場（単に為替市場ともいう）は、異なる通貨を交換する市場です。日本では、日本円を米国のドルと交換する取引（ドル円）が代表例です。欧州や米国では、ドルとユーロの取引が盛んに行なわれています。

為替市場の中心には、銀行間で日々巨額の取引が行なわれるインターバンクマーケットがあります。

企業や投資家が為替の取引をする場合は、銀行、証券会社あるいはＦＸ（外国為替証拠金取引）会社などと取引をし、それが最終的にはインターバンクマーケットに集まってくることになります。

為替相場は、こうして様々な取引が最終的に集まってくるインターバンクマーケットで、時々刻々と形成されていきます。

為替市場は様々な通貨が絡む取引なので、世界中の市場で取引され、１日のうちで取引が中断されるのは、米国市場が閉まってからアジア・オセアニアの市場が開くまでのわずかな時間しかありません。主要な市場に限っても、東京→シンガポール→ロンドン→ニューヨークと次々に引き継がれて、グローバルな巨大市場を形づくっています。

●スポット取引とフォワード取引

為替市場には、**スポット**市場と、**フォワー**

為替のスポット取引とフォワード取引

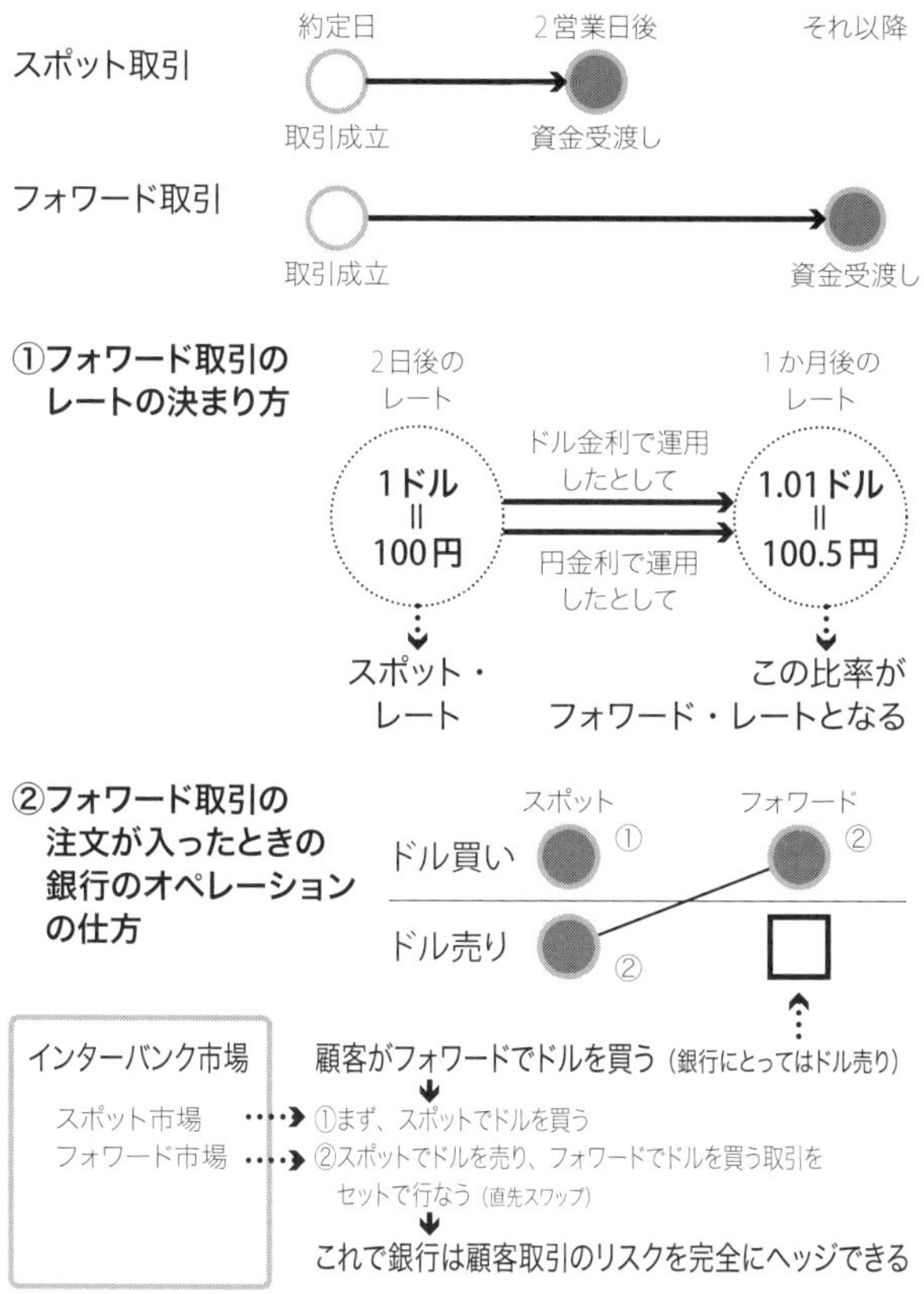
約定日
2営業日後
それ以降
スポット取引
取引成立
資金受渡し
フォワード取引
取引成立
資金受渡し
①フォワード取引の
レートの決まり方
2日後の
レート
1か月後の
レート
ドル金利で運用
したとして
1ドル
=
100円
1.01ドル
=
100.5円
円金利で運用
したとして
スポット・
レート
この比率が
フォワード・レートとなる
②フォワード取引の
注文が入ったときの
銀行のオペレーション
の仕方
スポット
フォワード
ドル買い
①
②
ドル売り
②
インターバンク市場
スポット市場
フォワード市場
顧客がフォワードでドルを買う（銀行にとってはドル売り）
①まず、スポットでドルを買う
②スポットでドルを売り、フォワードでドルを買う取引を
セットで行なう（直先スワップ）
これで銀行は顧客取引のリスクを完全にヘッジできる

ド市場があります。

スポット取引は、為替取引に限りませんが、直物取引とか現物取引ともいわれ、売買をしてすぐに目的物を受け渡す取引のことをいいます。実際には受渡しの事務が発生するので、為替の場合は取引をした2営業日後に取引金額の受渡しをします（スポット取引は直物為替予約ともいう）。

通常、為替市場という場合にはこのスポット市場を指すことが多く、このスポット市場で形成された相場が為替相場となります。

これに対してフォワード取引は、先渡し取引ともいわれ、先日付で受渡しが行なわれるものをいいます。為替取引でいうと、3営業日後以降に受渡しされるものがフォワードで、おおむね1年先くらいまでの取引が行なわれます（先渡為替予約）。

インターバンクマーケットでフォワード取引をする場合は、通常、スポット取引とフォワード取引を組み合わせて行なうのが一般的です。これを為替スワップとか直先スワップといいます。

たとえば、スポット（2日後）でドル売り・円買い取引を行ない、フォワード（1か月後とか）で逆のドル買い・円売り取引を組み合わせます（これをドル側から見て、セル・バイという）。顧客からフォワード取引の注文が入った場合は、銀行はこの直先スワップを使って図に示したような形でヘッジをします。

また、直先スワップは外貨の調達にも用いられます。たとえばスポットでドルを買い、フォワードでドルを売ると（これをバイ・セルという）、相手に円を貸して、その代わりにドルを借りているのと同じ効果が得られます。円資金が豊富にある日本の銀行が、それを使って外貨を調達する手段にもなるわけです。

SECTION 3-6

デリバティブ市場

デリバティブ商品を取引する市場で、上場と店頭に大きく分かれる

とてつもない巨大市場

デリバティブのしくみついては7章で見ていきますが、ここではデリバティブ市場の構造をまず概観しておきましょう。

デリバティブ市場は、**上場デリバティブ**市場と、**店頭（OTC）デリバティブ**市場に大きく分かれます。

上場デリバティブは、取引所に上場されたデリバティブ商品のことです。代表的なものに、株価指数先物や株価指数オプション、あるいは債券先物や債券先物オプションなどの、先物取引や上場オプション取引があります。

デリバティブの中で最も馴染みやすいのがこの上場デリバティブですが、実は上場デリバティブはデリバティブ市場全体のほんのわずかな部分を占めているにすぎません。

デリバティブ市場の大半は、相対で行なわれる店頭（OTC）デリバティブです。この店頭デリバティブは、世界で取引残高が約7京円というとてつもない規模になっています。

この店頭デリバティブには、金利スワップ、通貨スワップ、店頭（OTC）オプションなどの取引があります。このうち、もっとも市場規模が大きいのが金利スワップです。

金利スワップは、おもに、金融機関などが金利リスクのヘッジや、トレーディングに用いたりするもので、銀行のALM（資産負債総合管理）に欠かせない存在となっています。

●デリバティブ市場の概要

デリバティブの取引残高の推移（想定元本、兆ドル）

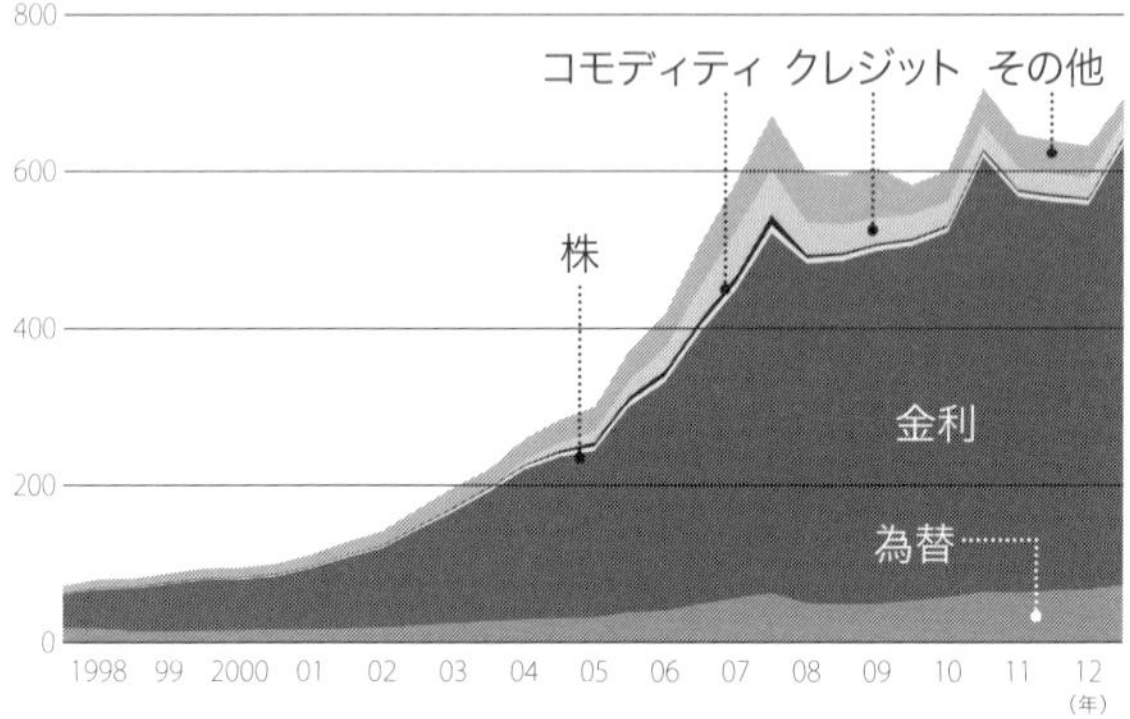

取引別内訳（2013年6月）

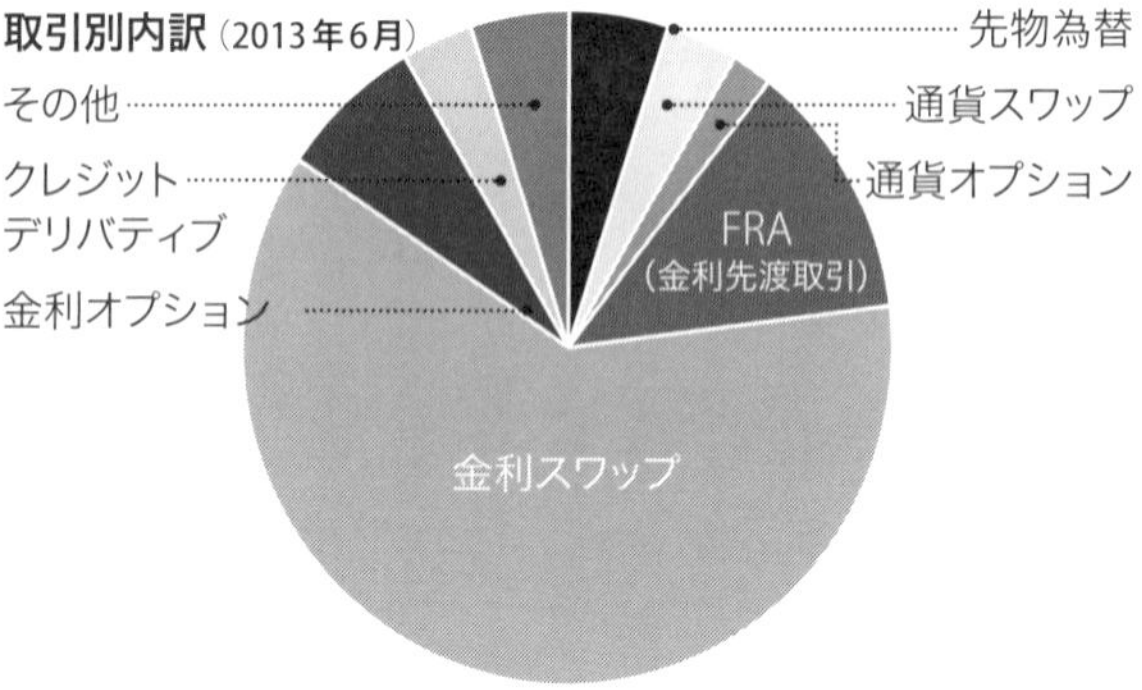

出所：国際決済銀行資料

店頭デリバティブの市場構造

店頭デリバティブの市場構造は為替市場とよく似ています。銀行や証券会社が顧客と取引を行なう対顧客市場があり、そのリスクをヘッジするために巨大なインターバンク市場が形成されています。

店頭デリバティブの対顧客取引の大きな特徴は、取引ごとに取引条件や内容を自由に決めることができ、様々なカスタムメイドが可能だというところにあります。個々の顧客のニーズに合わせて、個別に商品設計ができるというわけです。なかには、とても複雑で難解な取引が行なわれることもあります。

その一方で、そのリスクをヘッジするインターバンク市場は、大量の取引をさばくために、取引が定型化されています。もちろんカスタムメイドの取引をすることも可能なのですが、その場合はコストがかさみます。

そこで、デリバティブを得意とする金融機関は、顧客と取引した複雑で特殊な取引を、定型化されたインターバンク取引などでできるだけコストを抑えてヘッジしていくことになります。こうしたヘッジ戦略は専門的なノウハウが必要であるため、デリバティブの主要プレーヤーは大手銀行や大手証券会社など一部の金融機関に限られます。

店頭デリバティブは巨大なマーケットですが、そのかなりの部分がこのインターバンクマーケットで行なわれ、さらにその大半が一部の金融機関に集中しています。これらの金融機関は、お互いに巨額の店頭デリバティブ取引でグローバルに複雑に結びついていて、これがデリバティブ市場の大きな特徴となっています。

SECTION 3-7

市場の役割と機能①

「価格発見機能」と「資源配分機能」

●適切な価格と適切な資源配分

ここまで金融市場の概要を見てきましたが、それでは、市場はどのような役割を果たしているのでしょう。市場機能がないと、どのようなことが起こるのでしょうか。

市場の持つ機能には、おもに①**価格発見機能**、②**資源配分機能**、③**リスク分散機能**があると考えられます。

まずは価格発見機能から見ていきましょう。

価格発見機能とは、大勢の買い手と売り手が取引に参加し、その過程で価格が形成されていく機能のことをいいます。

もし市場がなければ、価格は談合によって決まるか、政府が制定するしかありません。A社株は１０００円で、B社株は２０００円、10年金利は２％などと誰かが恣意的に決めたとして、それが適正であるとはいえないでしょう。

これに対して、市場で決まる価格は、誰かが決めるものではなく、大勢の参加者が取引を行なう結果として決まります。

この市場価格は、一定の条件が満たされた場合には、最も適切な価格になると考えられています。一定の条件とは、取引の制約がないこと、情報が瞬時に伝わること、市場参加者が合理的にふるまうことなどです。

これを**効率的市場仮説**といいます。あくまでも仮説なのですが、様々な実証研究により、

市場の役割

市場経済のしくみ

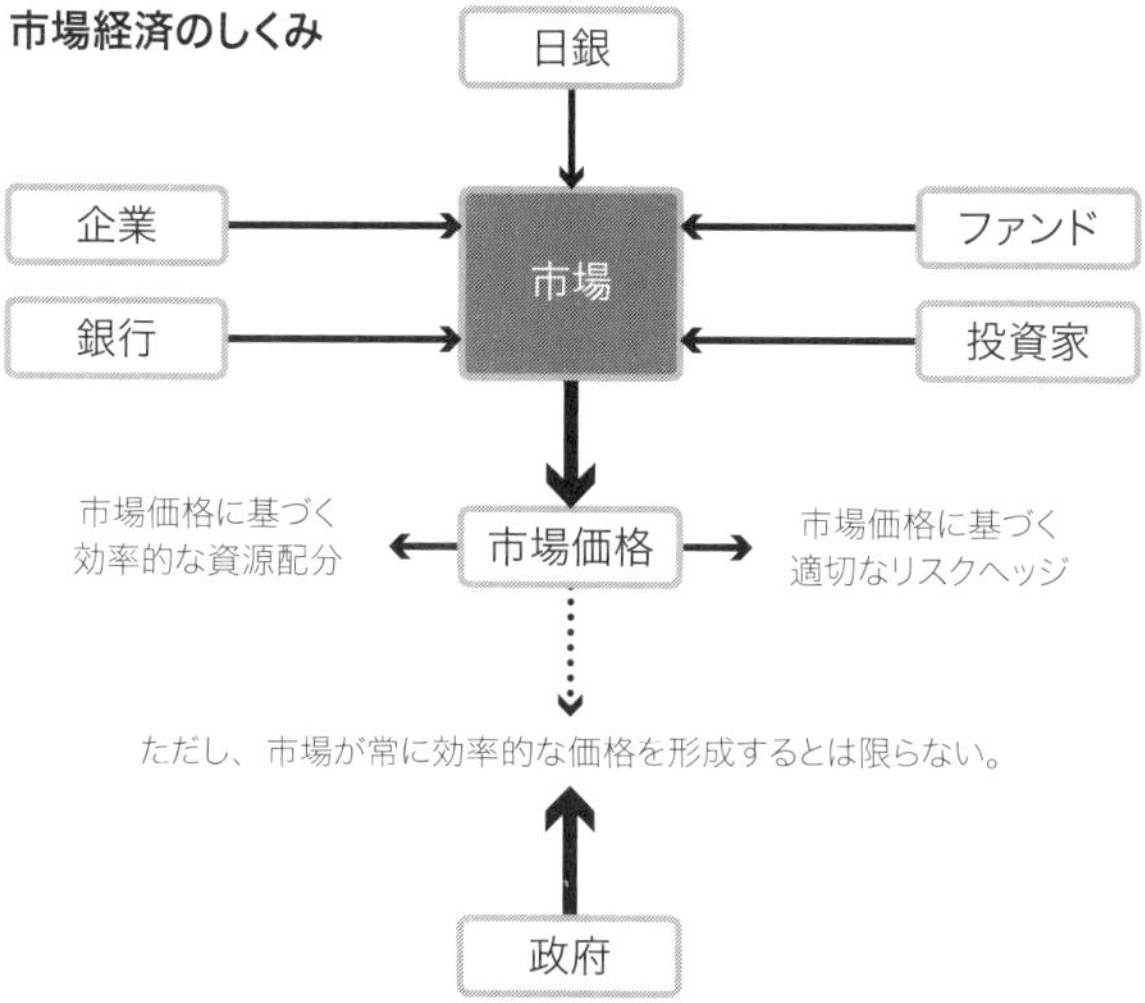

政府は、市場が適切に機能するように監視し、市場がうまくいかない分野（“市場の失敗”）を補完する役割を負う。しかし、政府が過度に経済に介入すると、今度は“政府の失敗”が起きやすくなる。

中央計画経済のしくみ

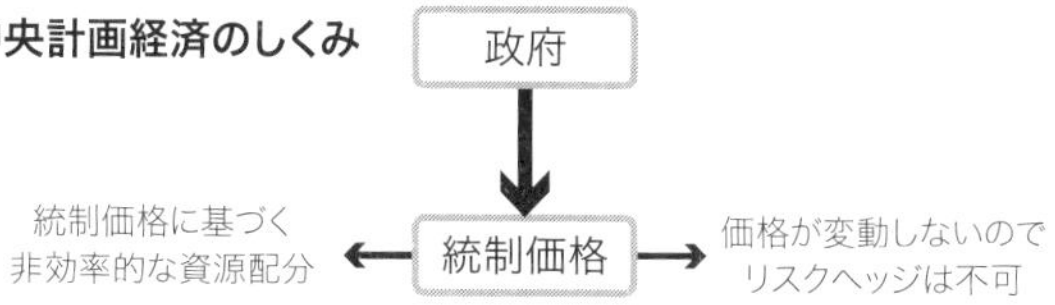

主要な市場においては、実際にこの効率的市場仮説にかなり近い動きになっていることがわかっています。

この適切な価格発見機能によって、2番目の資源配分機能のスイッチが入ります。

企業が市場から資金を調達する場合、成長力が高い企業、効率的な優れた経営をしている企業により多くの資金が集まってきます。一方で、野放図な経営をしている企業や成長力の低い企業は資金を集めることができません。これが、経済の新陳代謝をもたらし、経営の効率化や技術革新を促します。

政府が資源配分を決定していた旧ソ連で、技術進歩が止まり、経済が著しく停滞したことは、市場機能がなければどうなるかを示す格好の事例です。

もっとも、市場が適切な価格形成に失敗する場合もあります。これは「**市場の失敗**」と呼ばれています。たとえば独占企業が存在する場合や、外交・警察サービスなどの公共財の供給、あるいは公害問題の解決などでは、市場はその機能を果たせません。さらに、社会格差や貧困も市場では解決がむずかしく、ときにこれらの問題を悪化させることがあります。そして、市場の失敗でもっとも象徴的なのが、バブルの発生や、その反動で起こる市場の大暴落です。

こうした問題が市場には存在するため、市場は常に批判にさらされ、政治的な攻撃の標的にされることも少なくありません。

ただし、多くのケースで、市場以外に適切な価格を発見する方法がないことも事実です。

政府が恣意的に決めたり、規制などで過度に介入したりすることによって起きる問題を「**政府の失敗**」といいますが、この政府の失敗が、ときに市場の失敗を上回る惨禍をもたらしてきたというのもまた歴史の教訓なのです。

SECTION **3-8**

市場の役割と機能②

適切なリスクだけを取るための「リスク分散機能」

●リスクのヘッジ機能

経済活動には常に何らかのリスクがつきまといます。**リスク**とは、損失が発生する可能性（不確実性）を意味しますが、同時に、リスクを負うことで**リターン**（利益）を得る可能性を手にできるという意味合いもあります。

リスクを負わずにリターンを得ることをフリーランチといいますが、通常はフリーランチの機会はめったにありません。そうだとすると、リターンを得るためには何らかのリスクを負う必要があり、リスクこそがリターンの源泉であるということになります。

ただし、リスクをとりすぎて損失が顕在化してしまうと、大きな打撃を被ってしまいます。ですから適切なリスクを適切な範囲でとっていくことが大切になるのです。

たとえば、製造業にとって適切なリスクとは、得意分野において新製品を開発したり、そのための設備を増強したりすることです。金利や為替が変動することで損失が発生するような金利リスク、為替リスクを過度にとるのは適切な行動とはいえないでしょう。

適切なリスクだけを取るためには、不要なリスクをヘッジする手段が必要です。市場は、こうしたリスクヘッジ機能を提供します。

金利が上昇すると困る人は、金利が上昇した場合に利益が出るような取引を組んでおくことによってリスクをヘッジすることができ

市場のリスクヘッジ機能

リスクとリターンの関係

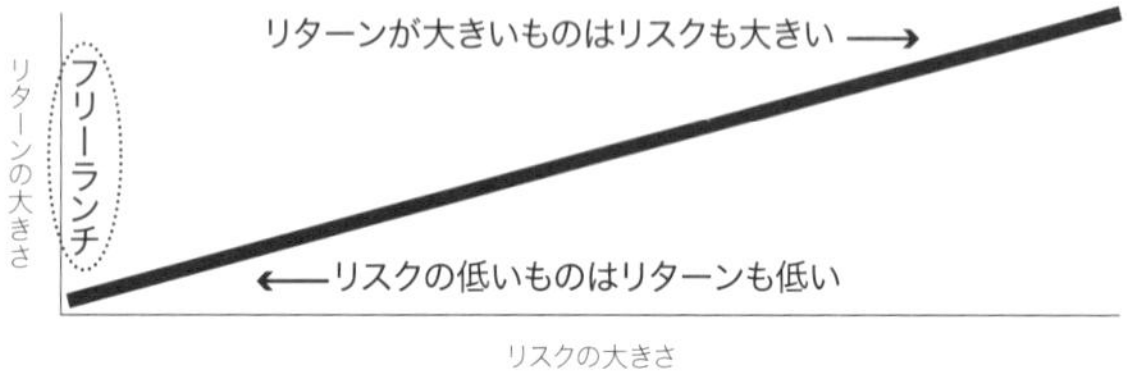

リスクの移転と分散

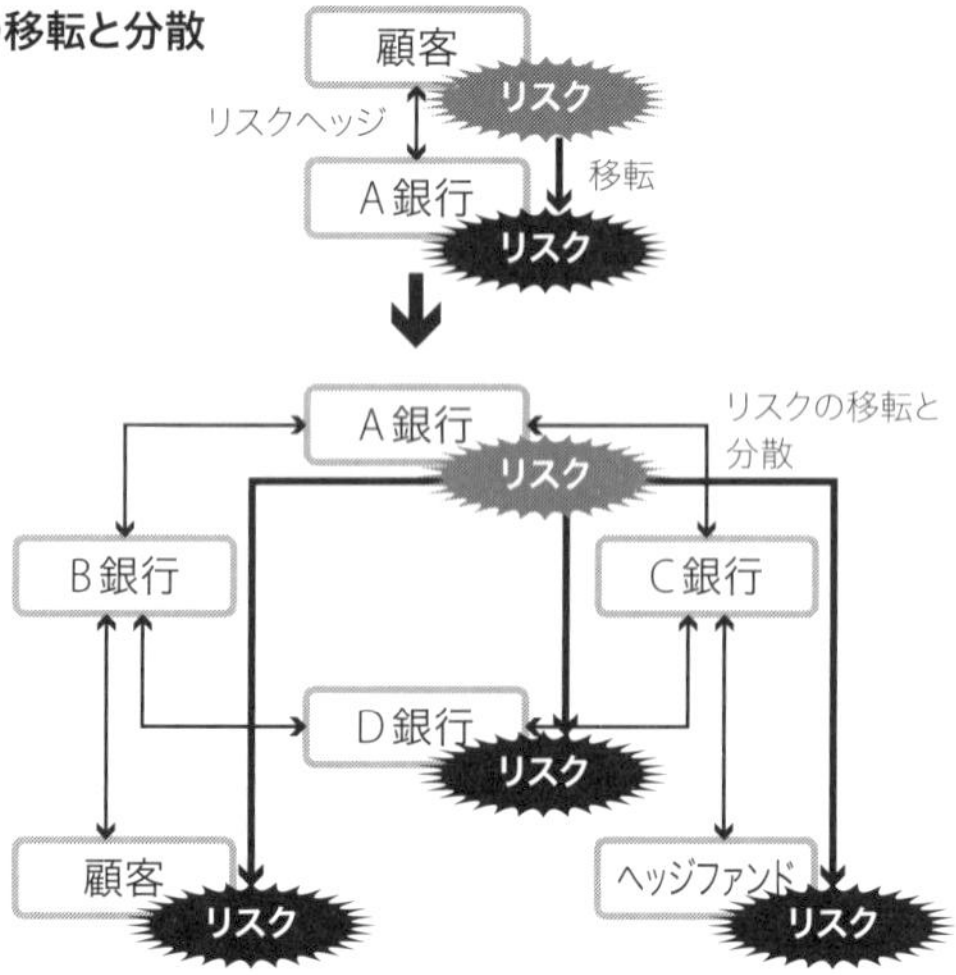

市場での取引を通じて、リスクは移転し、分散されていく。

ます。逆もまたしかりです。

　市場で、適切な価格で自由に取引できるからこそ、こうしたリスクヘッジも適正なコストで容易に行なうことができるのです。

リスクの分散

　金融機関にとっても、市場取引によるリスクヘッジはとても重要です。

　金融機関は、顧客との取引から発生するリスクが過大にならないように、インターバンク市場で他の銀行と取引を行なうことでリスクをヘッジしていきます。こうした取引によって、ある銀行が負っていたリスクは別の銀行に移転します。

　このような取引の積み重ねによってリスクは一か所に集中せずに済み、市場全体で分散してリスクを負担することができます。

　こうした市場の機能がなければ、金融機関は自らが負うことができるリスクしか取れないため、金融取引は限定され、資金の円滑な供給は困難になります。

　こうしたリスクヘッジと分散機能が有効に働くためには、市場に様々な参加者がいることが必要です。ある参加者は金利の上昇リスクなら引き受けたいと考え、別の参加者は金利の低下リスクを引き受けたいと考えるという状況のときに初めて自由なリスクヘッジが可能になるからです。

　市場参加者が偏っている場合は、リスクは分散していかず、特定の箇所にリスクが積み上がっていくことになります。市場がうまく機能するためには、多様な参加者が前提となっているのです。

COLUMN

フセイン逮捕も予言した市場の威力

米国アイオワ大学では、市場の予測機能を実証的に検証する試みが行なわれています。1988年に開設されたアイオワ電子市場（IEM）がそれで、おもに米国の大統領選挙の結果を予測する取引が実際に行なわれています。IEMでは、たとえば共和党候補者が当選すると1ドルを受け取れるというような取引が行なわれていて、その価格が60セントであれば、当選確率が60%とみなされます。

IEMの価格は、各種の世論調査よりも正確であるといわれていて、現在では米国大統領選の成り行きを予測するうえで最も信頼性の高い指標として知られています。つまり、この結果を見る限り、市場は世間に出回る情報を偏らずに効率よく織り込み、瞬時に適切な価格をはじき出すという機能を備えていると考えられるのです。

アイルランドにも、IEMと似たようなイントレードという電子予測市場があります。ここでは、かつてイラクのフセイン元大統領が逮捕される確率を予測する取引まであり、その価格が急上昇してしばらくしたところで本当にフセインが逮捕されるということが起きています。

この背景に何があったのかはよくわかっていませんが、専門家ですら予測できないことを市場が予測するという神秘的な力を象徴するエピソードです。市場にはバブルに象徴される非合理的な一面も確かにありますが、それとても、欲望や焦り、不安や恐怖といった人間の非合理的な心理状況を市場が反映しているだけと考えることもできます。

リーマン・ショック後は、市場は非合理的であり規制されるべきものという考え方が勢いを得ています。それはリーマン・ショックの教訓でもあるわけです。しかし、いたずらに市場を否定するのは、市場が持つ優れた情報処理機能や、価格発見機能、効率的資源配分機能を捨てて、他の誰かにそれを委ねることを意味します。そうではなく、市場の優れた機能をどうすれば活かすことができるのかという視点が必要なのではないでしょうか。

BEST INTRODUCTION TO ECONOMY

4章 投資家は金融にどう関わっているの？

SECTION

4-1 投資家の役割と分類

間接金融で銀行が果たしている役割を、直接金融では投資家が果たす

投資家の役割とは何か

投資とは、様々な金融商品に資金を投じることで、その金融商品に内在するリスクを負う代わりに、投資リターンを得ることを目的とするものです。

経済全体で見ると、投資は、直接金融において自らの判断で資金を供給する相手を選ぶ行為だといえます。間接金融で銀行が果たしている役割を、直接金融では投資家が果たしていることになります。

ところで、投資に似たものとして投機という言葉があります。投資と投機はどう違うのでしょうか。

投機は、一般に、金融商品の本来的価値に着目するよりもその短期的な値動きに賭ける行為を指し、しばしばレバレッジによって大きなリスクをとる行為をともないます。正当な経済的行為である投資に対して、投機には悪のイメージがつきまといます。

ただし、現実には、投資と投機の区別はあいまいです。投機の代表格とされるヘッジファンドには、優秀な分析チームを持ち、金融商品の本来的価値を見極めることを得意とするところが数多く存在します。逆に、一般には投資とされる行為でも、短期的な値動きに基づいて投資判断をするというような投機的要素が含まれるケースが多々あります。

また、経済学的には、投機家は活発に取引

●投資家の分類

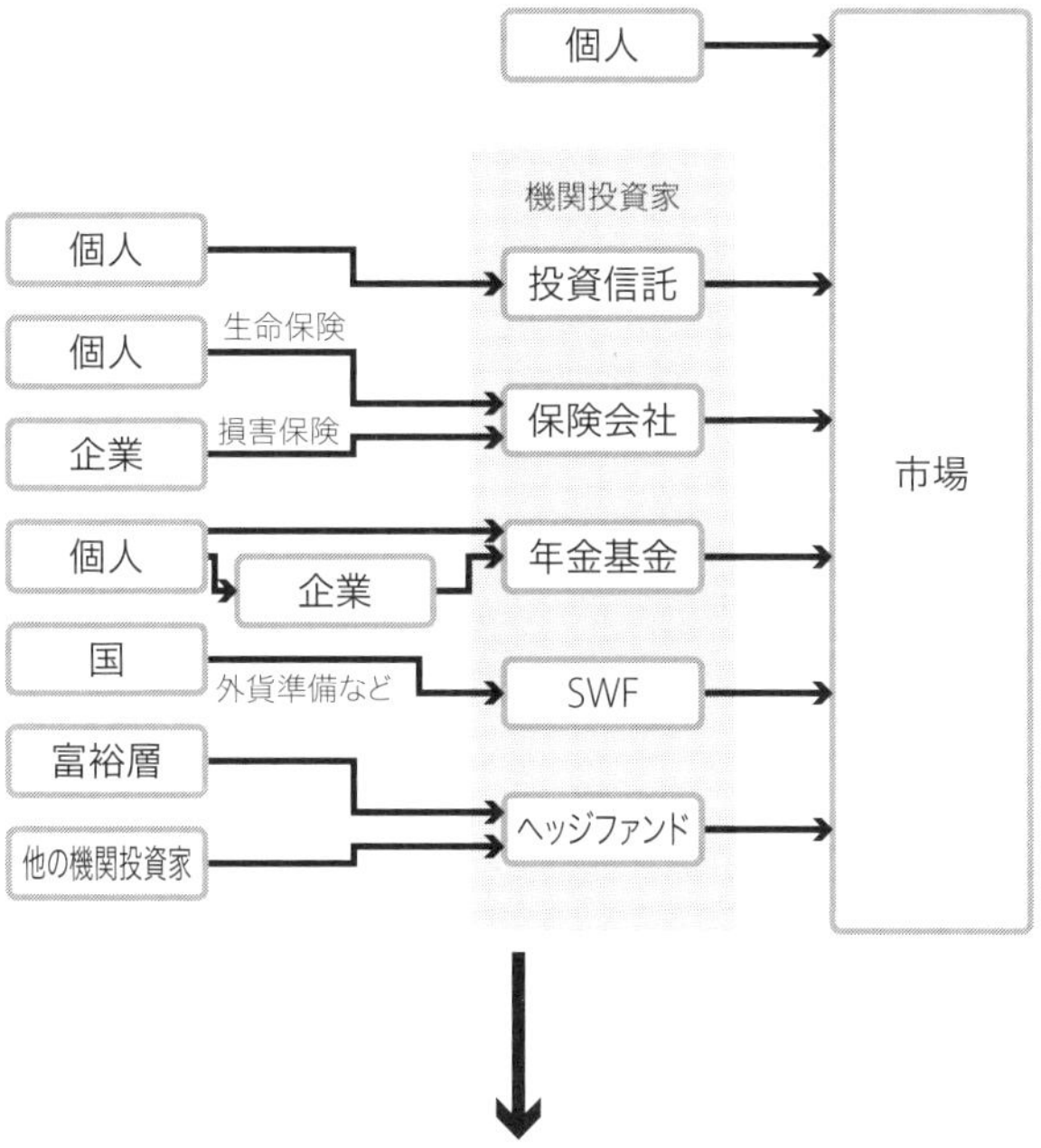

様々な投資家の見通しやニーズを反映して、
市場は形成されていく

KEY WORD

流動性：流動性には、売買のしやすさという意味のほかに、支払準備という意味合いがある。この場合、現預金や換金性の高い資産を流動性と呼ぶ。

を行なうことで市場に**流動性**（流動性という言葉にはいろいろな意味があるが、ここでは売買のしやすさを意味しており、市場流動性ともいう）を供給する重要な役割を担います。また、たとえばアービトラージ（裁定取引、4－9図表参照）というヘッジファンドが多用する手法がありますが、このアービトラージによって、市場価格のゆがみは矯正され、市場はより効率的になると考えられます。

たしかに、あまりに過大なリスクをとる行為は市場を混乱させる元になりますが、市場が有効な機能を発揮するには、多様な参加者がいることが必要です。以下では、投資と投機を明確に区別せずに説明を続けます。

●投資家の分類

銀行や証券会社は、金融市場において自らの勘定で取引を行ないます（ディーリングという）。彼らは短期的なトレード（取引）を大量に行なうので、本来的には投機的な投資家といえるかもしれません。また、とくに銀行はしばしば投資目的で株や債券を保有することもあります。ただし、この章では、銀行や証券会社以外の投資家にスポットを当てます。

さて投資家は、大きく個人投資家と機関投資家に分かれます。

個人投資家は、いうまでもなく個人で投資を行なう人たちですが、株式市場やＦＸの取引で大きな存在感を示しています。

機関投資家は、個人、企業、あるいは国家などの資金を預かり、それを金融市場に投じるプロの投資家を指します。

投資信託、年金基金、保険会社、ソブリンウエルスファンド（ＳＷＦ）、そしてヘッジファンドなどが代表格です。これらの投資家層の特徴については、この章の後半で順次見ていくことにしましょう。

投資の基本（株式編）

「企業の価値」を測って投資することが基本

●株式の価格理論

投資をするためには、投資対象の価値を知る必要があります。それでは、株式の価値はどのように測ればいいのでしょうか。

株式は、配当を生み出す証券です。つまり、株式の価値は、その株式を保有することで受け取れる将来の配当の価値を合計したものと考えることができます。こうした考え方を**ディスカウント・キャッシュフロー法**と呼びますが、これが株価理論の標準的な考え方です。

「ディスカウント」というのは、「割引」という意味なのですが、これは、将来のキャッシュフローを現在時点の価値（現在価値という）に引きなおすという意味です。

たとえば、いま手元に１００円があるとします。これを国債や銀行預金などの安全資産に投じることで1年後に利息が付いて１０１円になるとしましょう。この場合、いま現在の１００円と1年後の１０１円は同じ価値を持つと考えることができます。

ですから、1年後のＸ円の現在価値は、Ｘに１００／１０１をかけたものということになります。これがディスカウントです。

ディスカウント・キャッシュフロー法では、将来の配当をこのように現在価値にして合計したものがあるべき株価となります。

ちなみに、配当は企業の当期利益（税引後）から支払われます。実際には当期利益の全額

●株価を評価する様々な指標

ディスカウント・キャッシュフロー

将来の配当が次のように見込まれるとしたら……

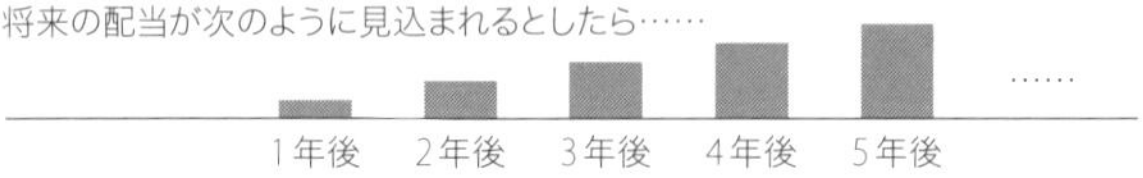

その現在価値の合計が理論株価となる。

現実の株価＞理論株価＝割高
現実の株価＜理論株価＝割安

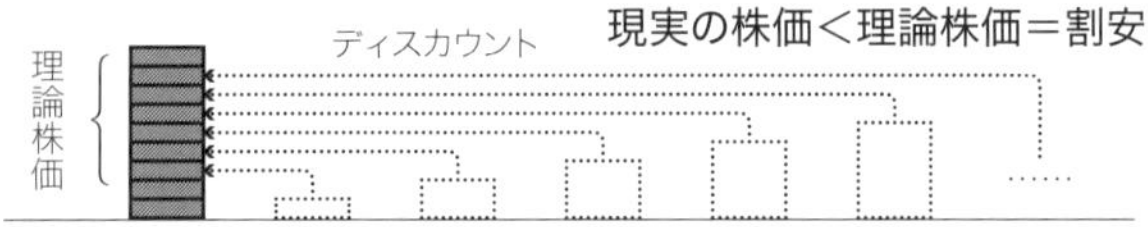

株価収益率

$$\text{PER}=\frac{\text{株価}}{\text{1株当たり当期利益（税引後）}}$$

一般的に… PERが高い＝**割高**
PERが低い＝**割安**とされるが、以下のような傾向があることに注意。

成長力が強い
利益の安定性がある
経営力の評価が高い
} **PERが高くなる**

成長力が低い
利益が安定していない
経営力の評価が低い
} **PERが低くなる**

株価資産倍率

$$\text{PBR}=\frac{\text{株価}}{\text{1株当たり純資産額}}$$

一般的に… PBRが高い＝**割高**
PBRが低い＝**割安**とされるが、以下のような傾向があることに注意。

成長力が強い
利益の安定性がある
経営力の評価が高い
} **PBRが高くなる**

成長力が低い
利益が安定していない
経営力の評価が低い
} **PBRが低くなる**

が配当になるわけではなく、一部は役員報酬として支払われ、一部は企業内部に留保されます（内部留保）。このうち内部留保分は、企業の自己資本として使われて将来の事業利益となり、いずれ配当として株主に還元されると考えられるため、この分の価値も株価に含まれることになります。

PERとPBR

さて、以上が株価理論の概要ですが、実際には、企業の将来の配当、その原資としての利益の水準がどうなるかを正確に予想することは困難です。それでも多くのプロの投資家は、業界動向、その企業の強みや弱み、利益率の推移、経営陣の能力、財務体質などを分析して、将来の収益動向を予測し、それに基づいて株価の適正水準を探ります。こうした分析を行なう専門職が（株式）アナリストです。

一般に株価が割安か割高かを判断する際には、もっと単純化された指標である**株価収益率**（PER）がよく用いられます。これは、株価を1株当たり当期利益で割った値です。

ＰＥＲはおおむね10倍から20倍程度が適正と考えられますが、実際には企業ごとに適正レベルが大きく異なることに注意が必要です。ＰＥＲには将来の利益成長率が勘案されていないからです。つまり成長力が低いか、収益の安定性が低い企業はＰＥＲが低い水準で取引され、成長力が高い企業は高ＰＥＲで取引される傾向があります。

また、企業の解散価値と比較した場合の割安さを測るものとして、**株価資産倍率**（PBR）という指標があります。これは株価を、1株当たり純資産額で割った値です。通常1倍が下値のめどとされますが、収益の安定性が低いか、資産価値の毀損リスクが高い企業は低ＰＢＲとなりますので、注意が必要です。

SECTION

4-3 投資の基本（債券編その1）

債券の価値をあらわす基準には価格と利回りの2つがある

価格と利回りの関係

債券の価値をあらわす基準には、価格と利回りという2つのものがあります。この価格と利回りは逆相関の関係にあり、このあたりが債券のとっつきにくいところでもあるので、まずこの両者の関係についてみてみましょう。

期間10年で、毎年2％の利息（債券の場合はクーポンという）が付くケースを考えます。債券には、額面というものがあり、これがクーポンの計算のもとになり、また通常は満期時にこの額面金額が償還されます。これを１００円単位で考えてみましょう。

つまり、額面１００円単位で見ると、毎年2円ずつクーポンが支払われ、10年後にはそれに加えて元本の１００円も支払われます。この債券を価格１００円で買う場合に、利回りが2％になります。

ここで、投資家がこの債券を保有するのに、利回りが2％では低すぎると考えたとします。その場合、投資家は、１００円よりももっと低い価格でなければ債券を買いたくないということになります。

それでは価格が99円に下がったケースを考えましょう。このケースでは、99円を投じて、毎年2円のクーポンと、満期時に１００円（99円で買ったものが１００円で戻ってくる）を受け取ることになります。債券保有による総収入は、クーポン2円×10年分＋満期時の1円分

債券価格と利回りの関係

価格が100の場合のお金の動き

100を払って債券を買い、毎年利子を5ずつを受け取り、
5年後に元本100も受け取る。

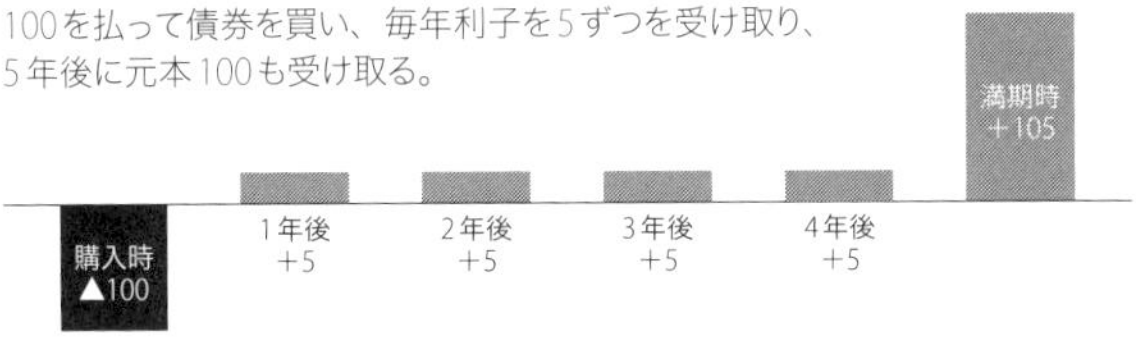

$$\frac{\text{総受取額}（5\times5+100）-\text{支払額}（100）=25}{\text{購入価格}=100}\div5=$$

利回り 5%（単利）

価格が下がった場合

96を払って債券を買い、毎年利子を5ずつを受け取り、
5年後に元本100も受け取る。

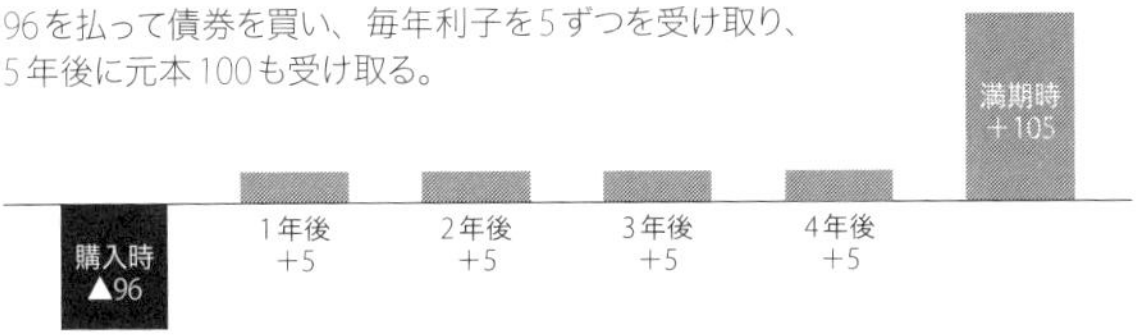

$$\frac{\text{総受取額}（5\times5+100）-\text{支払額}（96）=29}{\text{購入価格}=96}\div5=$$

利回り 約6%（単利）

- 価格が下がると利回りは高くなる（価格が上がると利回りは低くなる）
- 利回り（＝金利）が上がるときの価格の下落幅は、債券の残存年数にほぼ比例する。

厳密には価格変動の大きさは、クーポンを含めたキャッシュフローの加重平均残存期間（デュレーション）に比例する。デュレーションは利付債券の場合、残存年数よりも少し小さな数字になる。

（１００円−99円）で21円です。これを購入価格の99円で割って、さらに10年分を1年当たりにするために10で割ると約２・１２％となって利回りが上昇していることがわかります。

つまり、高い利回りを得るためには価格が低くなければならないのです。逆に、高い価格で債券を購入する場合は、利回りが低くなるということになります。

以上の説明では、10年分の総収益を単純に10で割って利回りを求めましたが、こうした計算方式を**単利**と呼びます。実際には、毎年受け取るクーポンを運用に回すことによって、さらに追加の利息収入を得ることが可能です。これを再運用といいます。こうした再運用の効果を勘案するために、**複利**と呼ばれる計算方式で利回りを求めることが一般的です。

●満期までの期間と価格変動の関係

債券の価格と利回りの関係にはもうひとつ重要な要素があります。それは債券の満期までの期間（残存期間）です。

たとえば、残存期間が1年の債券を考えます。この場合は、先ほどと同様の計算をすると、価格が99・８８に下がると利回りが約２・１２％となり、先ほどの残存期間10年のケースとほぼ同じになります。

つまり、同じ幅だけ利回りが動くとき、債券価格は、残存期間が短ければ少ししか動かず、残存期間が長ければ大きく動くということになるのです。

このように債券の価格変動リスクの大きさは、残存期間の長さにほぼ比例します。ですから債券投資においては、どの残存期間のものに投資するかが重要な要素になってきます。

SECTION

4-4 投資の基本（債券編その2）

デフォルトリスクのない国債に比べて社債の利回りは高くなる

国債の利回りはどのように決まるか

　前項で債券の価格と利回りの関係を見てきましたが、それでは債券の利回りはどのように決まってくるのでしょうか。まず、**長期金利**の指標とされる10年もの国債の利回りについて考えてみましょう。

　10年間資金を運用する方法としては、残存期間が10年の債券に投資するほかに、たとえば残存1年の短期の債券に投資するということを10回繰り返す方法もあります。

　もし前者のやり方が明らかに有利ならば、多くの投資家が前者（10年物に投資する）を選び、10年物債券の価格が上昇（利回りが低下）することになります。逆であれば、10年物の価格は下落（利回りは上昇）します。こうして、どちらのやり方でも明らかに有利不利が発生しないような水準に債券価格は決まっていくと考えられます。つまり長期金利は、短期金利の将来予想値の平均にほぼ等しい水準に決まると考えられるのです。

　それでは短期金利はどのように決まるかというと、6章で説明するように日銀の金融政策に強く影響を受けるのですが、その日銀は、基本的には実質経済成長率に物価上昇率を加えたもの（名目経済成長率）に見合った水準に金利を誘導すると考えることができます。

　これは、名目経済成長率よりも低い金利水準だと経済を刺激し、高い金利水準だと経済

期間と利回り、信用力と利回りの関係

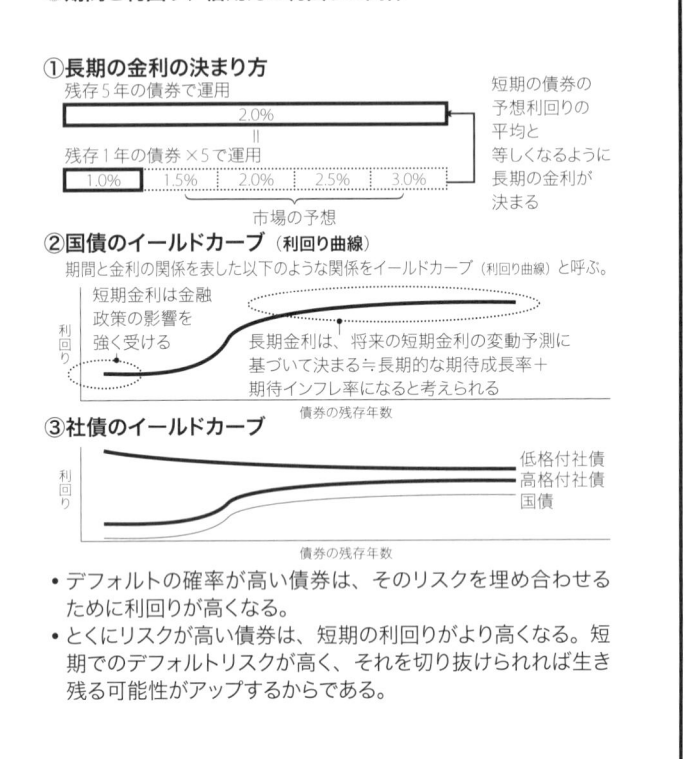

①長期の金利の決まり方

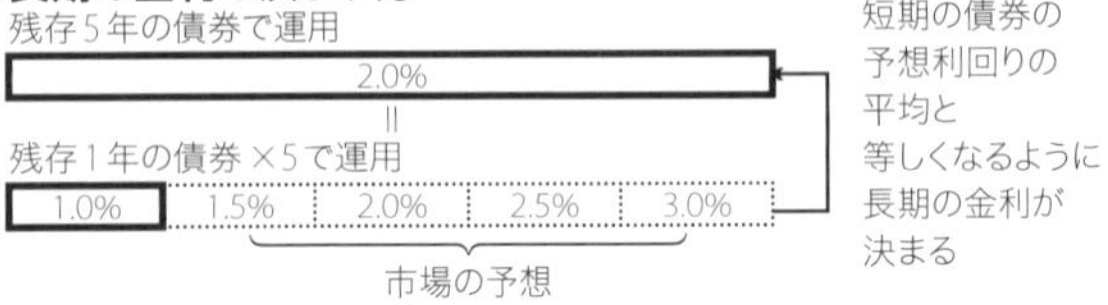

②国債のイールドカーブ（利回り曲線）

期間と金利の関係を表した以下のような関係をイールドカーブ（利回り曲線）と呼ぶ。

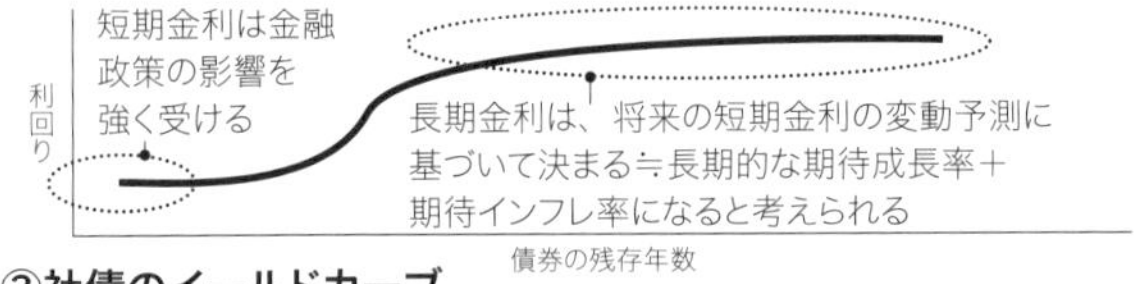

③社債のイールドカーブ

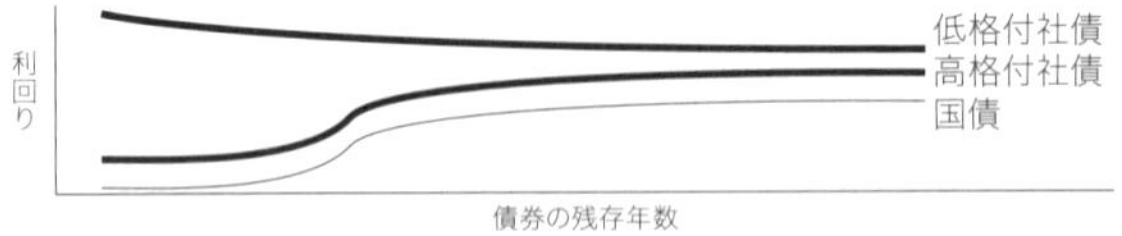

- デフォルトの確率が高い債券は、そのリスクを埋め合わせるために利回りが高くなる。
- とくにリスクが高い債券は、短期の利回りがより高くなる。短期でのデフォルトリスクが高く、それを切り抜けられれば生き残る可能性がアップするからである。

KEY WORD

信用リスク：デフォルトのリスクを、デフォルトリスク、信用リスク、貸し倒れリスク、与信リスクなどと呼ぶ。

長期金利：金融で長期という場合は一般に1年以上を指す。1年未満が短期。長期金利には国債利回りやスワップ金利などがある。

を抑制するため、名目経済成長率にほぼ見合った水準が中立的な金利水準と考えられるからです。

もちろん、日銀は中立的ではない金融政策を長い期間にわたって採用することがあります。その場合には必ずしもこの基本公式どおりに長期金利が決まらないことがありますが、将来の経済成長期待が高いほど、あるいはインフレ期待が強いほど長期金利は高くなるというのが基本的な関係です。

信用リスクと利回り

ここまでは、債券の元利払いが約束どおりに行なわれるという前提で話を進めてきました。

一般に国債については、信用力が非常に高いと考えられるので、そのような前提で価格が形成されていきます。これをデフォルト（債務不履行）のリスク（信用リスク）がないという意味で、リスクフリー金利と呼びます。

もちろん国家が発行する債券がデフォルトになる可能性がまったくないわけではないのですが、ここではそうした点については触れないでおきましょう。

一方で、企業が発行する債券では、その企業が破たんしてしまうと約束どおりに支払いが行なわれなくなるというリスクがありますので、リスクフリーではありません。

投資家からすると、デフォルトのリスクがある社債については、そのデフォルトリスクの大きさに応じてより高い利回りが得られなければ割に合わないということになります。

したがって、社債の利回りは、国債の利回りに比べて高めになるのが普通です。

債券の信用力を測る指標として信用格付がありますが、大体において、社債の利回りはこの格付の水準に応じて決まっていきます。

SECTION 4-5

投資の基本（為替編）

短期的には金利の影響が大きく、長期的には物価動向の影響が大きい

●為替レートはどのように決まるのか

為替レートは、適正な水準がどこにあるのか見極めにくい存在です。まず、手始めに為替市場の需給構造を見ていきましょう。

日本の輸出企業は、輸出代金をドル建てで受け取ることが多く、それを円建ての収入に変えるために為替市場でドルを売って円を買う取引をします。

逆に、輸入企業は輸入代金をドルで支払うことが多いので、その支払代金を手当てするために為替市場でドルを買って円を売ることになります。

つまり、輸出が輸入を上回る、つまり貿易収支が黒字の場合は、ドル売りのニーズが強くなり、ドル安円高要因となります。

立場を転じて、国際的な投資活動を行なっている投資家を考えましょう。この投資家にとって国境は意味を持ちません。米国で運用するほうが有利だと思えば、円を売ってドルに換えて運用し、逆もまたしかりです。

とくに重要なのは金利水準です。米国の金利が高ければ、円で運用するよりもドルで運用するほうが有利です。単純に、利回りが高い米国の債券を購入したほうがいいと考えることもできますし、金利が高い国は高い名目成長率を期待できるので、有利な投資対象が多く存在するはずだと考えることもできます。

こうして、金利が高い国の通貨が買われる

為替市場と為替レート

為替市場の需給の構図

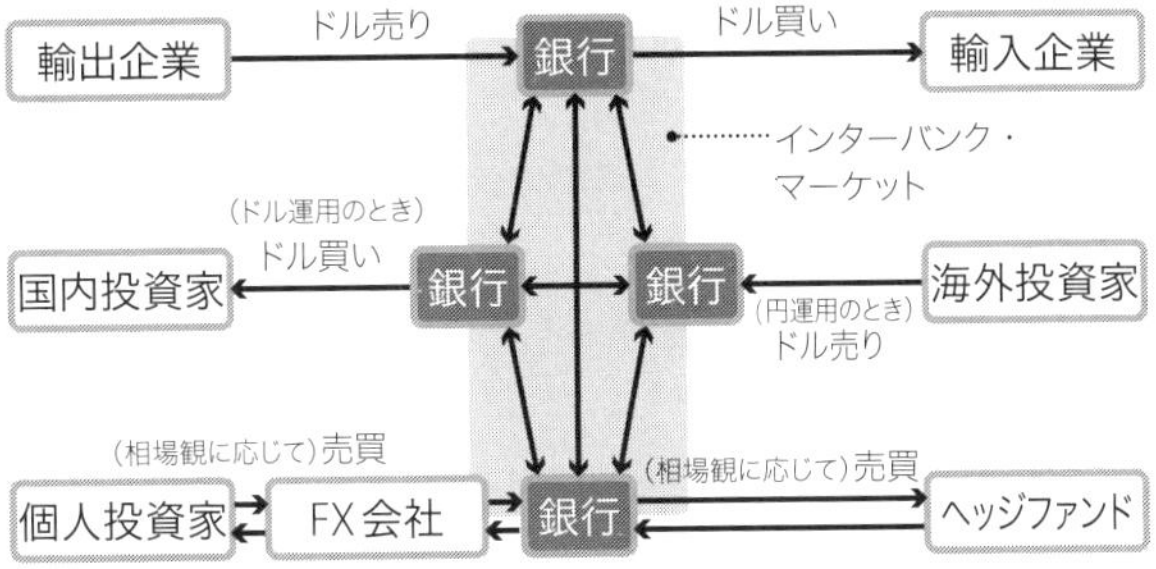

為替市場の需給の構図（PPP＝購買力平価）

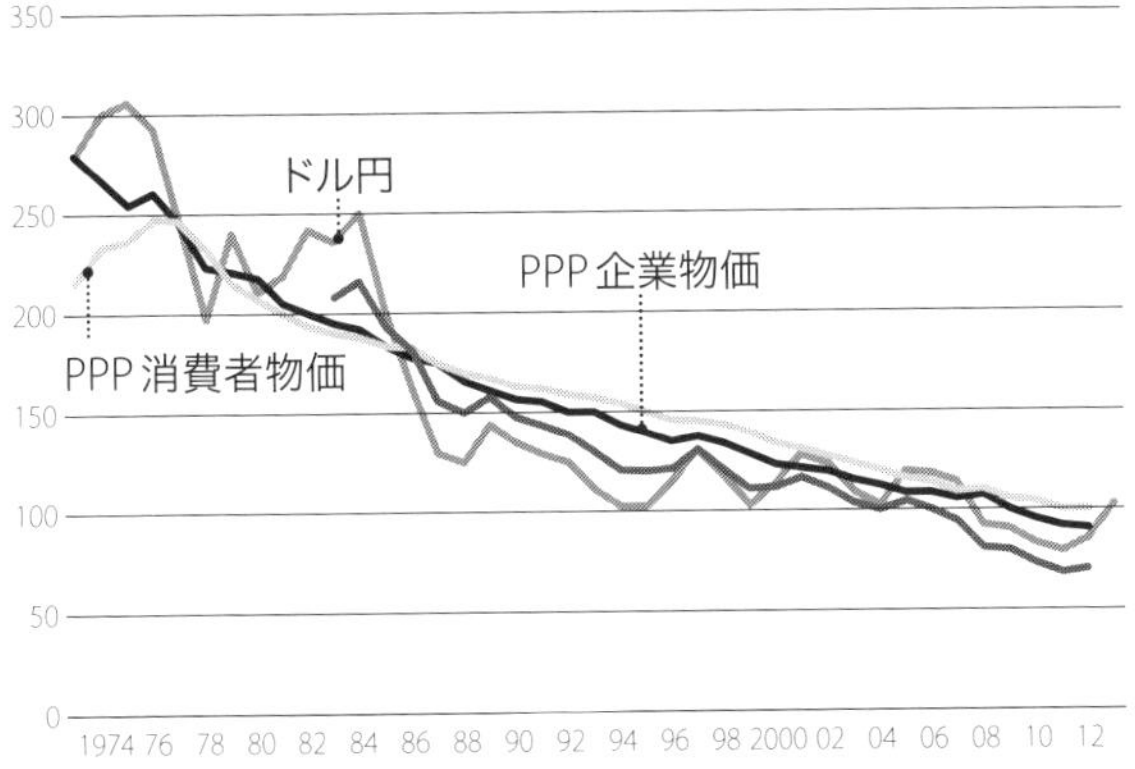

ことになります。

国際的な投資活動が活発になるに従い、近年ではこうした金利水準による影響が、貿易収支による影響以上に強まっています。

●購買力平価仮説

この項の冒頭で、為替レートは適正水準を見極めにくいという話をしましたが、理屈のうえではこの適正水準を決めると考えられているのが**購買力平価**です。

購買力平価とは、たとえばマクドナルドのビッグマックが米国では3ドルで、日本では３００円なら、１ドルは１００円と同じ価値を持つという考え方です。

この購買力平価は、どのような商品やサービスの価格を比較するのかによって水準が大きく異なってしまうため、為替レートの適正水準を求めるにはやや粗い手法です。

しかし、この考え方によれば、物価が上昇するとその通貨の購買力平価が下がり、物価が下落すると購買力平価は上がるということになります。この考え方はとても重要です。

この購買力平価は、先ほど述べた金利水準による影響とは逆向きの作用をします。通常、金利水準が高い国は物価上昇率も高いからです。金利水準が高ければその通貨は買われ、しかし物価上昇率が高ければ購買力平価は下がります。それでは、どちらの影響がより強いのでしょうか。

短期的には、為替相場には金利の影響が大きく、物価変動の影響は強くはあらわれません。ところが、長期的にみると、この関係は逆転し、為替レートの変動はおおむね物価変動率に応じて動いているように見えるのです。

デフレが長く続いた日本の円が、ずっと円高傾向にあったことは、この購買力平価の考え方によって説明することが可能です。

SECTION 4-6

投資の基本（共通編）

ハイリスクならハイリターン、ローリスクならローリターンが基本

●リスクと期待リターン

投資にはリスクが付き物です。そして、そのリスクの見返りにリターンを得ます。

リスクの大きさをあらわす重要な概念に**ボラティリティ**といわれるものがあります。

図表では、横軸に株価の変動率を、縦軸に確率をとった株価変動の分布図を示しています。左右均等の釣鐘型の線は、正規分布をあらわしています。

正規分布を前提とすると、株価が少しだけ変動する確率は、大きく変動する確率よりも高く、また同じ率だけ上昇する確率と下落する確率は、等しくなります。

ちなみに株価が完全にランダムに動いているとすると、価格変動の分布は正規分布になることが知られています。

現実の株価は本当にそうなっているかというと、厳密には少し違っているのですが、大体において正規分布に非常に近い形をしています。そこで、投資を理論的に考えるときは、単純化して正規分布を仮定することが多いのです。

さて、こうした株価変動の分布の広がり具合を示す指標として、標準偏差というものがあります。投資の世界では、この標準偏差のことをボラティリティと呼びます。

ボラティリティは、ある資産の価格変動の大きさをあらわす指標であり、これがリスク

投資におけるリスクとリターンの関係

市場の価格変動（米国S&P500指数、月次、過去20年間）

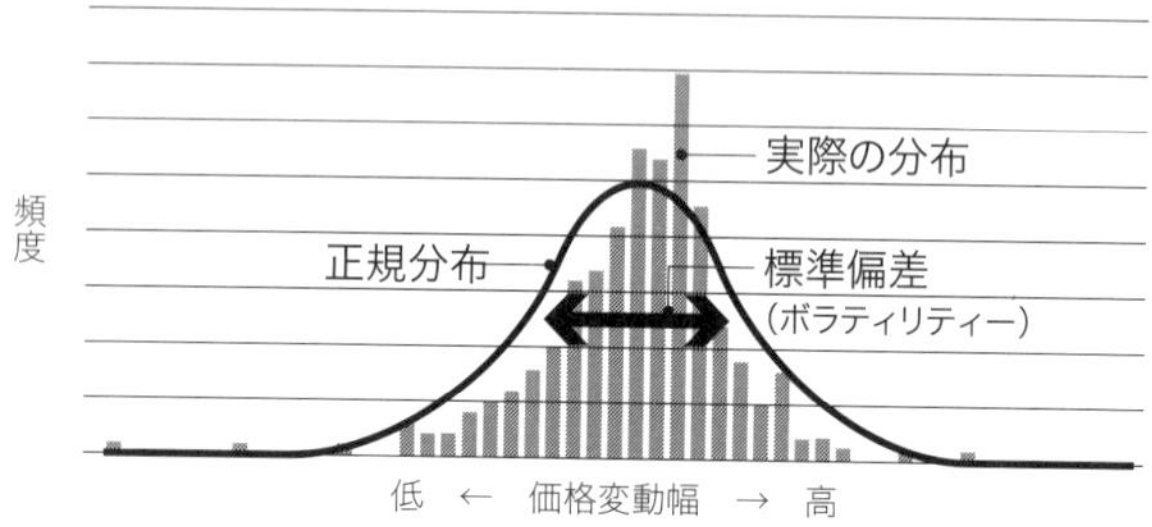

※実際の価格分布は、正規分布に比べると、①少しだけ上昇する確率が高い、②正規分布ではほぼ発生しないと考えられる大きな価格変動が起きている、という特徴を持つ。②の特徴を「ファットテール」と呼ぶ。

分散投資によるリスク・リターンのバランスの改善

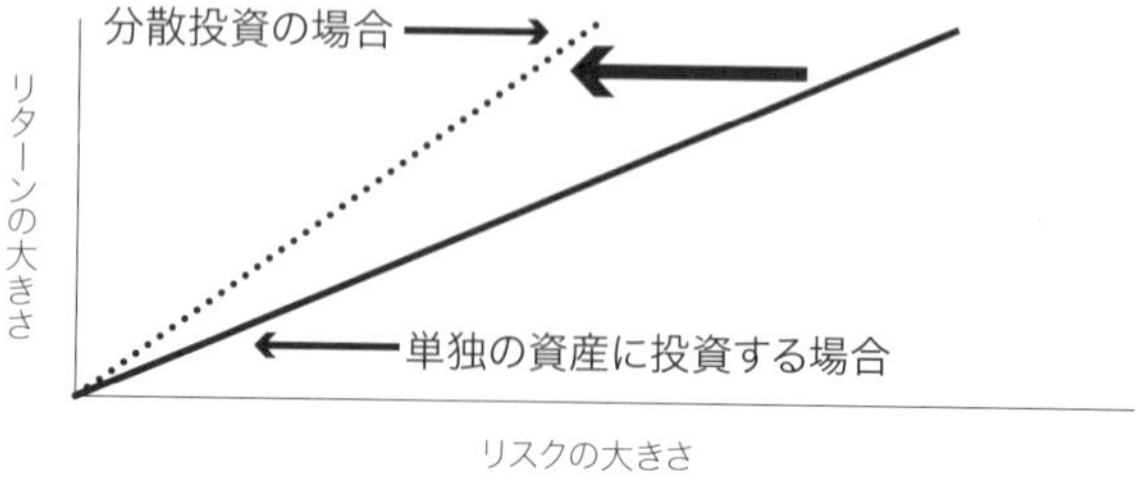

KEY WORD

ボラティリティ：価格変動率を表す指標。一般にボラティリティ10%という場合、価格変動率の標準偏差を年率換算したものが10%であることを意味する。

の大きさをあらわす指標として用いられます。

一方で、投資家は、投資によって収益を得ることを期待しています。その期待する収益率を期待リターンと呼びます。リスクが大きいものに投資をするにはそれに見合った期待リターンが必要です。逆にリスクを抑えたいなら期待リターンは低くならざるを得ません。

つまり、期待リターンの大きさと、リスクの大きさはほぼ比例しているのです。

たとえば、株は債券に比べてリスクも期待リターンも高く、ハイリスク・ハイリターンの商品です。逆に、リスクの低いものは期待リターンも低く、ローリスク・ローリターンとなります。これが、投資理論の基本です。

●分散投資の効果

たとえば株に投資するときに、1つの銘柄だけに投資するのではなく、複数の銘柄に分けて投資することを**分散投資**といいます。

この分散投資には、リスクを引き下げる効果があります。A社株の株価が下がったときに、B社株は値上がりしているかもしれないため、**ポートフォリオ**（投資している資産の全体、またはその資産構成のことをいう）で見ると損失幅は限定的になるからです。

こうした分散投資の効果は、投資している各銘柄がばらばらに動く傾向が強いほど、言い換えると各銘柄の値動きの相関が低いほど大きくなっていきます。

分散投資という言葉は、株のほかに債券への投資を組み合わせるというように、異なる資産に分散して投資をする場合にも使われます。期待リターンとリスクのバランスが最適になるように、株や債券、あるいはそれ以外の資産の投資比率を調整していくことを**アセット・アロケーション**と呼びます。

SECTION 4-7

様々な投資家～投資信託

アクティブ運用とパッシブ運用、絶対リターン型などがある

●投資信託の運用の特徴

投資信託は、おもに個人投資家などの資金を集めて、国内の株式市場を中心に様々な市場に投資します。

実際の運用を行なう投資信託委託会社には、証券系と独立系があります。証券系は、投資信託を販売する証券会社の子会社として運営されています。

これに対して、独立系は独自の運用哲学を謳う運用会社が多く、たとえば独自の調査で選んだ銘柄をじっくり長期にわたって投資するような運用会社も見られます。

投資信託の運用手法には様々なものがありますが、基本的には空売りなどは使わずに、株式や債券を購入して、その値上がりを狙うものがほとんどです。また、デリバティブや借入を使ってレバレッジを大きくするという手法もほとんどとられませんので、投資信託の運用額は基本的に投資家からの資金流入額に比例します。

株式相場が堅調であれば、個人投資家の資金が流入し、運用額も膨らみます。逆もまたしかりで、その投資態度は基本的には相場に追随する傾向が強いといえます。

証券系の運用会社などでは、巷で注目を集める旬な投資テーマに沿って設定されるテーマ型ファンドなども見られます。こうしたテーマ型ファンドは、対象とする市場の価格が

投資信託の分類とファンドのリターン特性

投資信託の分類

分類基準				
募集形態	購入時期	払い戻しの有無	投資地域	投資対象
公募 広く投資家を募集する	**単位型** 当初募集期間にのみ購入できる	**オープンエンド** 満期前の払い戻しが可能	**国内** 国内資産に投資	**株式** 株式に投資
				債券 債券に投資
			海外 海外資産に投資	**不動産** 不動産に投資
私募 特定投資家にのみ販売される	**追加型** いつでも購入できる	**クローズドエンド** 満期前の払い戻しが不可		**その他** その他資産に投資
			国内外 国内外の資産に投資	**複合** 複数の種類の資産を組み合わせて投資

※投資信託の分類は上記の組み合わせにより決まる。

ファンドのリターンの特性

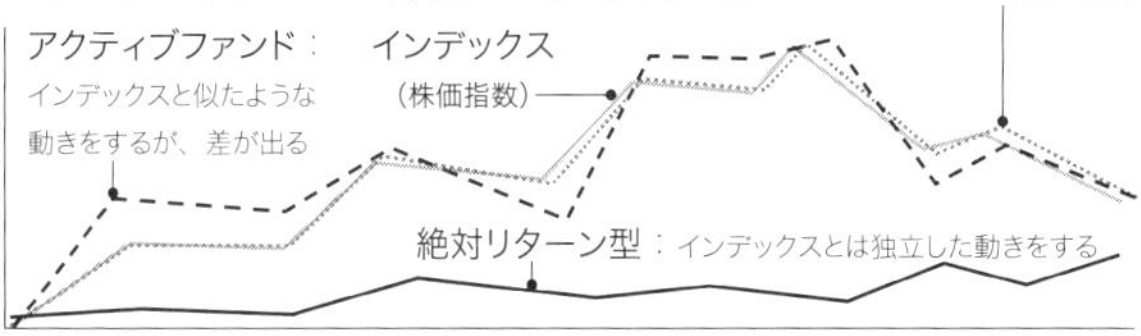

堅調なほど資金が集まりやすいので、やはり相場追随型、もしくは相場後追い型の特徴が強くあらわれます。

●アクティブ運用とパッシブ運用

一般の投資信託では、ファンドマネージャーと呼ばれる運用の専門家が、投資方針や銘柄選びを行ないます。このようにファンドマネージャーの判断で積極的にリターンを狙っていく運用形態を**アクティブ運用**といいます。

アクティブ運用では、運用の基準となるベンチマークを定めて、それを上回る運用成績（パフォーマンス）を目指すのが一般的です。これをベンチマーク運用といいます。ベンチマークには、株式運用ならＴＯＰＩＸなどの代表的な株価指数が採用されるのが普通です。

アクティブ運用に対して、**パッシブ運用**とは、ベンチマークに対して追加リターンを狙うのではなく、ベンチマークにできるだけ連動するように運用するスタイルを指します。

ベンチマークに採用される株価指数は英語でインデックスと呼ばれますので、インデックスに連動するという意味でインデックス・ファンドと呼ばれることもあります。

アクティブ・ファンドは、ファンドマネージャーが独自運用を行ないますので、運用報酬が高めに設定されます。これに対して、パッシブ・ファンドはファンドマネージャーの判断が入らないので、運用報酬は低めです。

なお、近年では、ヘッジファンドの投資手法を取り入れた〝絶対リターン型〟などと呼ばれる投資信託も登場しています。

SECTION

4-8 様々な投資家～保険・年金

確定利回りを得られる債券が基本だが、株式や不動産への積極投資も

保険会社の運用の特徴

保険会社の運用には、2つの側面があります。

第一に、調達サイド（保険金債務）に見合った運用をすることです。将来の保険金支払いを確実にするためには、できるだけ確定した利回りで運用する必要があります。たとえば、保険金の支払いまでの期間が長い生保では、それに見合った長期の債券に投資して、利回りを固めるのがいちばん手堅い手法です。そのために、生保は長期債市場の主要な買い手のひとつとなっています。

この場合、保険会社は一定の利回りを確保することが大きな目標となりますので、一定のターゲットを決めて、その水準に達したら投資を拡大するというような手法をとります。相場を自ら動かすというよりは、下支えをするスタイルです。

第二の側面は、少しでも利回りを引き上げるという点です。運用利回りが当初の想定よりも高くなれば、一部が保険契約者に還元されることもありますが、基本的には保険会社の収益となります。

こうした目的のため、保険会社は株式や不動産に投資したり、貸出を行なったりします。

以前は、とくに生保がこうした運用を積極的に行ない、「ザ・セイホ」として国際市場でも存在感を示していました。

保険や年金の負債構造と投資ニーズ

生命保険の場合

生命保険の場合、保険料を収受してから保険金を支払うまでの期間は平均するとかなり長い。この間、予定利率という利率で運用できるという仮定で保険料と保険金の金額が計算されている。

予定利率＝3%だとして

↓

金利が低下していって1%に下がると、予定利率での運用が困難になり、保険会社には損失が発生する（これを"逆ザヤ"という）。

↓

利回り3%で期間が長い債券を購入しておけば、その期間は運用利回りを固定できるのでリスクを減らせる。

↓

超長期債（20～40年程度）への投資ニーズが高い。

年金の場合

年金も、保険料の収受から年金の支払いまでの期間は平均的にかなり長い。ただし、年金の支払額はインフレ率に応じて増加するしくみとなっている。

↓

金利が低下すると運用益が減るのは生命保険と同じだが、インフレになると年金支払額が増え、年金財政が悪化するリスクがある。

↓

期間の長い債券のほかに、インフレリスクをカバーするために、一部資金を**株式**や**不動産**、**外国資産**などに分散して投資をするニーズがある。

KEY WORD

年金：日本では年金は3階層で構成されている。1階部分が国民年金（基礎年金）、2階部分が厚生年金・共済年金でここまでが公的年金。3階部分は私的年金で、厚生年金基金、確定拠出型年金などがある。

しかし、バブル崩壊以降は、積極的な運用の比率は低くなっており、第一の側面を重視した投資が主流となっています。

年金の運用の特徴

年金は、勤労しているときに年金保険料を支払うことで、老後に一定の金銭（年金）を受給する制度です。

　年金には、支払われた年金保険料がそのときの年金受給者への支払いに充てられる賦課方式と、保険料支払者世代への将来の支払いのために積み立てられる積み立て方式があります。人口の増減にかかわらずに年金を安定的に運営するためには、積み立て方式が望ましいといわれています。

　いずれにしろ、収受した年金保険料から年金支払額を差し引いたものは、将来の支払いに備えて運用されることになります。

　年金は、個人のライフサイクルで見ると、若いうちに保険料を支払い、老後に受け取るという息の長いものですから、長期にわたる物価上昇や生活水準の向上などを反映する形で運用されるのが望ましいといえます。

　そうした点から、確定した利回りを得る債券だけでなく、経済成長や物価上昇を反映する株式や不動産、あるいは外国資産などにバランスよく資金を配分することが重要です。

　とくに欧米の年金では株式や外国資産への投資比率が高いものが多く、また分散投資の観点からヘッジファンドをはじめとして様々な対象に投資しており、市場で大きな存在感を示しています。

　日本でも140兆円以上の年金資金が運用されていますが、国内債券の比重が高く、その見直しや機動的な運用体制の整備が進められているところです。

SECTION 4-9

様々な投資家〜SWFとヘッジファンド

政府の管轄下にあるSWFと、投資戦略の最先端を担うヘッジファンド

●ソブリンウエルスファンドとは何か

近年、市場で存在感を増しているのが、**ソブリンウエルスファンド**（SWF）と呼ばれる政府系のファンドです。

SWFの代表的なものは、石油などの一次産品の輸出収入などを原資として運用するものです。また、シンガポールや中国などでは、膨大に積み上がった外貨準備をSWFで運用しているケースもあります。

SWFは、外貨を運用するのが基本ですから、外国資産に積極的に投資をします。さらに推定の資産運用額は6兆ドル程度といわれており、ヘッジファンドの約2・4兆ドルを上回る規模です。そのため、市場で大いに注目される存在となっています（資産運用額は2013年時点での推定額）。

一方で、SWFは政府の管轄下にあるファンドであるため、運用の実態がつかみにくく、またその投資方針に政治的な思惑が絡んでいるのではないかという疑念が常に付きまといます。

ちなみに、日本も1・2兆ドルという高水準の外貨準備を有していて、その大半は米国短期国債など、安全性と流動性が高い資産に投資されていますが、これはSWFによる運用ではありません。SWFは、あくまでも組織的に独立した運用専門機関で、幅広い投資対象に積極的に投資するものを指します。

SWFとヘッジファンド

代表的なソブリン・ウエルス・ファンド（2013年12月、単位10億ドル）

ノルウェー政府年金基金	818.0	石油収入など
サウジアラビア通貨庁	675.9	石油収入など
アブダビ投資庁	627.0	石油収入など
中国投資有限公司（CIC）	575.2	外貨準備など
中国国家外国為替管理局（SAFE）	567.9	外貨準備など
香港金融管理局	326.7	外貨準備など
シンガポール政府投資公社	285.0	外貨準備など
テマセック・ホールディングス（シンガポール）	173.3	外貨準備など
中国国家社会保障基金（NSSF）	160.6	外貨準備など
カタール投資庁	115.0	石油収入など
総合計	6,044.1	

出所：Sovereign Wealth Fund Institute 公表データをもとに作成

ヘッジファンドの分類

ロング・ショート	（主に株で）割安な銘柄を買い、割高な株を売る。買いのことをロング、売りのことをショートといい、ロングとショートを組み合わせることからロング・ショートと呼ばれる。
マーケット・ニュートラル	基本はロング・ショートと同じだが、市場の方向（株価指数の上下動）の影響を受けないような組み合わせで売買を行なうものをいう。市場全体の方向に中立という意味でマーケット・ニュートラルと呼び、純粋に買った銘柄と売った銘柄の相対的な価格変動のみを収益源とする手法である。
リラティブ・バリュー	（主に債券などで）割安な銘柄を買い、割高な銘柄を売る。
アービトラージ（狭義）	同種の経済効果を持つ証券間の価格のゆがみをとりに行く手法である。アービトラージは、収益を得る確度が高いものの、利ザヤは薄いので、レバレッジを掛けるのが一般的である。ただし、純粋なアービトラージ機会は必ずしも多くはないため、リラティブ・バリューとの境目はやや曖昧である。
イベント・ドリブン	合併・買収など、大きな出来事（イベント）を利用して利益を追求する。このうち、企業が破たんしたときに、その債権などに投資するものをとくに「ディストレスト」と呼ぶ。
グローバル・マクロ	世界中の通貨、株価指数、商品（コモディティ）、国債などを対象に、高いリターンを期待できるところに機動的に投資を行なう。通貨危機やソブリン危機を招く元凶と非難されることがあり、最も注目を集めるヘッジファンドだが、数のうえでは代表的なヘッジファンドとはいえない。
プライベート・エクイティ	非公開企業に投資する。上場前の新興企業に投資するベンチャーキャピタル、企業買収に関与するバイアウトファンドなどがある。他のヘッジファンドとは性質がやや異なる。
アクティビスト	株を取得し、「もの言う株主」として企業価値の向上を求め、その結果として株価の上昇を狙う。これも他のヘッジファンドとは性質がやや異なる。

日本でも豊富な外貨資産を利用してSWFを設立しようという議論はあるのですが、現在のところは実現していません。

●ヘッジファンドとは何か

ヘッジファンドは、機関投資家や富裕個人投資家など限定的な投資家から資金を預かって、特定の運用手法を用いて投資をする私募形式のファンドの総称です。

伝統的資産である株式や債券への投資とは異なる収益パターンを持つことから、**代替的（オルタナティブ）投資**の代表格とされています。

ヘッジファンドの運用資産は、推計約2・4兆ドルと巨額に上りますが、ヘッジファンドにはレバレッジをかけて運用額を膨らませているところも少なくないため、実際の運用額はさらに巨額に上ります。

また、巨額な投資を一気に行なうことで相場を動かそうとする投資手法を用いるファンドもあります。いわゆる〝仕掛け〟るタイプのファンドです。ときには特定の国が標的になることもあり、ヘッジファンドはしばしば相場のかく乱要因とされ、経済危機などが起きるとその元凶とみなされることも少なくありません。

ただし、一口にヘッジファンドといっても、その投資手法は様々です。派手な〝仕掛け〟をするファンドもあれば、地道で専門的な分析能力を発揮するファンドもあります。

いずれにしてもヘッジファンドは投資戦略の最先端を担う存在であり、ヘッジファンド・マネジャーは腕一本で市場を渡り歩くプロ中のプロです。その投資手法は、投資の世界における最先端といっていいでしょう（図表およびコラム「ヘッジファンドの興亡」を参照）。

SECTION 4-10

ファンド・アクティビズムと企業統治

「ハゲタカ」の存在にも経済的価値は大きいが、近年は矛盾も増大

PEファンドとアクティビスト・ファンド

この項では、広い意味ではヘッジファンドに分類されるものの、一般のヘッジファンドとは投資手法が異なる2つのタイプをご紹介しましょう。

PE（プライベート・エクイティ）ファンドは、非上場株に投資するファンドです。この内訳として様々なものがあるのですが、典型的なものとしては、経営不振企業を買収し、リストラや企業再編を行なって企業価値を高めたうえで、売却するという手法があります。

アクティビスト・ファンドは、投資した企業の経営改善や経営陣の入れ替えを要求するものです。アクティビストというのは「もの言う株主」という意味です。

いずれも、株主として、投資企業の経営に積極的に介入するという特色を持っています。

これらのファンドは、「ハゲタカ」と呼ばれて非難を受けることがあります。利益のために企業を食い物にするというイメージです。

その一方で、こうした投資家がいることによって、不振企業が生まれ変わったり、経営効率が改善したりして、経済の新陳代謝や生産性向上に寄与するという見方もあります。

こうした議論の背景には、「企業は誰のものか」というとても大きな問題が横たわっています。

●企業は誰のものか

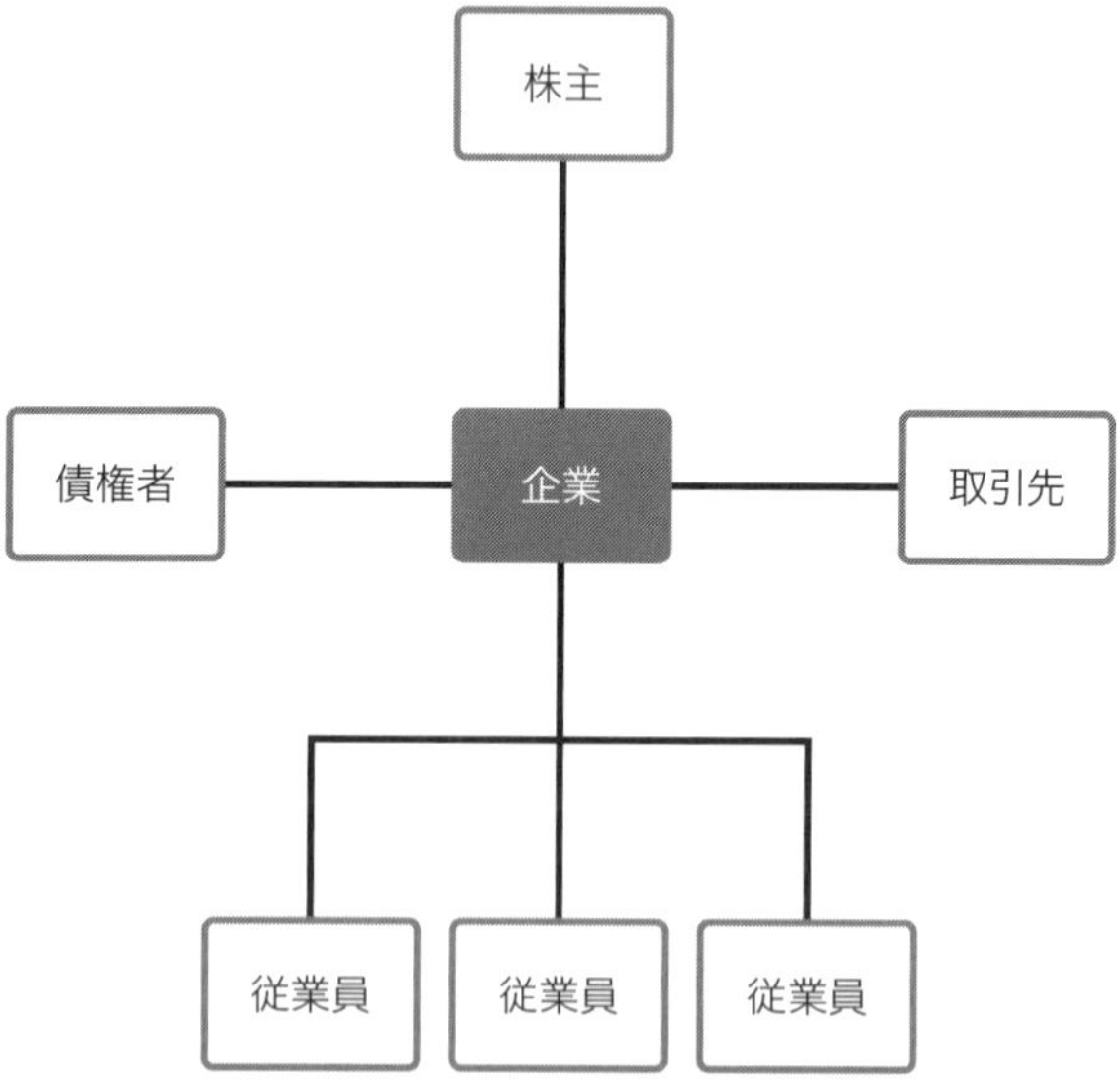

短期的視点

ステークホルダーを犠牲にしてリストラを行なえば、株主は短期的利益を得る

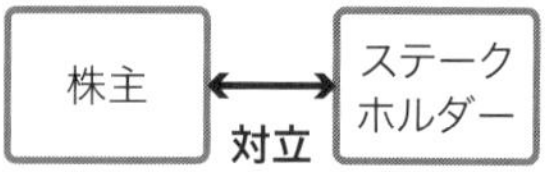

長期的視点

ステークホルダーを大切にすることで企業は長期的に発展し、株主も長期的に利益を得る

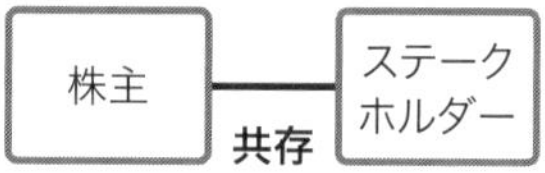

株主vsステークホルダー

株主は企業のオーナーであり、最終的な意思決定者です。その意味では、企業は株主のものです。この考え方を突き詰めていけば、プロフェッショナルなファンドが株主となって企業経営に積極的に関わるのは当然ということになるでしょう。

一方で、企業は株主だけのものではなく、従業員、取引先、債権者など様々な利害関係人（**ステークホルダー**）のものであるという考え方もあります。こうした考え方に基づけば、株主利益だけを最大化することは理不尽であるということになります。

この問題は資本主義における古くて新しい問題です。一般に、株主を重視する考え方は英米（アングロサクソン）に根強く、日本や欧州ではステークホルダーを重視する傾向が強いといわれます。しかし実際には、ステークホルダーを重視する英米企業は珍しくありませんし、株主価値を重視する日欧の企業も数多く存在します。

この2つの考え方は、長期的な観点から見れば必ずしも対立するものではありません。ステークホルダーを重視することによって、業績を持続的に拡大していける企業が、長期的な株主価値の増大も実現できるからです。

しかし、短期的な観点からみると両者は真っ向からぶつかります。雇用削減など他のステークホルダーを切り捨てることが、短期的な株主価値の極大化につながりうるからです。

ファンドは、出資者から短期的に業績を上げるようにプレッシャーを受けています。そのファンドが多くの企業の株主となって近視眼的な行動をとることで、株主とステークホルダー間の矛盾が、近年とくに増大しているように思われます。これは、現在の金融が抱える大きな課題といえるでしょう。

COLUMN

インデックス・ファンドの躍進

1970年代の米国で、ジョン・ボーグルという人物により、初めてのインデックス・ファンドが設定されました。彼は、「アクティブ・ファンドは手数料が高いだけで、長期平均で見ると市場（インデックス）を上回ることができない」と考えたのです。

市場の変動はランダムなので、専門家でも予想ができないという考え方は、ランダムウォーク仮説と呼ばれます。ランダムとは偶然による動きで、原理的に予想できないものを指します。理論上、市場が効率的であれば、市場の変動はランダムになり、価格変動の分布が正規分布になることがわかっています。

市場の変動がランダムなら、その動きは専門家でも予想できません。予想が当たったように見えてもそれはたまたまにすぎず、長期平均的にインデックスを上回ることはできないのです。投資本の名著とされるバートン・マルキールの『ウォール街のランダムウォーカー』には、ファンドマネージャーによる運用は、サルがダーツを投げて当たったところに書いてある銘柄に投資するのと基本的に変わらないと書かれています。

市場が本当に効率的でランダムなのかという点については様々な論争があり、近年では完全に効率的とはいえないという考え方が有力になりつつあります。

ただし、高度なスキルを持ち、高い報酬を得ているファンドマネージャーの運用成績が、長期平均的には必ずしもインデックスを上回ることができないという事実は、数々の実証研究によって示されています。もちろん市場が完全には効率的でないとすれば、インデックスを上回るパフォーマンスを実現することは原理的には不可能ではありません。一部のヘッジファンドのパフォーマンスのよさはそのあらわれであるとも考えられます。

いずれにしろ、ボーグルが創設したバンガードは、インデックス・ファンドを武器に、その後世界最大級の運用会社にまで成長していきます。運用は専門家たるファンドマネージャーに任せるべきという常識に対するボーグルの挑戦は見事に実を結んだのです。

BEST INTRODUCTION TO ECONOMY

5章 金融と経済の関係はどうなっているの？

SECTION 5-1

景気と株価の関係

景気と株価の正のフィードバックが、バブルや恐慌を起こすことも

株価は景気の鏡

株価は、企業の将来の利益水準への期待で変動します。景気がよくなれば、企業の利益も増加することが期待されるため、多くの企業の株価が上昇することになります。株価は景気の鏡、といわれる所以です。

株式市場では、常に企業の利益水準が今後どのように変化していくかという点に注目が集まります。その結果、株式相場は、いま現在の景気の状態をあらわすというよりも、景気変動を先取りする傾向があります。

一般的には株式相場の動きは、半年ほど景気の動向に先行しているといわれています。景気動向に先んじる傾向がある経済指標を先行指標といいますが、株価は重要な先行指標のひとつです。政府が発表する景気動向指数の先行系列でもＴＯＰＩＸが採用されています。

また、株式市場は様々な業種にまたがる数多くの上場企業で構成されています。素材や設備投資関連企業などは景気動向に敏感なためシクリカル・セクターといわれ、食料品や医薬などは景気後退に強いためディフェンシブ・セクターといわれます。あるいは、国内の需要に依存する内需関連セクターや、海外市場に依存する外需関連セクターもあります。

こうした分類を利用し、株式市場のうちでどのようなセクターが好調なのかによって、

景気と株価の関係

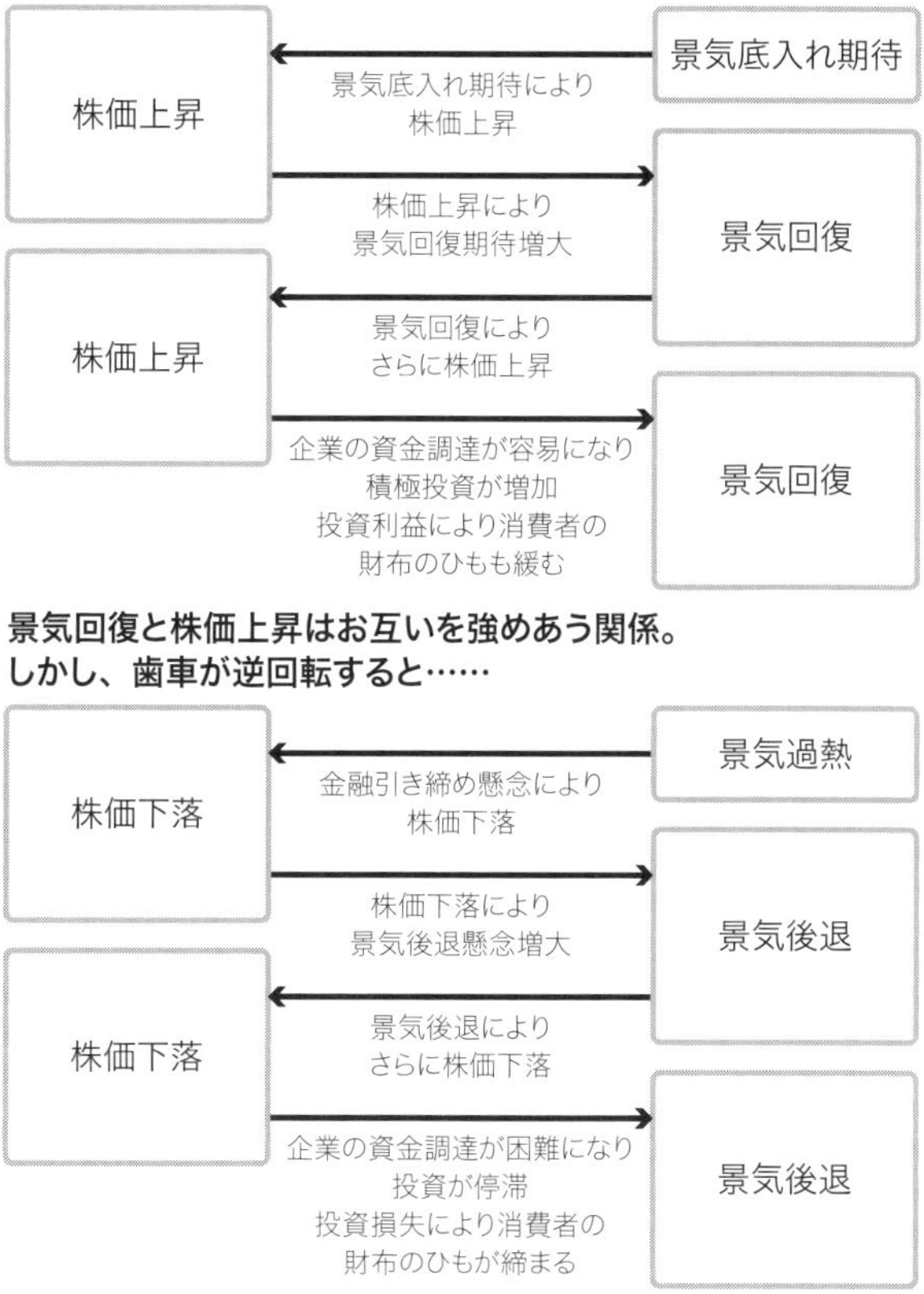
株価上昇
景気底入れ期待
景気底入れ期待により
株価上昇
株価上昇により
景気回復期待増大
景気回復
株価上昇
景気回復により
さらに株価上昇
企業の資金調達が容易になり
積極投資が増加
投資利益により消費者の
財布のひもも緩む
景気回復
景気回復と株価上昇はお互いを強めあう関係。
しかし、歯車が逆回転すると……
株価下落
景気過熱
金融引き締め懸念により
株価下落
株価下落により
景気後退懸念増大
景気後退
株価下落
景気後退により
さらに株価下落
企業の資金調達が困難になり
投資が停滞
投資損失により消費者の
財布のひもが締まる
景気後退

景気動向の特徴や性格を分析することもできます。

株価の変動は景気変動を助長する

景気動向を反映して株価が形成される一方で、株価自体が景気に影響を与えるという側面もあります。

株価が上昇すると、まず企業の側では、業績の見通しや、景気動向に対して自信が強まり、積極的な業務展開が図られます。また、増資や銀行借入など資金調達が容易になるので、設備投資も活発化します。

投資家の側からすると、株価の上昇によって景気の先行きに自信を持つようになることに加えて、株式投資の利益で資産が増え、それが消費の増加につながります。これを**資産効果**と呼んでいます。

こうして、企業側と投資家側の両面で、株価上昇が景気を一層強くするという効果が働きます。このように、景気と株価のあいだには、正のフィードバックが働くのです。

このフィードバックが行き過ぎると、景気拡大→株価上昇→さらなる景気拡大への期待→さらなる株価上昇という連鎖が続いて、バブルに至ってしまうこともあります。

また、景気が悪化するときは、景気と株価のフィードバックが逆方向に働き、さらなる景気の悪化を招き寄せることがあります。

景気悪化を織り込んで株価が下落すると、それが経営者や消費者の景気に対する見方を悲観的にさせます。企業は資金調達がむずかしくなるので積極的な業務展開や設備投資を避け、投資家は株式投資で損失を抱えるので財布のひもを締めます。これが、さらに景気を悪化させるのです。

こうした逆方向のフィードバックが行き過ぎると、恐慌にまで至ってしまうことがあります。

SECTION
5-2 景気と金利の関係
株価とは逆に、金利には景気の変動を抑制する作用がある

長期金利は経済の体温計

金利もまた、景気の動向を反映します。

金利のうち、短期金利は金融政策の影響を強く受けます。金融政策は一般に、中央銀行の景気の現状についての判断に基づいて行なわれるため、短期金利は景気の現状に連動して動く傾向があります。

これに対して、長期金利は短期金利の将来予測に基づいて水準が決まるため、やや景気動向に先行する傾向があります。

4章で見たとおり、長期金利は経済の名目成長率（実質成長率＋物価上昇率）の予想に沿って動くと考えられます。

インフレでもデフレでもなく、安定的な経済成長が続くと見られれば、長期金利は適度な水準で安定して推移します。

インフレになって経済が過熱する危険があるときは、長期金利は跳ね上がります。逆にデフレに陥って経済が低迷から抜け出せない状況のときは、長期金利は極めて低い水準にとどまります。

このように、長期金利の水準は経済の活動レベルをあらわし、インフレやデフレなどの症状を端的に反映することから、「経済の体温計」とみなされています。

金利の変動は景気の変動を抑制する

株価とは逆に、金利には景気の変動を抑制

●景気と金利の関係

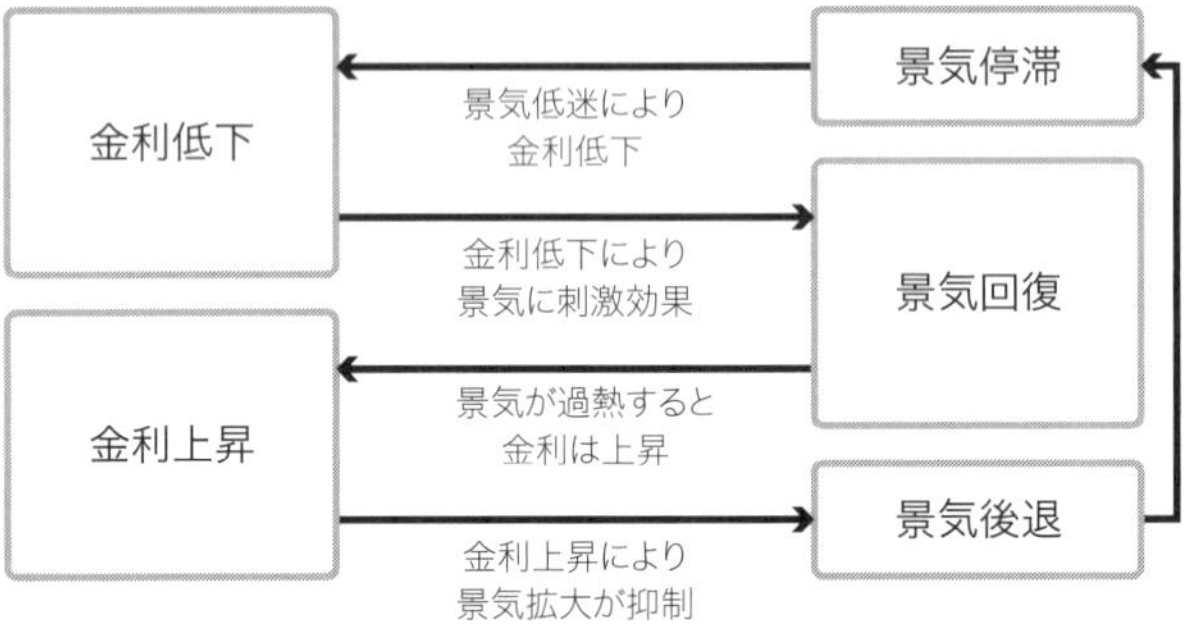

景気と金利はお互いの変動を抑制する関係。
しかし、スタグフレーションやデフレでは……

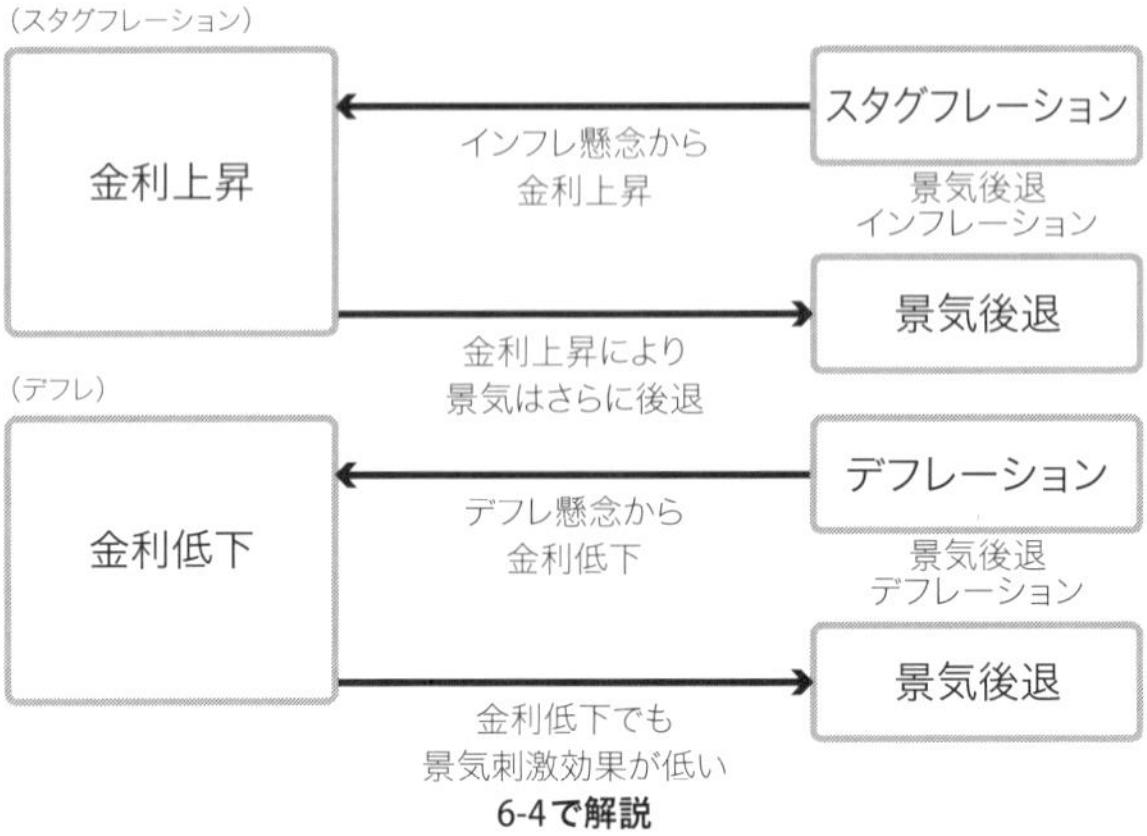

する作用があります。

経済が好調だと金利は上昇します。そして金利が上昇すると、企業の資金調達コストを増加させます。

たとえば企業が設備投資を計画するとしましょう。企業は、その設備投資によって期待できる収益と、それに必要となる資金調達のコストを比べて計画を決定します。

金利の上昇は、資金調達のコストを上昇させるため、採算性の低い設備投資は中止されることになります。

それだけでなく、一般に、金利の上昇は金融機関の貸出態度も厳しくさせます。金融機関にとっても資金調達のコストが上がるので、新たな貸出に慎重になるからです。

こうして、景気拡大→金利上昇→景気の抑制、というように負のフィードバックが働くのです。

逆に景気が悪化すると金利は低下します。そして、金利の低下によって資金調達コストが下がり、これが景気を下支えする効果を発揮します。

こうした金利による景気変動の抑制効果を利用するのが金融政策です（金融政策についてはあらためて6章で解説）。

ただし、景気後退下でインフレが起きると、景気が後退しているのに金利が上がってしまうことがあり、そうなると金利上昇が一層の景気の悪化を招いてしまいます。金利の上昇によって景気が過度に落ち込んでしまうことを「オーバーキル」といいます。

逆にデフレに陥ると、金利がいくら低くなっても景気を刺激する効果が働かなくなることがあります。これは、日本が長く経験してきたことなので、皆さんにも馴染みが深いところだと思います。

SECTION 5-3

景気と為替

景気と為替レートの関係は複雑怪奇!?

●経済が好調＝通貨高？

景気と為替レートの関係は、単純ではありません。一般的なイメージとして、経済が好調な国の通貨が高くなるという印象があるかもしれません。しかし、こうした一般化されたイメージが景気と為替の関係をわかりにくくしている原因となります。

景気がよくなると、おもに2つのルートで為替レートに影響を与えます。

まず、国内の景気がよくなって消費や投資などが増えると、海外からの輸入が増え、貿易収支が悪化する傾向があります。これは、自国通貨安につながります。

一方で、景気が好調だと金利が上がり、それが自国通貨高を招きます。

要するに、景気が好調という要因は、為替に両方向の影響を与えるのです。どちらが強く出てくるのかは、そのときの景気の状態や経済構造次第ということになります。

さらに4章で述べたように、為替レートは（とくに長期的には）物価動向に連動する傾向があります。景気がよくなっても、インフレ懸念が広がれば通貨安要因になります。逆に、デフレで経済が低迷していることが通貨高につながることもあります。

●通貨高＝景気悪化？

為替が景気に与える影響についても、一般

景気と為替の複雑な関係

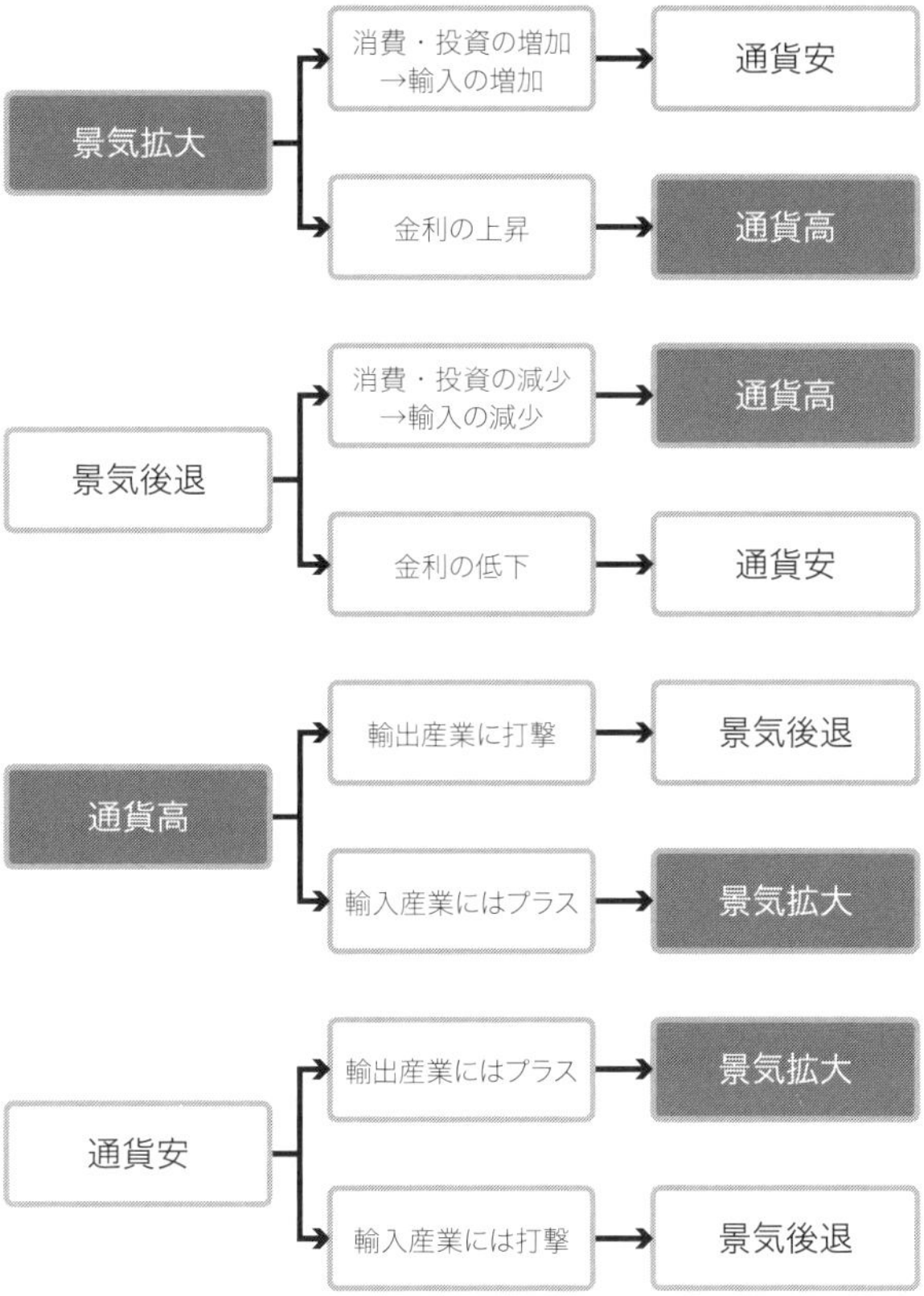
景気拡大
消費・投資の増加
→輸入の増加
通貨安
金利の上昇
通貨高
景気後退
消費・投資の減少
→輸入の減少
通貨高
金利の低下
通貨安
通貨高
輸出産業に打撃
景気後退
輸入産業にはプラス
景気拡大
通貨安
輸出産業にはプラス
景気拡大
輸入産業には打撃
景気後退

的には通貨高→景気悪化というイメージが定着しています。

確かに輸出産業については、円高になると外貨で受け取った輸出代金が円ベースで目減りするので、それを防ぐためには外貨ベースでの値段を引き上げなければなりません。それが販売の減少を招きます。

しかし、輸入企業や消費者にとっては、円高は海外から安く輸入ができることを意味しますから、むしろ歓迎すべきことです。

経済全体で円高がプラスかマイナスかは、円高で恩恵を受ける人と損害を被る人の割合がどのくらいかによって決まります。

日本は長らく貿易収支が大幅に黒字だったので、やはり円高は景気にマイナスという関係がはっきりと成り立っていましたが、近年では貿易収支の悪化にともなって必ずしもそうとは言い切れなくなっています。

ちなみに、通貨高や通貨安が経済全体にとってプラスであるかマイナスであるかに関わらず、政治的には通貨安が好まれるというのが世界的傾向です。

これは、通貨高が輸入の増大を招き、それが国内産業（とくに製造業）に打撃を与えると恐れられているからです。

たしかに、長期的な円高傾向は、輸出産業型の製造業が海外に生産拠点を移す大きな背景となりました。グローバル化された経済では、通貨高は輸出産業の国外流出（いわゆる国内空洞化）の要因となるのです。

ただし、この問題についても背景は単純ではありません。かつて日本やドイツは、恒常的な自国通貨高の圧力の中で生産性を高め、輸出競争力を磨いてきました。また、産業の空洞化についても、通貨の影響だけでなく、企業税制や様々なビジネスインフラの問題と併せて考えるべき問題だと思います。

SECTION
5-4 金融市場が結び付ける世界の景気
経済と金融のグローバル化で世界の市場は連動することが普通に

金融市場は米国を中心に動く

世界の株式市場は、米国の株式市場に強い影響を受けます。米国の株式市場が好調なら、世界中の多くの国の株式市場も上昇し、逆もまたしかりです。

もちろん、米国の株価の動きとはかなり違った値動きをする国もあり、たとえば日本の長期的な株価変動は米国のものとはかなり違って見えます。これはバブル崩壊と長期デフレという日本の構造的な問題が原因です。

それでも、日本と米国の短期的な株価変動を比較すると、そこには強い相関が伺えます。長期的には日本独自の要因が強く働いているとしても、短期的には米国市場の影響が強いといえるでしょう。

長期金利についても同様で、世界的に米国市場の動きに追随するという傾向がはっきりと見て取れます。

このように、日本の株式や長期金利の動きを知ろうとするならば、世界の市場、とくに米国の市場の動向を知らなければなりません。

なぜ世界の市場は連動するのか

世界の市場が連動して動く要因はいくつか考えられます。一つ目は、**経済のグローバル化**によるものです。

現在、世界の経済は輸出入や、直接投資（工場を建設したり、現地企業を買収したりすることを

世界の主な株価指数の動き

長期の推移（1993年12月～2013年11月）

短期の推移（2013年6月～2013年11月）

いう）などで相互に深く結びついています。

とくに世界最大の消費市場である米国には、各国の企業が輸出をしたり、事業の展開をしたりしています。米国の景気がよくなれば、そうした企業の業績向上を通じて、各国の景気にも好影響を与えることになります。

二つ目の要因は、**金融のグローバル化**によるものです。

マネーの動きは、モノよりもさらに迅速で、さらに巨大です。現在では、少なからぬ投資家が、世界を股にかけて投資をしています。そして、瞬時に巨額のマネーが国から国へと移動しているのです。

こうしたグローバルなマネーの動きが、たとえば米国株と日本株の動きをどう連動させているのかというと、たいてい次のような説明がされます。「米国株と日本株に同時に投資をしている投資家がいて、米国株が上昇して資産が増えると、日本株に投資をする余力が増えるからだ」と。

こうした説明はややステレオタイプなものといえます。実際には、多くの投資家が米国株と日本株の連動性を意識しているため、前日の米国株の動向を参考にして当日の日本株の投資態度を決めているという要素が強いと思われます。投資家が連動性を意識することで、実際に連動性が強まっていくのです。

いずれにしろ、世界の金融市場は連動する傾向があります。そして、金融市場の動向は実体経済にも影響を与えます。その結果、景気の動向も世界各国で連動する傾向が強まっていきます。

このようにして、経済のグローバル化と金融のグローバル化はお互いを強めあう関係となっています。

SECTION 5-5

景気と金融のサイクル

株価が景気に先行し、金利が株価を抑制する

●通常のサイクル

景気には、景気拡大→景気過熱→景気後退→景気底打ち→景気回復（拡大）という一連のサイクルがあります。この景気のサイクルは金融のサイクルと密接に絡み合っています。

一般に、景気が拡大する局面では、それにやや先行する形で株価が上昇しています。長期金利も株価と同時期か、やや遅れて上昇が始まります。

やがて、景気が過熱していくと、長期金利だけでなく、短期金利も上昇し始め、それが株価の抑制要因となります。

金利は資金コストを意味しますから、金利が高くなれば、資金を投じて株を購入するコストが増大することを意味します。

これは別の言い方をすれば、高金利下では債券に投資すれば安全に高利回りを得られるので、株式から債券に資金を振り替える動きが活発化するということになります。

ただし、これもややパターン化された説明で、実際には、金利高→株安という因果関係が強く意識されているので、金利が上昇すると株式を売りに出す投資家が増えるというふうに考えればいいと思います。

いずれにしても、金利高が株安を招き、やがて景気も反転していきます。景気後退期では、株安と長期金利低下がやや先行し、それに短期金利の低下が続きます。

景気と金融のサイクル例

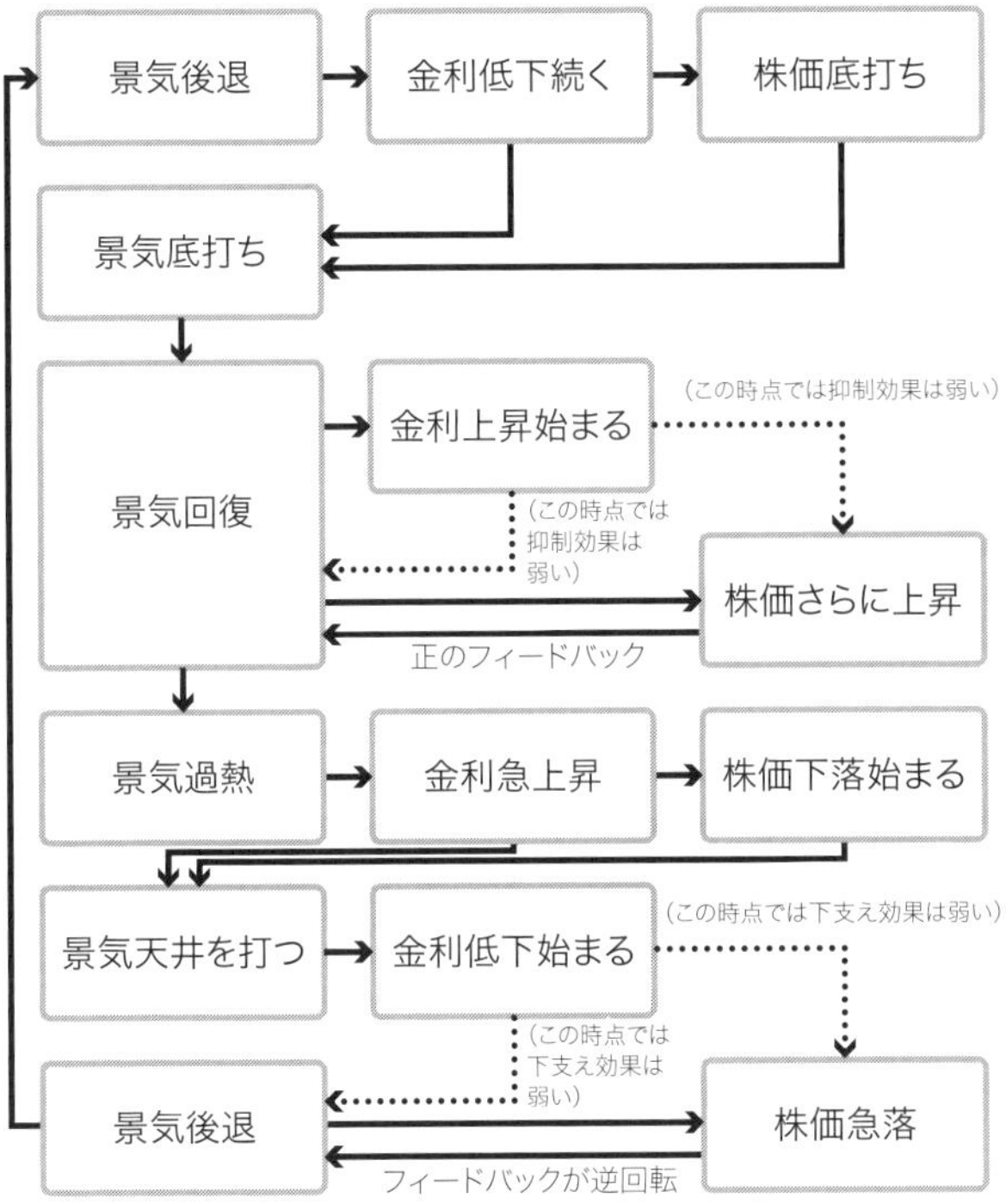

KEY WORD

バブル：泡という意味。1720年イギリスの南海バブルのときに、株式ブームに乗って数多くの会社が設立され、泡のごとく消えていったところから名付けられ、バブルの語源となった。

金利水準が十分に下がると、これがまず株価を下支えします。これは先ほどと逆の理屈で、金利の低下によって資金のコストが低下するので、株式投資がしやすくなるということです。

金利の低下によって株価が上昇するという現象は、しばしば「**金融相場**」という言葉であらわされます。業績によって株価が上昇する業績相場に対して、金利の低下が支えとなって株価が上昇することを指しています。

●相場の上昇が止まらなくなる

さて以上が、一般的な景気と金融のサイクルですが、現実には、しばしば景気拡大→株式などの相場上昇というメカニズムが止まらなくなってしまうことがあります。

その結果、株価などが合理的ではない水準にまで上昇します。これが**バブル**です。

バブルは、金融史にはつきものの存在です。

そして、歴史上のバブルは必ず崩壊してきました。世界各国で、大小さまざまなバブルが生まれ、そして泡のように消えていくというのが金融史そのものなのです。

代表例を2つだけあげておきます。

●1920年代の米国

世界で最も豊かな国となった当時の米国では「永遠の繁栄」といわれる繁栄期を迎え、株価が著しく上昇した。そのバブルの崩壊は、長期にわたる世界恐慌を招き、これが第二次世界大戦の大きな原因となった。

●1980年代の日本

世界第二の経済大国となり、ジャパン・アズ・ナンバーワンといわれた当時の日本では、株価と不動産価格が青天井で上昇した。そのバブルの崩壊は、長期にわたる経済停滞とデフレを招いた。

SECTION
5-6 バブルのメカニズム
3つのフィードバック作用がバブル的な相場上昇を呼ぶ

バブル発生のメカニズム

バブル発生のメカニズムは、3つのフィードバック作用によって生まれます。

一つ目は、すでに説明しましたが、景気拡大と株価上昇の正のフィードバックです。

二つ目は、株式市場の内部に潜む正のフィードバック作用です。簡単にいうと、相場上昇がさらなる相場上昇を呼ぶということです。

金融市場の大きな特徴は、投資の価値が、金融商品そのものの価値というよりも、相場の変動そのものによって生まれるという点です。つまり、相場変動の要因がどのような理由によるものであっても、基本的には値上がりをするものが価値ある投資商品ということになるのです。

そのため、相場が上昇し始めると、投資家たちはもっと上昇するのではという期待を抱くようになり、そこに資金を投じます。

一般の財市場では、価格が上昇すると需要が減ります。これが価格を安定させる効果を生むわけですが、金融市場では価格上昇が需要を増大させてしまうため、ときに歯止めのきかない相場上昇が起きるのです。

このような歯止めのきかない相場上昇が起きるには、きっかけがあります。その代表例が「永遠の繁栄」や「ジャパン・アズ・ナンバーワン」など、経済の構造や成長段階が根本的に変わったという新時代論です。

●バブルは繰り返す

バブル発生のメカニズム

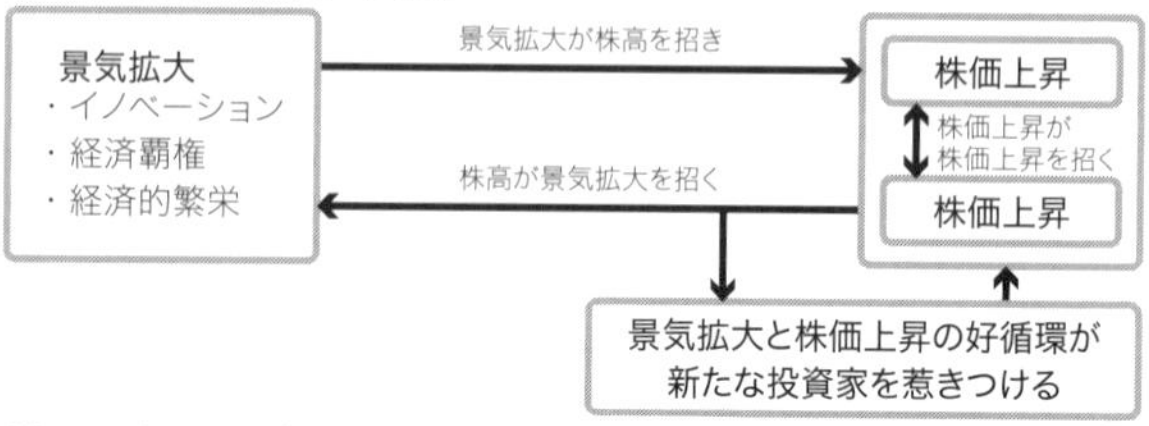

世界の主なバブル

チューリップバブル （1637年　オランダ）	チューリップの球根が投機対象となり、価格が急上昇した後に崩壊。
南海バブル （1720年　イギリス）	国策会社である南海会社の株式が急上昇し、多くの投資家を巻き込んだ末に崩壊。
鉄道バブル （1840年代　イギリス）	新しいインフラ基盤としての鉄道に投資が過熱、1846年に崩壊。似たような現象は、1860年代後半の米国でも起きている。
繁栄の20年代 （狂騒の20年代ともいう） （1920年代　米国）	世界最大・最強の経済大国となった米国で起きた史上最大規模のバブル、1929年の「暗黒の木曜日」により崩壊に向かう。その結果として世界大恐慌が起こり、第二次世界大戦の重要な背景となる。
日本のバブル （1980年代　日本）	ジャパン・アズ・ナンバーワンといわれる経済的成功と積極的な金融緩和政策から、株価と不動産価格の急上昇が起きる。1990年代に入り崩壊。「失われた20年」と呼ばれる時代につながった。
ドット・コム・バブル （1999～2000年　米国）	新技術基盤であるインターネット関連株に投資が集中して株価が急上昇。2000年に崩壊。インターネット関連ビジネスはその後も急拡大していくが、その過程で多くの企業が淘汰された。
サブプライムローン・バブル （2003～2006年　米国）	サブプライムローンとその証券化に支えられて、住宅価格の急上昇を招く。米国以外にも波及した。2007年にサブプライムローン問題が表面化。その後の「リーマンショック」につながる。

こうした新しい理論は投資家心理を積極的なものにし、さらに、それまで株式投資などしてこなかった層の資金を株式市場に引き込みます。これが三つ目のフィードバックです。相場上昇が新しい資金を引き付け、それがさらなる相場上昇を呼ぶという作用です。

これらのフィードバック作用が相まってバブルは発生するのですが、いつまでもこのメカニズムが続くわけではありません。

バブルがいつ終焉するかは基本的に予測できないとみられていますが、概念的には、株式を買いたい人たちがみな株式を買ってしまったときがひとつの転換点となります。全員がパンパンに株式を保有していれば、そこから新たに株式を買うことができる人は残っていないからです。

そして逆回転が始まる

バブルが破裂すると、3つのフィードバックは逆方向に回転し始めます。

株価下落が景気後退を引き起こし、それがさらなる株価下落につながります。投資家たちはパニックに陥り、売りが売りを呼ぶ展開となります。初めて株式に投資をして痛い目にあった人たちは、株式投資から手を引き、資金を引き揚げます。

こうした機能がフル回転してしまうと、底なしの景気後退と相場下落に至ります。

市場は自律的に需要と供給を均衡させるという伝統的な考え方に対して、「金融市場は本質的に不安定である」という考え方がありますが、現実の歴史は後者の考え方に沿っているように見えます。

この点については、6章と8章で改めて取り上げることにしましょう。

COLUMN

リーマン・ショック～生死の境目

2008年9月、リーマン・ブラザーズの破たんをきっかけに未曽有の金融危機が米国を襲いました。その中で、ゴールドマン・サックスと並ぶ投資銀行の雄モルガン・スタンレー（以下、モルスタ）も破たんの瀬戸際に追い詰められます。

モルスタは経営が揺らぐほどの大きな損失を被ってはおらず、危機に備えて巨額の流動性（支払資金）も準備していました。しかし、パニックに陥った市場は文字どおり雪崩を打ち、制御できない状態に陥りました。

モルスタの顧客（とくにヘッジファンド）たちはわれ先に資金を引き揚げ、他の金融機関も資金供給を渋ったり、取引継続のために追加担保を要求するようになったりします。こうして危機に備えて保有していた巨額の流動性が見る見るうちに減り、ついに資金繰りの危機を迎えます。余波はウォール街の覇者であったゴールドマンにも及びます。

このとき、モルスタを救ったのは、三菱UFJによる90億ドルの出資でした。続いてゴールドマンも伝説の投資家ウォーレン・バフェットから50億ドルの出資を獲得します。また、両社はFRBの融資が受けられるように銀行持株会社の免許も取得しました。

その後も市場は荒れ続けますが、結局モルスタもゴールドマンも何とか土俵際で踏みとどまることができました。市場を牛耳る巨大金融機関までもが破たんの危機に追い詰められたこの出来事は、市場の非合理性と、その猛威を物語るものといっていいでしょう。リーマンなど破たんした企業と生き残った企業の違いには、企業の規模、財務の健全性、信用、運など様々な要素があったと思いますが、常日頃からのリスク管理の意識の高さと経営陣の判断力が最終的な生死を分けたと考えられます。

ちなみに、バフェットのこのときの投資はその後、大きな収益を生みます。彼は、CDSへの投資で大儲けしたジョン・ポールソンと併せて、金融危機における数少ない勝者となりました。危機のなかにも大きなチャンスが潜んでいることを示すエピソードです。

BEST INTRODUCTION TO ECONOMY

6章 金融は政策や規制でどうコントロールされているのか

SECTION
6-1 金融政策と金融規制

中央銀行が金利や資金供給量の調整を通じて経済の安定的な成長を図る

●金融政策の目的

金融政策は、金利や資金供給量の調整を通じて、経済の安定的な発展を図ろうとするものです。その役割を担うのが中央銀行で、日本では**日本銀行**（日銀）がそれに当たります。

中央銀行は紙幣を独占的に発行します。日本の紙幣が正式には日本銀行券といわれるのは日銀が発行しているからです。また、その紙幣発行権を背景にして、中央銀行は①銀行への貸出、②国債などの金融資産の買付などによって資金を供給します。

こうした機能を通じて、中央銀行は市中に出回る資金の総元締めのような役割を果たしているのです。

これを活用して、市中に出回る資金のコストや総量を調整し、経済活動を調整するのが金融政策の役割です。金利を引き下げたり、資金量を増やしたりして経済を下支えする政策を**金融緩和**と呼び、逆を**金融引締**といいます。

金融政策の具体的な役割として最も重視されるのが物価の安定です。日銀法では「物価の安定を図ることを通じて国民経済の健全な発展に資すること」を金融政策の理念として掲げています。

歴史的には、過去多くの国でインフレによって経済基盤が破壊された経験から、インフレを起こさないことが経済の安定的な成長の

金融政策、金融規制・監督の全体像

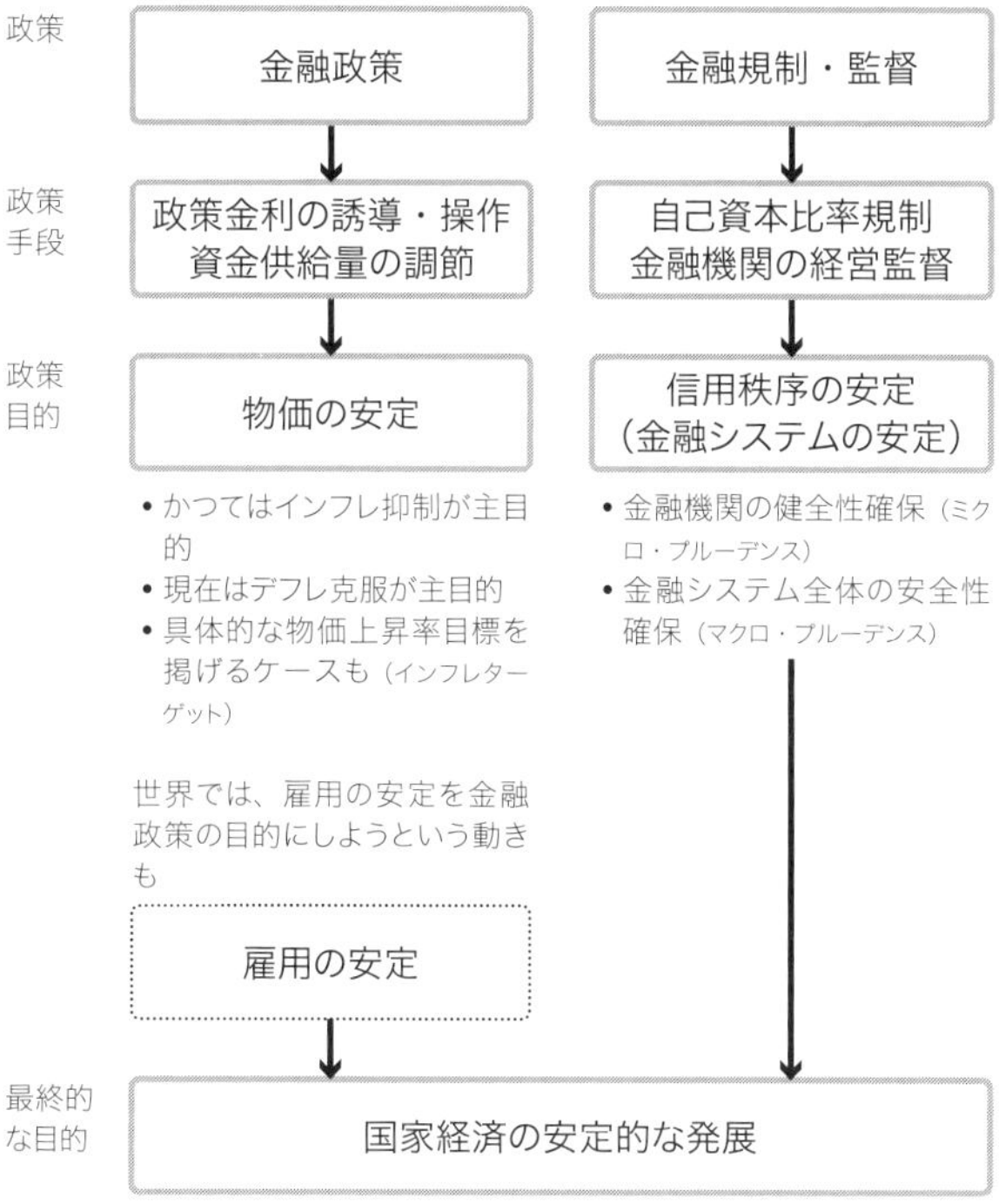

KEY WORD

金融庁：金融機関の規制、監督は従来大蔵省（現財務省）が担っていたが、財政と金融の分離のため、1998年に金融庁が分離、設置された。

基盤になると考えられてきました。そこで、従来は「物価の安定」はインフレを抑え込むこととほぼ同義でした。

ただし、近年ではインフレよりもデフレが各国の脅威となっており、金融政策においてもデフレへの対応の重要性が増しています。

金融政策については、景気の下支えを通じて雇用を安定的に拡大したり、通貨の価値を維持したりすることも広義の目標と考えられます。ただし、これらは政府の政策の影響が大きく、中央銀行単独の課題とはいえません。

日銀法ではこれらの目標は明示されておらず、副次的な位置づけに留まっています。

●金融規制と監督

金融規制と監督は、金融で中心的な役割を果たす金融機関について、その健全性や行動の妥当性を確保しようというものです。

金融機関は、民間会社であったとしても、社会や経済全般に大きな影響を与えるという点で公共性を持った存在です。

金融機関の不適切な行動や経営の悪化は、社会や経済に悪影響を与えかねません。そのために、金融機関は様々な規制の下におかれています。

日本では**金融庁**が規制を法令化する規制当局です。また、金融庁は金融機関が規制に従った適切な行動をとっているか、監督を行なっています。この監督は、銀行などに関しては中央銀行たる日銀と共同で行なっています。

規制や監督は、金融機関だけでなく、たとえば株式市場でインサイダー取引などの不適切な行動を取り締まる目的でも行なわれています。幅広い投資家が市場に参加するためには、公正な取引が保証されていることが重要だからです。この分野での監督は、金融庁の下に設置された**証券取引等監視委員会**が担っています。

SECTION 6-2

中央銀行

政府からの独立性が大切だが、疑問を投げかけられることも……

世界の中央銀行

中央銀行の存在は、金融の世界ではとくに重要なので、ここで世界の主要な中央銀行について概観しておきましょう。

米国では、**連邦準備制度**という制度があります。各地区を統括する連邦準備銀行（Federal Reserve Bank）が12あり、その上部に連邦準備制度理事会（Federal Reserve Board）があります。

この連邦準備制度全体が米国の中央銀行ですが、その上位意思決定機関である連邦準備制度理事会がとくに重要です。通常、ＦｅｄとかＦＲＢという場合はこの理事会を指します。そして、連邦準備制度理事会の議長（ＦＲＢ議長）が中央銀行総裁に当たります。

ＦＲＢ議長は、その判断や発言が世界の金融市場に多大な影響を与える存在です。世界中の投資家がその言動を注視しているといっていいでしょう。その影響力は、しばしば「米国大統領に次ぐ権力者」とも評されるほどです。

統一通貨ユーロを採用しているユーロ圏では、各国の中央銀行の上に、ユーロ圏全体の中央銀行として**欧州中央銀行**（ＥＣＢ）が設置されています。ＥＣＢもまた、巨大な経済圏の金融政策を統括し、世界の金融市場に大きな影響を与える重要な存在です。

中央銀行の独立性

●日銀とFRBの組織

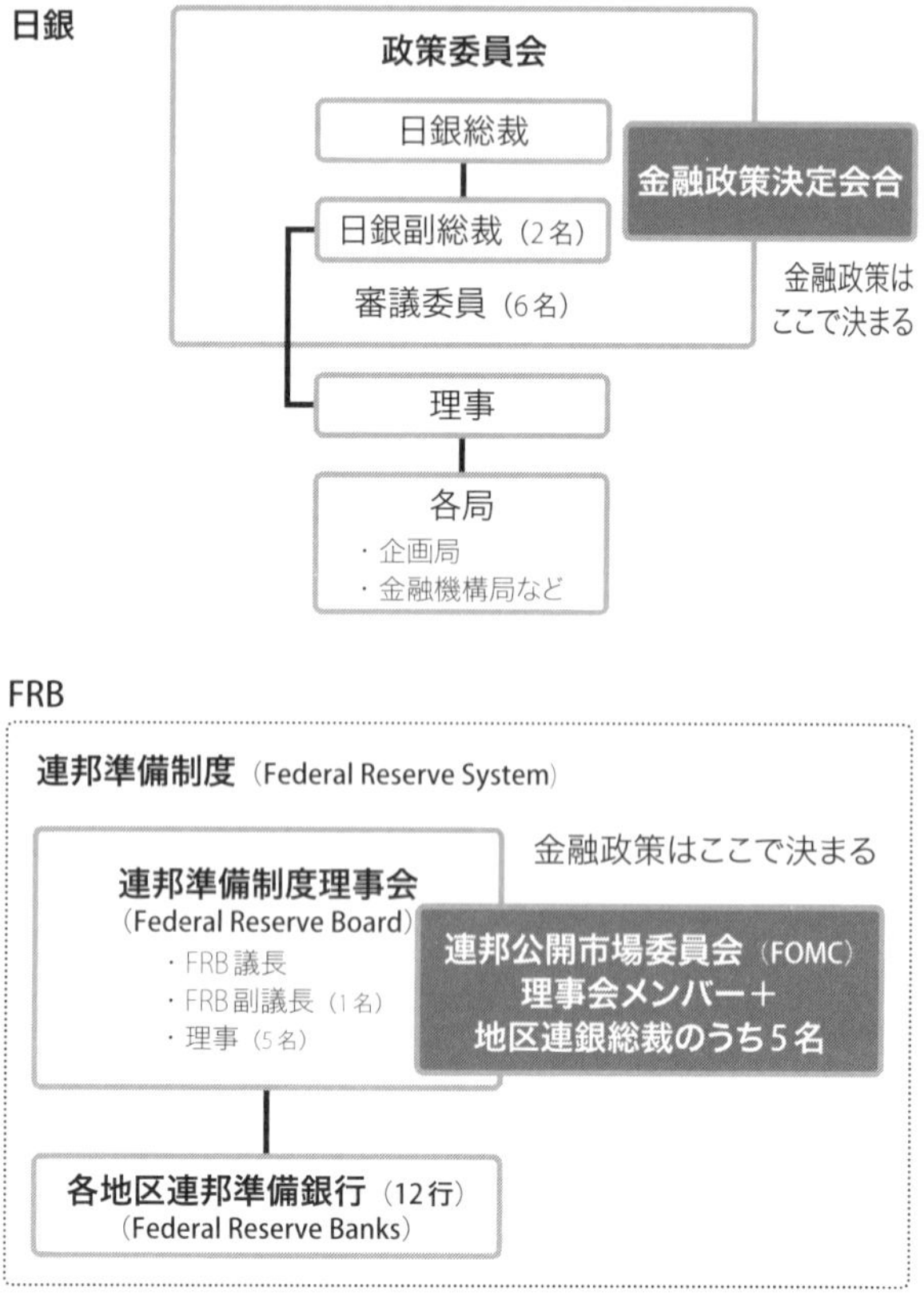
日銀
政策委員会
日銀総裁
日銀副総裁（2名）
審議委員（6名）
金融政策決定会合
金融政策は
ここで決まる
理事
各局
・企画局
・金融機構局など
FRB
連邦準備制度（Federal Reserve System）
金融政策はここで決まる
連邦準備制度理事会
（Federal Reserve Board）
・FRB議長
・FRB副議長（1名）
・理事（5名）
連邦公開市場委員会（FOMC）
理事会メンバー＋
地区連銀総裁のうち5名
各地区連邦準備銀行（12行）
（Federal Reserve Banks）

中央銀行は、政府と密接な関係にあります。両者を一体視して、たとえば政府・日銀などと併せて呼称する場合もあります。

その一方で、多くの先進各国では、中央銀行は政府から独立した存在であるとされています。

中央銀行は政府の指示や圧力によらず、自ら正しいと信じる金融政策を実施できる権限を与えられているということです。これを**中央銀行の独立性**と呼びます。

中央銀行が歴史的にはおもにインフレ抑制に力点を置いてきたことは前項で述べましたが、そのためには中央銀行が政府から独立している必要があります。

これは、悪性インフレの多くが、政府の放漫な財政支出と、それを支えた中央銀行の野放図な資金供給によって生まれたという歴史的教訓が背景にあります。

また、政治の世界では、金利を引き下げようとする誘因が常に働きがちです。金利を低くして景気をよくすることで政治的な支持を増やそうとするのです。

ですから、政府に従属した中央銀行だと、経済が過熱する危険があるときに金利の引き上げをしなかったり、あるいは不適切なときに金利を引き下げたりして、インフレに火をつけてしまう可能性が高まります。

それでは物価の安定を通じた経済の安定的な発展を実現することはできません。

もっとも、中央銀行の独立性は常に支持されてきたわけではありません。とくにデフレとの戦いにおいては中央銀行の独立性に疑問が投げかけられることも少なくありません。

この点については、6—5であらためて取り上げます。

SECTION 6-3

金融政策の枠組み

公定歩合、預金準備率、公開市場操作の3つが基本

●伝統的な政策手段

金融政策の手段としては、伝統的に、①**公定歩合**の操作、②**預金準備率**の操作、③**公開市場操作**を通じた市場金利（短期金利）の誘導の3つがあります。

公定歩合とは、日銀が民間銀行に貸し出す際の金利です。かつては銀行預金の金利がこの公定歩合に連動していたことから、公定歩合を操作することが金融政策の最も重要な手段でした。現在では、市場金利に直接働きかける③の手法が用いられるため、公定歩合の重要性は低下しています。

預金には、その一定割合を日銀に準備預金として預けなければならないという準備預金制度があります。準備預金は、急な預金引き出しに対するバッファーの役割を果たしています。そして、この一定割合のことを預金準備率といいます。

預金準備率を引き上げると、銀行は預金のうち自由に貸出に回せる割合が減るので、貸出が減り、市中に出回る資金量を絞ることができます。逆もまたしかりです。

中国など、金利の自由化が進んでいない国では、これが主要な金融政策の手段となっていますが、金利の自由化が進んでいる国では、副次的な存在に留まっています。

そして、多くの国で、最も重要な政策手段に位置付けられているのが、3番目の公開市

金融政策の枠組み

公定歩合操作

- 日銀が民間銀行に貸出を行なうときの金利（公定歩合）を操作することで、預金金利や民間銀行の貸出金利に影響を与える。
- かつては金融政策の主役だったが、現在では補完的な役割に留まる。

預金準備率操作

- 預金量に応じて日銀に預け入れなければならない預金準備率の操作によって、民間銀行の貸出態度に影響を与える。
- 日本では、補完的な役割に留まる。

公開市場操作

- 短期資金市場で日銀が資金供給／資金吸収を行なうことにより、市場金利を誘導する。
- 金融政策における最も重要な政策手段。
- 日本では、無担コール（翌日物）レートが誘導対象となる。

ゼロ金利政策

公開市場操作（および公定歩合操作）を通じて、金利を限りなくゼロに近い水準に誘導する政策。

↓

量的金融緩和政策

金利誘導を目標にするのではなく、資金の供給量を目標にする政策。インフレ抑制のために1979年から米国で行なわれたマネーサプライ管理政策の緩和版だが、さらに中央銀行がリスク資産（ABS、株やREIT）を購入することで資産価格を下支えするという要素が加わることもある。

場操作による市場金利の誘導です。

●公開市場操作

中央銀行が市場金利の誘導を行なう際に、ターゲットとなる金利が選ばれます。日本では、無担保コールレート翌日物（3―3参照）がそれに当たります。

コールは、銀行の日々の資金繰りを支える重要な短期資金取引です。日銀は、このコール取引のうち最も重要な無担保／翌日物の金利を一定の水準に誘導しようとします。

このときに行なわれるのが公開市場操作です。公開市場操作とは、日銀が銀行などを相手に、国債や手形を買って資金を供給したり、逆に国債や手形を売って資金を吸収したりすることをいいます。

日銀が市中に供給する資金量が増えれば、資金が余って金利が下がり、資金量を絞れば、資金が足りなくなって金利が上がります。この原理を利用して、市場金利を目標水準に誘導するのです。

この日銀の介入は強力で、実際にコール市場での取引は日銀の誘導水準に沿った金利水準で行なわれることになります。そして、無担保コールレート翌日物が基準となって、他の短期金利の水準にも強い影響を与えます。

長期金利は、金融政策による直接的な操作がむずかしいのですが、基本的に長期金利は短期金利の将来変動の予測によって決まりますから、短期金利を通じて間接的に影響を及ぼすことができます。

こうして日銀の金利誘導は様々な金利に影響を与え、銀行預金の金利や銀行貸出の金利を動かします。それが、経済を下支えしたり、抑制したりするという効果を生み出していくのです。

SECTION
6-4 流動性の罠との戦い
金融をいくら緩和しても現金や預金のままで、投資に回らない

ゼロ金利政策と量的金融緩和政策

バブル崩壊後の経済低迷に苦しんだ日本で、1998年に**ゼロ金利政策**が導入されました。ゼロ金利政策は、短期金利の誘導目標をほぼゼロにする大胆な政策です。

ゼロ金利政策の導入は、裏を返せば、それまでの金利引下げが経済を回復させるのに十分ではなかったことを意味します。

ゼロ金利政策も、過去に例を見なかったものとはいえ、短期金利を誘導するという点では従来の金利操作の延長です。したがって、それまでの金利引下げが効果を発揮しなかったのに、ゼロ金利政策が劇的な効果を生むと期待するのは間違いです。

ただし、日銀が積極的な金融緩和を行なう姿勢を明確にしたことで、景気の底割れを防ぐ一定の効果があったと考えられています。

ちなみに、その後、デフレ懸念の広がりにより、こうした政策は日本以外の国にも広がり、さらには、日本も含めて、マイナス金利政策にまで踏み込む国もでてきています。

デフレ下では、金融政策の効果が弱まると考えられます。それを説明するのが、ケインズの「**流動性の罠**」という概念です。

デフレ経済では名目成長率が下がるため、金利は低下していきます。しかし、金利が一定水準以下に低下すると、それは資金の保有コストが非常に小さくなること意味します。

●量的金融緩和政策の概要

量的金融緩和とは

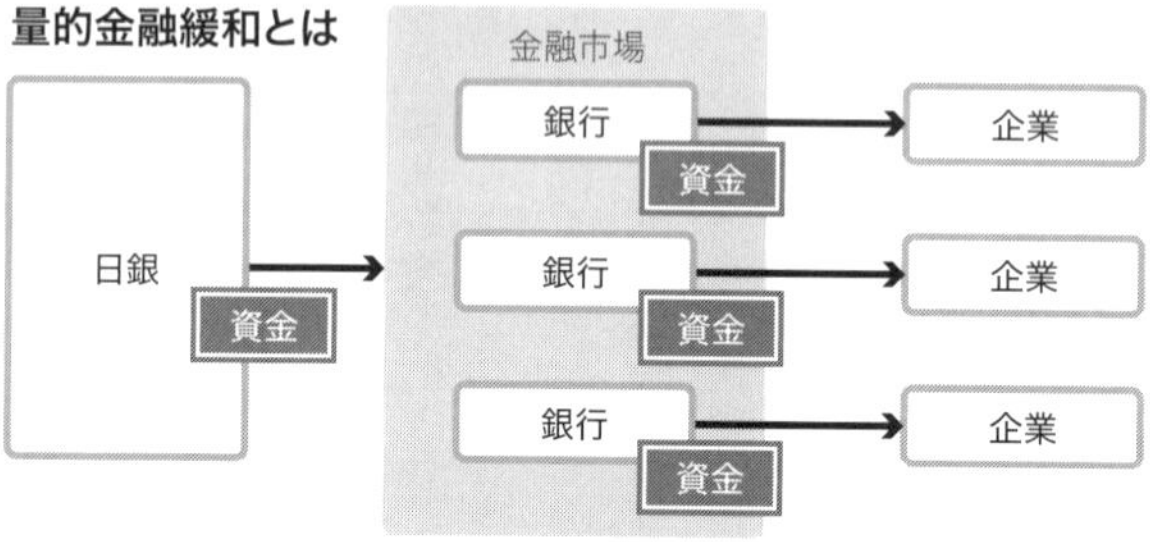

日銀が市場に供給する資金量を増やす

資金が潤沢になった銀行が貸出を増やせば……

↓

経済活動が活発になり、物価も上昇する
ただし、資金が銀行に滞留するだけだと効果はない

日米で実施された量的金融緩和政策

2001年3月～2006年3月	日本で量的金融緩和が実施される・銀行が日銀に預け入れる日銀当座預金の額を政策目標に据える
2008年11月～2010年6月	米国でQE(米国版量的金融緩和)が導入・国債、MBS(住宅ローン担保証券)など、計1兆7250億ドルの資産を購入
2010年11月～2011年6月	米国でQE2実施・国債を6000億ドル追加購入
2012年9月～	米国でQE3実施・MBSを月額400億ドル購入・2013年以降は国債も月額450億ドル購入・雇用改善まで続けることを明言
2013年4月～	日本で量的・質的金融緩和(異次元緩和)実施(次項参照)

簡単にいえば、投資しても低い利回りしか得られないので、現金や預金のままにしておいても損にならないということです。そうなると、金融をいくら緩和しても、現金や預金にため込まれるだけで投資には回らないため、経済に効果が及ばないのです。

かつてインフレと闘ってきた世界の中央銀行は、いまやこの流動性の罠と闘っているといっても過言ではありません。この流動性の罠との戦いの中で生まれてきた新しい金融政策の手法が量的金融緩和です。

量的金融緩和とは何か

量的金融緩和は、金利を引き下げることではなく、一定以上の資金を供給することを政策手段とする手法です。おもに銀行などが保有する国債等を日銀が買い上げることで、巨額の資金を供給します。

これも日本がいち早く取り入れ、リーマン・ショック後に米英が追随した日本発の金融政策です。

実は、似たような政策がインフレ退治に使われたことがありました。１９７９年、インフレに苦しむ米国で、資金供給量を絞ることを政策手段とするマネーサプライ管理政策がとられました。これは劇薬でしたが、インフレ退治には成功したと評価されています。

一方で、デフレ対策としてはたして有効かという点については、確たる答えは出ていません。中央銀行が供給した莫大な資金が銀行に滞留するだけで、一般経済に波及していかないという傾向がみられるためです。

ただし、量的金融緩和には、大量に資金を市中に供給することで、銀行の資金繰りを安定させ、金融不安を払しょくするという側面もあり、その点では一定の効果があったと考えられています。

SECTION
6-5 時代とともに変わる中央銀行の役割

「中央銀行は脱デフレのために何でもやるべき」という考えが優勢に

信用緩和とヘリコプターマネー

大量の資金を供給することで金融不安を払しょくするという前項で紹介した考え方を突き詰めると、資金が回っていかないセクターに中央銀行が直接資金供給をするという発想につながります。

実際に、米国の量的金融緩和政策（QEと呼称される）では、経済危機の元凶である住宅ローン担保証券（MBS）をFRBが買い取ることがひとつの柱となりました。

こうして特定のセクターに資金を供給することで経済不安を和らげる政策を、とくに**信用緩和**と呼ぶことがあります。

また、量的金融緩和では、株式などの資産価格を下支えする目的で行なわれるものもあります。日本でも、ETFやREITなどが購入対象となっています。

これらの手段を総動員しても量的金融緩和だけでデフレからの脱却を図るのは困難だという考え方がある一方で、一定のインフレ率に達するまで徹底した量的金融緩和を続けることでデフレ脱却は可能になるという考え方もあります。後者の考え方は、一定のインフレ率を目標にするため、**インフレ・ターゲティング**とも呼ばれます。

こうした考え方は、比ゆ的に、脱デフレには「中央銀行がヘリコプターでお金をばらまけばよい」とか、「中央銀行がケチャップで

日銀の量的・質的金融緩和政策

日銀の量的・質的金融緩和政策（2013年4月以降）の概要

マネタリーベースの拡大　マネタリーベース＝現金＋日銀当座預金

12年末：138兆円 ⟶ 13年末：200兆円 ⟶ 14年末：270兆円

長期国債の買入増額

12年末：89兆円 ⟶ 13年末：140兆円 ⟶ 14年末：190兆円

年限長期化

リスク性資産買入

ETF：年間約1兆円　REIT：年間約300億円

物価上昇率2%実現まで実施

日銀とFRBのバランスシートの推移（%）

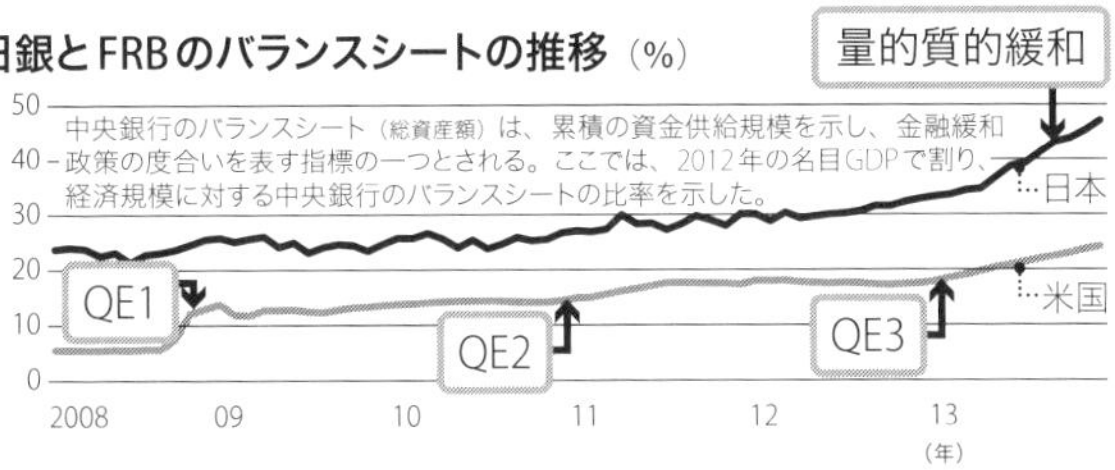
量的質的緩和
中央銀行のバランスシート（総資産額）は、累積の資金供給規模を示し、金融緩和政策の度合いを表す指標の一つとされる。ここでは、2012年の名目GDPで割り、経済規模に対する中央銀行のバランスシートの比率を示した。
50
40
30
20
10
0
日本
米国
QE1
QE2
QE3
2008
09
10
11
12
13
（年）

もなんでも買えばよい」という言葉であらわされます。

中央銀行がお金を無制限に刷り続ければ、人々はいつか必ずインフレになると予想するようになり、それがデフレ脱却を可能にするというのです。こうした考え方は、ノーベル経済学賞受賞者のクルーグマン教授などが知られていますが、FRBのバーナンキ議長（2014年退任予定）も学者時代にはその主唱者の一人でした。

日本のアベノミクスでも、日銀による異次元緩和が第一の矢として耳目を集めましたが、基本的にはこのインフレ・ターゲティングを取り入れたものとなっています。

●揺れる独立性

このように、インフレ・ターゲティングなど「中央銀行は脱デフレのためにできることはすべてやるべき」という考え方が近年強くなっています。インフレとの戦いに重きを置いた従来の金融政策の考え方は、過去のものとなりつつあるのです。

それと同時に、中央銀行の独立性も揺れ始めています。

アベノミクスが典型的ですが、脱デフレのためには政府と中央銀行が一体となって取り組む必要があるという考え方が強くなってきているからです。

その一方で、期待どおりにインフレが起きたときに、積極的な金融緩和を円滑に終了させることができるのかといういわゆる出口問題に警鐘を鳴らす専門家もいます。とくに政府と一体化した中央銀行では、適切な出口戦略を実行できない恐れが指摘されています。

このように、デフレ脱却を目指す金融政策のあり方は、金融理論の最前線にある課題といえます。そして中央銀行の位置づけもまた、その中で大きく変わろうとしているのです。

SECTION 6-6

金融システムの安定

銀行の破たんは経済全般に多大な影響を及ぼす

●金融システムの重要性

銀行などの金融機関を中心に、市場取引や顧客取引を通じて、経済に安定的に資金を融通していく機能全体のことを、**金融システム**といいます。

この金融システムの安定を図ることは、経済の安定的な発展に不可欠です。

たとえば金融システムで重要な役割を担う銀行が破たんするとどうなるでしょうか。

銀行には多くの人が預金をしており、それが日々の生活を支えています。預金がいつでも引き出せるというのは、現代の生活の基盤になっているのです。銀行が破たんして預金が引き出せなくなったり、減額されたりすれば、そうした生活基盤が失われます。

また、直接金融で資金を調達することが困難な大多数の企業は、銀行からの借入れに資金を依存しています。取引銀行の破たんは、その取引先の企業にとって、資金の供給元を絶たれるに等しく、まさに死活問題となります。

このように銀行の破たんは経済全般に多大な影響を及ぼすので、いかにその破たんを防ぐかが重要です。

そのために自己資本比率規制などの規制や、金融庁による検査、日銀による考査（銀行等のみ）など、規制・監督の枠組みがつくられているわけです。

金融のセーフティーネット

①政府・日銀が銀行の経営状況をチェック

②銀行の経営悪化が金融システムを揺るがす恐れがあるときには、銀行の救済も

安易な救済はモラルハザードを引き起こす危険性

③銀行が破たんしてしまったときは……

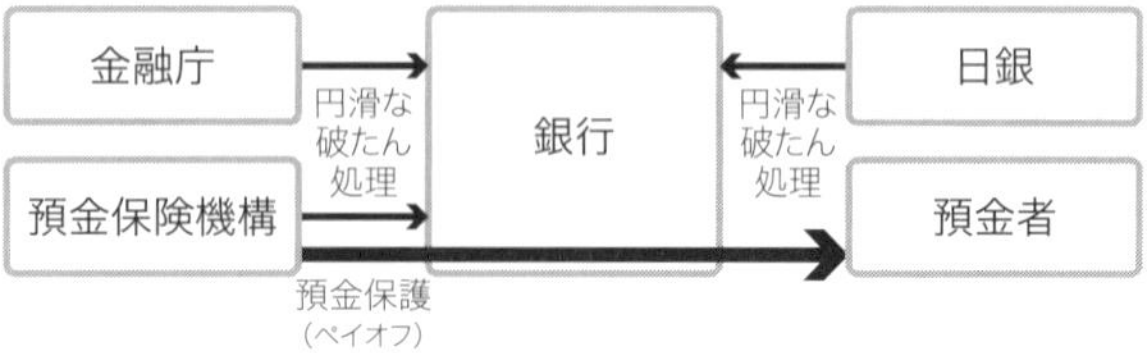

→大きすぎる銀行は破たん処理をすると影響が大きすぎる恐れ
（"Too Big To Fail" 大きすぎてつぶせない問題）

KEY WORD

モラル・ハザード：元々は保険に関する用語で、保険に加入することでリスクを回避する行動が抑制されてしまうことを意味する。

それでも特定の金融機関が差し迫った状況に陥って資金を調達できない状況に陥った場合には、日銀が「**最後の貸し手**」となって緊急に資金を融通することがあります（日銀特融）。さらに、状況に応じて政府が財政資金（公的資金）を使って、銀行に資本注入をするケースもあります。

　それでもなお銀行が破たんした場合には、一定の手順で預金を保護する預金保険制度が用意されています。

　ちなみに、こうした個々の金融機関の破たんの影響を防ぐ政策は**ミクロ・プルーデンス**政策と呼ばれています。これに対して、近年では金融システム全体の崩壊を防ぐ**マクロ・プルーデンス**政策が重視されるようになってきています。これについては8章であらためて取り上げます。

●モラル・ハザードの問題

金融システムの安定維持のための方策は、ときに金融機関の救済と見られることがあります。野放図な経営をした金融機関に対して、政府や日銀が特別待遇で支えているように見えるからです。日銀特融や公的資金の投入などはその最たるものでしょう。

　金融システムの安定を維持することがいかに重要であったとしても、金融機関の救済と映る政策は、世論から大きな批判を浴びることは必至です。

　また、金融機関が様々なセーフティネットに守られていることは、金融機関の経営にも大きな問題を投げかけます。失敗しても破たんは免れると思うことで、経営の規律が失われ、野放図な経営を助長してしまう恐れがあるからです。これが**モラル・ハザード**といわれる問題です。

　こうした点については、あらためて8章で取り上げましょう。

SECTION 6-7

国際的な取り組み

世界共通の規制で金融システムの安定を図る必要性がある

バーゼル規制とはなにか

金融システムは、それぞれの国で独立しているわけではありません。日本の金融システムは、米国をはじめ、世界各国の金融システムと深く結びついています。

ある金融機関が破たんして一国の金融システムが揺らぐとき、その動揺は簡単に世界の金融システムに伝播します。

金融機関、とりわけグローバルに活動する大手の金融機関の破たんは、世界の問題となるのです。

そこで、世界的に共通の規制を各国で適用する必要性が生まれます。こうした考え方を背景として生まれたのがＢＩＳ規制または**バーゼル規制**と呼ばれるものです。

ＢＩＳとはスイスのバーゼルにある国際決済銀行という国際機関です。このＢＩＳを事務局として、**バーゼル銀行監督委員会**という組織が設置されていて、この委員会が世界の銀行規制の元となる基準を作成しています。委員会の構成メンバーは主要国の規制当局や中央銀行で、日本の金融庁と日銀ももちろん加わっています。

ちなみに、ＢＩＳには証券会社や保険会社の統一的な規制を制定する委員会も設置されていて、これらの各委員会が国際的な金融規制の元締めのような存在となっています。

バーゼル規制とは何か

バーゼル規制の適用のしくみ

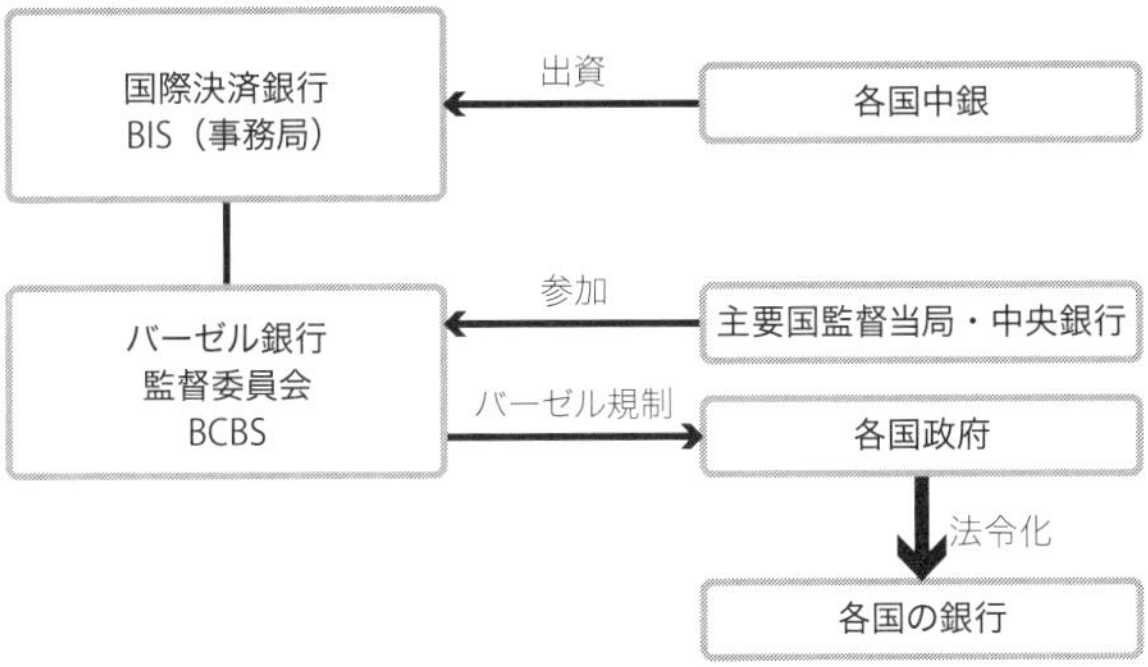

バーゼル規制の歴史

1984年	コンチネンタル・イリノイ銀行破たん
1988年	バーゼル合意（バーゼル規制）が成立
1992年	バーゼル規制の適用開始
1996年	マーケットリスク規制導入
2004年	バーゼル合意改定（バーゼルII）
2006年	バーゼルII適用開始
2008年	リーマンショック発生
2010年	バーゼル合意再改定（バーゼルIII） （2013～2019年にかけて段階適用）

◉バーゼル規制の歴史

１９８４年、全米第7位の商業銀行であるコンチネンタル・イリノイ銀行が破たんしました。金融システムは、金融機関が相互に膨大な取引をすることで成り立っています。大手銀行の破たんは、金融システム全体を麻痺させ、連鎖的な銀行破たんを招きかねません。

このときは世界的な金融危機に発展することは何とか免れましたが、これをきっかけのひとつとして、国際的な銀行規制の議論が始まりました。

こうして１９８８年にバーゼル合意が成立したのです。これがバーゼル規制です。基本的な概念は、損失を生む可能性のある資産（リスク・アセット）に対して、損失を吸収するバッファーである自己資本を一定以上に維持することを義務付けるというものです。

当初のバーゼル規制は、貸し倒れのリスクにのみ焦点を当てていましたが、銀行の市場業務（ディーリング業務やデリバティブ業務など）の拡大を受けて、こうした業務から損失が発生するリスク、すなわち**市場リスク**もやがて対象となります。

２００４年には、合併などによる銀行の巨大化、業務の多様化や国際化などを背景に規制がより精緻化され、大幅な改定が行なわれました。これをバーゼルⅡと呼んでいます

しかし、このバーゼルⅡはその後のリーマン・ショックによる金融危機を未然に防ぐことができませんでした。その反省から、バーゼル規制は一層の強化が図られています。

この再改定版は２０１０年に公表され、**バーゼルⅢ**と呼ばれています。バーゼルⅢは２０１３年から段階的な適用が始まっており、２０１９年には完全適用となる予定です。

SECTION
6-8 自己資本比率規制
損失に対するバッファーを十分に用意させるための規制

●自己資本比率の計算式

バーゼル規制の基本的な考え方は、これまでも触れてきましたが、損失が発生する可能性、つまりリスクに対して自己資本を十分な水準に維持するというものです。

図表にその計算式を示しています。

分子の自己資本は、損失が発生したときにバッファーとなりうるものを足し上げたものです。ここでいう自己資本とは、一般的な（狭義の）自己資本だけでなく、損失を吸収できるとみなされるものを一定のルールで加算したものとなっています。たとえば、1－7で触れた劣後債による資金調達は、一定の部分が自己資本に算入されます。

分母のリスク・アセットは、損失リスクのある資産の額を意味します。これを計算するには計算ルールがいろいろとあるのですが、これは被る恐れのある損失額そのものをあらわすものではなく、このリスク・アセットの一定部分が実際の損失になる可能性があるということをあらわしています。

各リスクのうち、信用リスクは、貸出先やデリバティブなどの取引相手が債務不履行に陥ったときに被る損失のリスクをあらわし、市場リスクは市場業務で発生する損失リスクをあらわします。**オペレーショナルリスク**は、バーゼルⅡから登場した概念で、事務ミスやシステム障害など、業務遂行上のトラブルに

●バーゼル規制の概要（バーゼルII）

バーゼル規制の3つの柱

第1の柱：最低所要自己資本比率

被りうる損失額に対して十分な自己資本を積むことで、銀行の経営の健全性を確保する。（計算式は下記参照）

第2の柱：金融機関の自己管理と監督上の検証

第一の柱だけでなく、より実態に即した銀行の自己管理を促し、その状況を当局がモニタリングする。

第3の柱：市場規律の活用

情報開示の充実を通じて市場のチェック機能を高める。

自己資本比率規制

$$\text{自己資本比率}=\frac{\text{自己資本（基本的項目＋補完的項目－控除項目）}}{\text{リスクアセット（信用リスク＋市場リスク＋オペレーショナルリスク）}}\geqq 8\%$$

基本的項目（Tier 1）　普通株式、優先株式、内部留保等
補完的項目（Tier 2）　有価証券や不動産の含み益の一部、劣後借入等
（ただし、Tier 1≧Tier 2）
控除項目　銀行間の持ち合い株など

KEY WORD

自己資本比率規制：バーゼル規制における自己資本比率規制は銀行に課せられるものだが、証券会社についても準用されている。保険会社に関してはリスクに対する支払い余力を示すソルベンシーマージン比率による規制が行なわれている。

より発生する損失のリスクをあらわします。

先に述べた自己資本額を、これらのリスク・アセットの合計額で割ったものが自己資本比率です。

◎バーゼルIIの概要

バーゼルIIでは、おもに各国の国内だけで業務を行なう銀行は4%以上、国際的に業務を展開する銀行は8%以上の水準が求められ、それを割り込んだ場合は、業務改善計画の作成を義務づけたり、当局から業務改善命令を下したりするなどの是正措置がとられます。

自己資本比率規制は、段階的につぎはぎでつくられているので、一見するととてもわかりにくいつくりになっていますが、考え方はとてもシンプルで、「リスク・アセットの8%を超える損失が発生することはまずないので、それをカバーする自己資本を持っていればまず大丈夫だろう」というような発想に基づいています。

しかし、リーマン・ショックでは、このバーゼルIIが不十分であることが明らかになってしまいました。そこで登場したバーゼルIIIでは、この自己資本比率規制をさらに強化することになっています（8—8参照）。

ただし、このようなバーゼル規制の考え方や方向性には批判もあります。まず、そもそもバーゼル規制を強めるだけで本当に金融危機が防げるのかという疑念があります。

また、高い自己資本比率を求めれば求めるほど、銀行はリスクをとることを厭い、貸出に慎重になっていきます。そうなると、リスクは高いが成長性のある企業への貸出が行なわれなくなり、成長企業への資金の供給という銀行本来の役割が失われる恐れがあります。

結局、何が適切な規制なのかについて正解はなく、手探りで進んでいかなければならないというのが偽らざる現実だと思います。

COLUMN

グリーンスパン、マエストロから戦犯に

1987年から2006年まで19年にわたってFRB議長に君臨したアラン・グリーンスパンは、在任中の米経済繁栄の立役者としてありとあらゆる称賛を浴び、まさに「米国大統領に次ぐ権力者」として世界中の市場関係者から一挙手一投足を注視されました。彼は卓越した経済分析力を持つエコノミストであり、市場を熟知した人物でもありました。

グリーンスパンの金融政策は、景気や物価の動向を先読みして動く予防的（プリエンティティティブ）な政策として知られています。それまでの金融政策は、経済指標によって実体経済の状態が明らかになってから動くことが多く、ときに景気や物価の動向に対して後手に回ることもありました。それに対して、予防的な政策によって景気変動を抑え、安定的な経済成長を目指したのです。

グリーンスパン流のもうひとつの特徴は、市場との対話を通じてFRBの政策意図を浸透させ、市場にショックを与えることなく経済を調整していくというやり方です。これは見事に功を奏し、グリーンスパン時代には金融市場の急変動によって景気が過度に振れるという事態が防がれたのです。

しかし、退任後にサブプライムローン問題が起きると、バブルになる前に適切に処置をしなかったとして、厳しい批判を受けるようになります。グリーンスパンは、できるだけ市場に任せるべきという考え方を強く持った人物であり、それが市場の行き過ぎを招く結果になったとされたのです。

また、その政策は市場に優しすぎたという指摘もあります。グリーンスパンのおかげで相場の暴落や危機が未然に防がれるようになると、投資家はグリーンスパンがいる限り相場は大きく下がらないと考えるようになります。これを、相場が下がったときの保険に使われるプット・オプションにちなんで「グリーンスパン・プット」と人々は呼んでいました。この安心感がバブルを助長したというのです。

何とも皮肉な話ですが、危機を防ぐことが新たな危機の種をまくというのが、金融市場のやっかいな本質なのかもしれません。

BEST INTRODUCTION TO ECONOMY

7章 金融＋テクノロジー＝「金融技術」は日進月歩

SECTION

7-1 デリバティブとはなにか

様々な資産の価格変動部分だけを取り出して取引する金融取引の総称

●価格変動だけを取引する

デリバティブとは、株や債券・金利、通貨、商品（コモディティ）など、様々な資産の価格変動部分だけを取り出して取引する金融取引の総称です。日本語では、派生商品または派生商品取引といいます。元の資産（原資産）から派生したものという意味です。

様々な資産といいましたが、実際には、天候やインフレ率など、統計的に処理できて、市場が成り立つものなら何でもその対象とすることが可能です。

具体的にイメージがつかめるように、デリバティブの代表例のひとつである**先物**を例にとって説明しましょう。

先物には、債券や短期金利、通貨、商品などの先物がありますが、ここでは株価指数先物を例にとります。ちなみに、先物は取引所に上場されているデリバティブです。

日本では、すでに触れましたが日経２２５という株価指数があります。この株価指数は計算上の数値なので、これに投資するのと同じ効果を得るためには日経２２５を構成する株をすべて購入する必要があります。それには、資金も手間暇もかかります。

また、日経２２５が下がるとみて、その値下がりから利益を得たいと思った場合はどうすればいいでしょうか。理屈のうえでは、日経２２５を構成するすべての株を誰かから借

先物取引の特徴

通常の取引

買いの場合

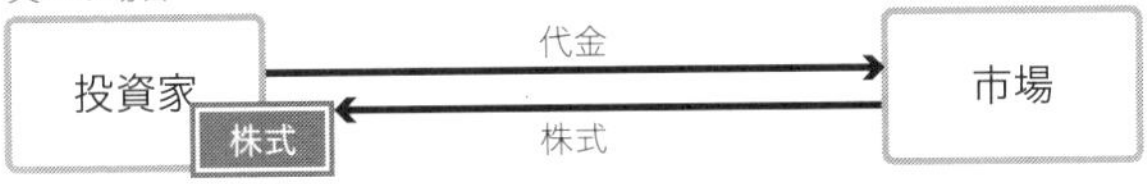

投資家は、代金を支払って株式を購入する。

売りの場合

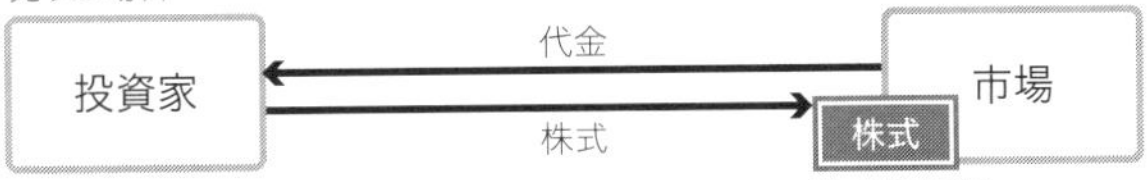

投資家は、保有している（または借り入れている）株式を売却し、
代金を受け取る。

先物取引の場合

買いの場合

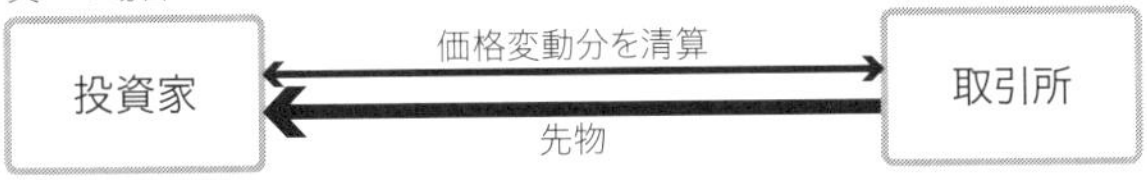

投資家は、代金を支払うことなく先物を購入し、
値上がり益または値下がり損だけを清算する。

売りの場合

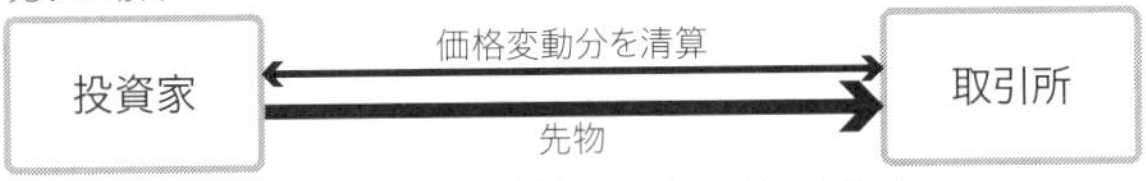

投資家は、株式を引き渡すことなく先物を売却し、
値下がり益または値上がり損だけを清算する。

先物取引をするときに必要な資金は証拠金のみ

↓

証拠金率が5%なら、資金の20倍（=1／0.05）まで取引ができる。

→レバレッジ効果

りて空売りすればよいのですが、現実にはそれは困難です。

そこで、株価指数先物が登場します。

株価指数先物は、受渡日（取引にともなう資金決済や株などの引渡しを行なう日）を少し先の日付に設定しておき、資金決済や株の受渡しをすぐにする必要がない状態で売買をする取引です。受渡日が先の日付だから先物というわけです。

そして、受渡日が来る前に、買っている場合は売却し、売っている場合は買い戻せば、結局、取引の受渡しをしないままに取引を終えることができます。

もちろん、その間に先物の価格は変動しています。たとえば、日経２２５の先物を買って、それが値上がりしたときに売り払えば、その値上がりした分だけは受け取ることができます。逆に値下がりしたところで売れば、その差額分を支払わなければなりません。これを差金決済と呼んでいます。

これが、冒頭に述べた、価格変動だけを取り出して取引するということです。

実際には取引を行なうに際しては証拠金というものを取引所（もしくは取引所へ取次ぎをする金融業者）に拠出する必要があります。

ただし、これは株を売買するときの取引代金に比べると少額で、少ない元手で大きな金額を取引することが可能です。これもデリバティブの特色のひとつなのですが、レバレッジをかけることが容易にできるのです。

また、株の値下がりから儲けるには、先ほども述べたように、誰かから株を借りてきて売る必要があります。しかし、先物では自由に売ることが可能で、簡単に値下がりから利益を上げることができます。この売りも買いも自由にできるという点もデリバティブの重要な特色のひとつです。

SECTION 7-2

様々なデリバティブ

オプションの基本はコール・オプションとプット・オプション

先渡取引とオプション取引

デリバティブには、すでに説明したとおり、取引所に上場されている上場デリバティブと、個別に取引相手を探して相対で取引する形態の店頭（ＯＴＣ）デリバティブがあります。

前項で説明した先物は上場デリバティブの代表格ですが、デリバティブ取引の大部分を占める店頭デリバティブにも先物とよく似た先日付で受渡しをする取引があり、これを**先渡取引**（フォワード）と呼びます。

先渡取引では、債券や株式などの取引もありますが、とくに活発に取引されているのが、先渡外国為替（1―11参照）と金利先渡取引（ＦＲＡ）です。このうちＦＲＡは、将来の短期金利を現時点で確定させるための取引です。

オプション取引は、先物と対になる形で株価指数オプションとか債券先物オプションが上場されていますが、店頭取引でも活発に取引されています。これらは、上場オプションに対して店頭オプションと呼ばれます。

オプションには、いろいろなタイプのものがあるのですが、基本形としてはコール・オプションとプット・オプションがあります。

コールは、ある証券を一定の価格で「買う権利」を売買するものです。一定の価格を１００円として、実際にその証券の価格が１１０円になったとしたら、権利を行使することで時価１１０円のものを１００円で購入でき

●デリバティブの分類

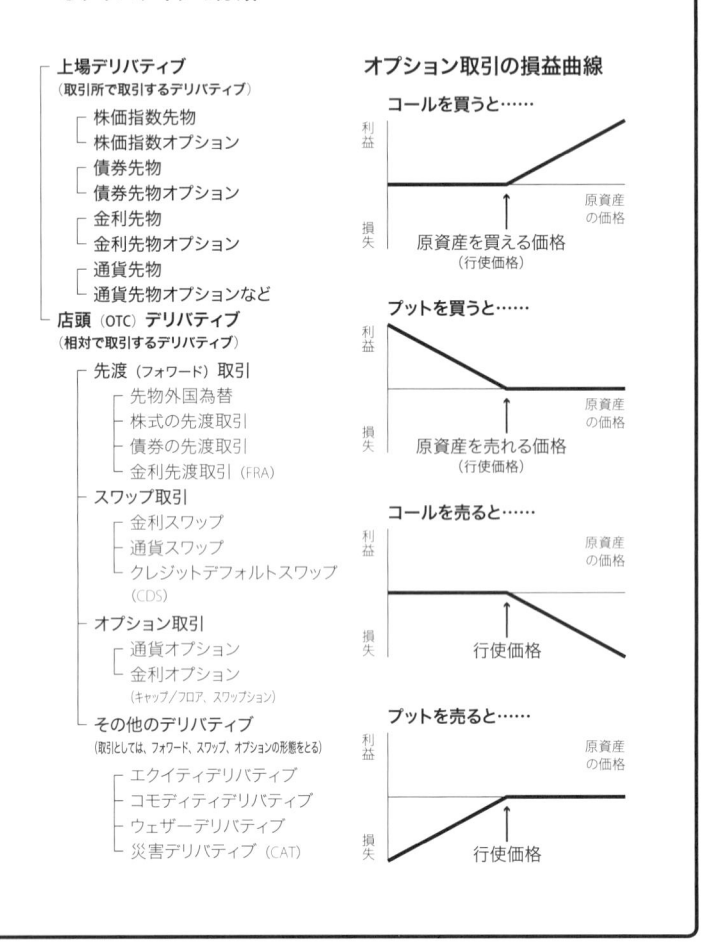

- **上場デリバティブ**
  （取引所で取引するデリバティブ）
  - 株価指数先物
  - 株価指数オプション
  - 債券先物
  - 債券先物オプション
  - 金利先物
  - 金利先物オプション
  - 通貨先物
  - 通貨先物オプションなど
- **店頭（OTC）デリバティブ**
  （相対で取引するデリバティブ）
  - 先渡（フォワード）取引
    - 先物外国為替
    - 株式の先渡取引
    - 債券の先渡取引
    - 金利先渡取引（FRA）
  - スワップ取引
    - 金利スワップ
    - 通貨スワップ
    - クレジットデフォルトスワップ（CDS）
  - オプション取引
    - 通貨オプション
    - 金利オプション
      （キャップ/フロア、スワップション）
  - その他のデリバティブ
    （取引としては、フォワード、スワップ、オプションの形態をとる）
    - エクイティデリバティブ
    - コモディティデリバティブ
    - ウェザーデリバティブ
    - 災害デリバティブ（CAT）

オプション取引の損益曲線

コールを買うと……

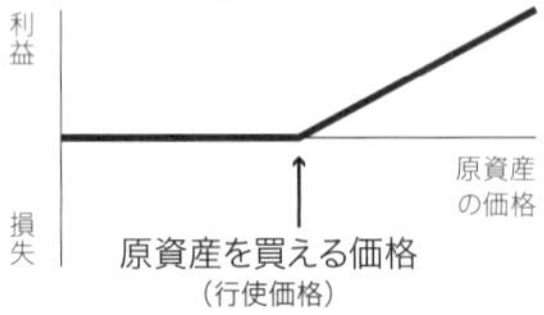

プットを買うと……

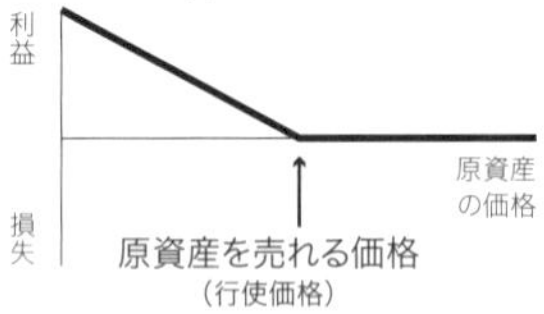

コールを売ると……

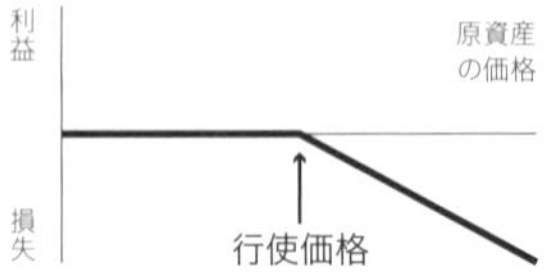

プットを売ると……

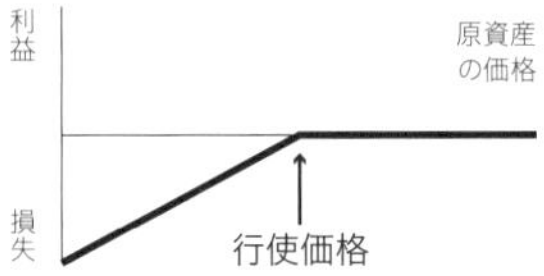

るので10円分が利益になります。

もしその証券の価格が100円を下回っていれば、買う権利を放棄しておしまいです。値下がりしても損をせず、値上がり益だけを得られる夢のような取引なのです。

逆にこの権利を売っている人にとっては、いまの説明とは逆のことが起きますので、一方的に不利な契約となります。

この有利不利を調整するために、オプションの買い手は、売り手に対してプレミアムという対価を支払うことになります。これで初めて買い手と売り手が対等となり、取引が成立するわけです。

コールに対してプットは、ある証券を一定の価格で「売る権利」のことです。

●スワップ取引

スワップ取引はデリバティブの王者ともいえる存在です。これは、異なる2つのキャッシュフローを交換する取引の総称です。キャッシュフローというのは、お金を受け取ったり支払ったりする一連の流れのことです。
スワップには様々なものがありますが、主なものとしては、

●金利スワップ
同じ通貨で、異なる形態の金利（固定金利と変動金利など）を交換する取引

●通貨スワップ
異なる通貨のキャッシュフローを交換する取引

●クレジット・デフォルト・スワップ（CDS）
ある企業が破たんしたときに補償金を受け取る代わりに保険料のようなものを支払う、あるいはその逆の取引

などがあります。

SECTION 7-3

デリバティブの役割

デリバティブを組み合わせて必要な「損益のパターン」をつくる

●自由な投資戦略とリスクヘッジ

前項でオプションやスワップの概要をざっと見ましたが、なぜこのような取引が行なわれるのか疑問に感じた人も多いでしょう。

限られた紙幅でこのあたりを詳しく解説することはできませんが、簡単にいえば、これらのデリバティブを組み合わせたり、加工したりすることで、それぞれの企業や銀行、あるいは投資家が求めている損益のパターンを実現できるということです。

たとえば、普通の株や債券を保有している場合、価格が動かなければ収益を得られません。また、価格が大きく動いたとき、それが上昇であれば利益を得ますが、下落であれば損失を被ります。

しかし、デリバティブを使えば、相場が動かないときに利益を上げたり、上下どちらかに関わらずただ大きく値動きすれば利益を得られたりするというような自由な投資戦略をとることができるのです。

このデリバティブの特色は、リスクヘッジにも大きな効果を発揮します。企業や銀行が抱える様々なリスクを、デリバティブを使うことによってヘッジしたり、コントロールが可能な別のリスクに変換したりすることができます。

●銀行ALMと金利スワップ

●デリバティブの利用法

デリバティブを使用するメリット

企業	• 財務リスク、市況リスクをヘッジし、本業に専念できる
投資家	• 多様な投資戦略を自由にとることができる • 機動的なリスクヘッジが可能 • 少額で大きなリスクをとることが可能（レバレッジ効果）
金融機関	• 機動的な資産負債総合管理（ALM）が可能

銀行ALMの事例

短期調達＋長期貸出だと……

3M-LIBORが上昇して2%を超えると、この貸出は逆ザヤになってしまう
→ **金利上昇リスク**

そこで金利スワップを利用すると……

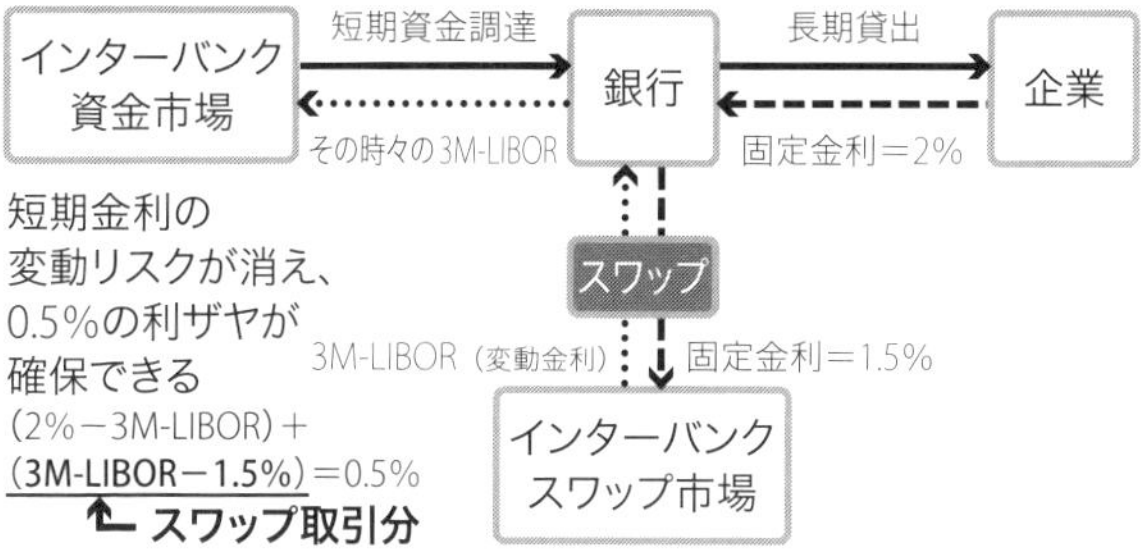

※ALMは資産と負債をトータルで管理する手法だが、ここでは単純化のため個別取引のリスクをヘッジする事例を取り上げた

ここで、スワップを利用する代表的なケースを紹介しましょう。

ある銀行が短期資金市場で資金を調達し、それを企業に長期間貸し付けをするケースを想定します（図表参照）。

企業への貸出金利は5年間固定とし、資金調達のほうは3か月ごとにそのときのＬＩＢＯＲで調達を繰り返すこととします。

調達側は変動金利、貸出側は固定金利の状態になっているといえます。もし、市場金利が上昇しても、貸出側はすでに決められた金利で固定されていますので、受け取る金利に変化はありません。

一方で、調達側は、3か月ごとに借り換えるときのＬＩＢＯＲが順次適用されていきますので、市場金利が上昇すると調達コストは次第に上昇していくことになります。

つまり、こうした短期調達・長期運用というケースだと、市場金利の上昇によって「貸出金利－調達金利」（＝利ザヤ）が減少し、ついにはマイナス（これを逆ザヤという）になってしまう恐れがあります。

この金利上昇リスクをヘッジするためには、3か月ごとにその時々のＬＩＢＯＲを受け取って、あらかじめ決められた固定金利を支払うという期間5年の金利スワップを取引すればいいのです。そうすれば、図表にあるように、市場金利の変動にかかわりなく0・5％の利ザヤを確実に得ることできます。

このケースは単純化したものですが、銀行では一般に、こうした調達サイドの金利と、貸出サイドの金利が様々に組み合わさっていて、複雑な金利リスクを負う形になっているのが普通です。こうした調達－貸出構造に備わっている金利リスクを管理することをＡＬＭ（資産負債総合管理）といいますが、金利スワップはこの銀行ＡＬＭに欠かせない取引なのです。

SECTION

7-4 クレジット・デリバティブ

企業や国の破たんリスクを対象としたデリバティブ

●クレジット・デフォルト・スワップ

クレジット・デリバティブは、企業や国の破たんリスクを対象としたデリバティブです。代表的なものにクレジット・デフォルト・スワップ（CDS）があります。

CDSは、あらかじめ特定しておいた第三者（これを参照先という）が破たんをした場合に、CDSの売り手が買い手に対して損失を補償する金額を支払うしくみです。

CDSの買い手は、契約期間が5年なら5年間、定期的にプレミアムと呼ばれる料率を相手方に支払います。その契約期間中に、参照先が倒産したり、債務不履行に陥ったりした場合には、そのプレミアムの支払いは中止され、売り手側から補償金を受け取ります。

補償金の算出にはいくつかの方法がありますが、契約金額が100億円なら、参照先が発行する債券を100億円保有していたときに被る損失額の補てんを受けるというのが基本的な考え方です。

買い手にとっては、保険料を支払って、参照先が破たんしたときの損失に対する保険をかけているイメージです。

売り手にとっては、参照先が破たんすると補償金を支払わなければなりませんが、破たんが起きなければプレミアムをそっくり受け取っておしまいです。これは、経済的には参照先が発行する債券を保有しているのと同じ

●クレジット・デリバティブ

貸出や社債投資のリスク

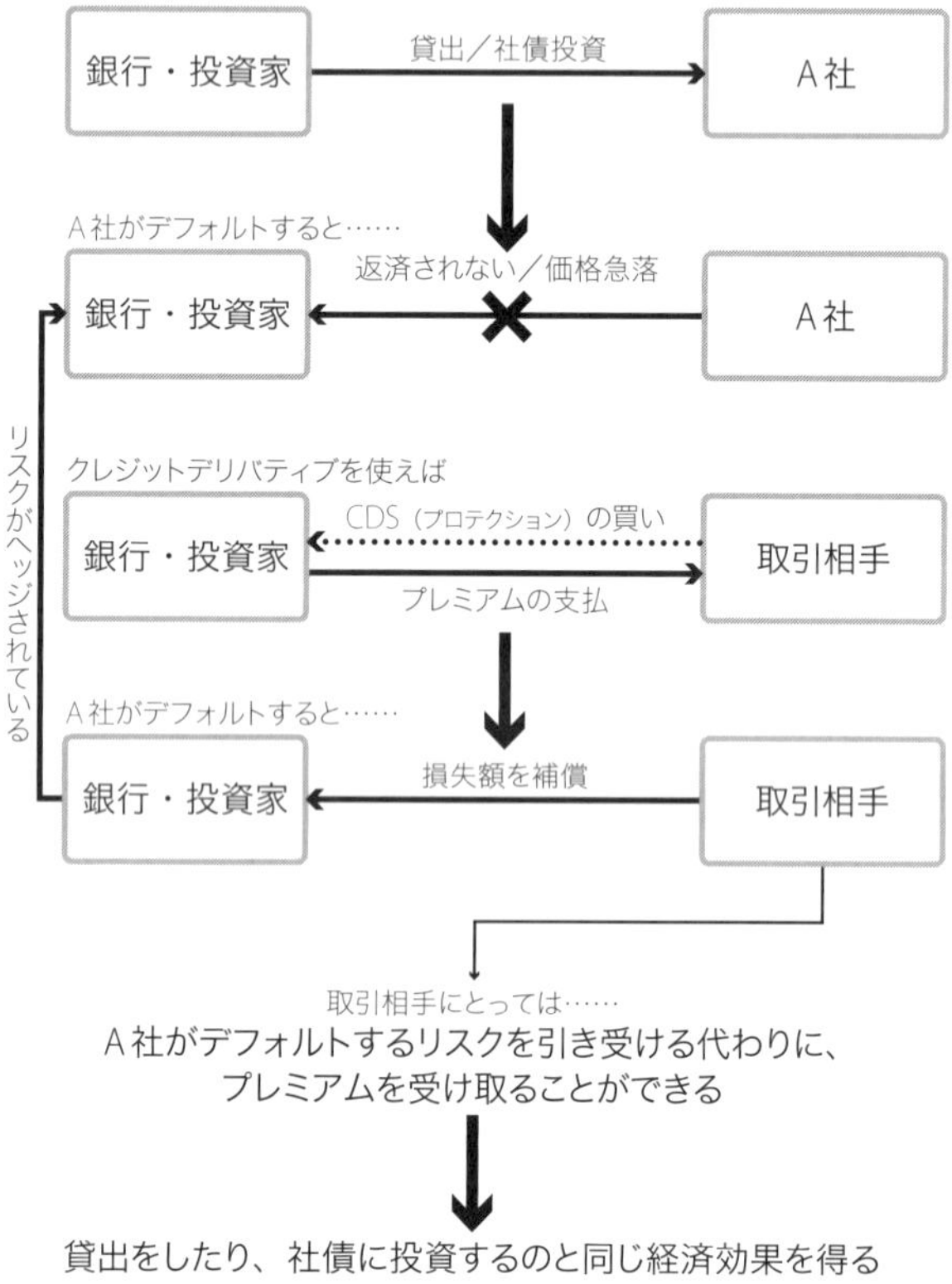

効果を持ちます。

つまり、CDSは社債や国債などの債券のうち、発行体の破たんリスクだけを取り出したデリバティブ取引といえます。

リスクヘッジと投機

CDSは、リスクヘッジにも使え投機にも使えるというデリバティブの特徴を最も端的に象徴する取引です。

特定の企業に多額の貸出債権を抱えている銀行や、債券を多額に保有する投資家にとって、CDSは的確なリスクヘッジを行なったり、適切なポートフォリオの構築を行なったりするのに欠かすことのできない存在です。

一方で、このCDSは買い手と売り手のあいだの契約ですから、参照先にとっては自分の知らないところで自分の破たんリスクが取引されているということになります。

たとえば名前を聞いたこともないヘッジファンドがある日突然、自社のCDSを大量に購入しているというケースが起きます。もちろん、そのヘッジファンドは参照先の経営状態に疑念を抱いてCDSを購入するのでしょうから、それはリスクを的確に評価するという健全な市場活動とみることもできます。

ただし、CDSのプレミアム料率は、参照先の健全性を示す指標とされています。ヘッジファンドの大量購入によってプレミアム料率が跳ね上がると、「参照先の企業（または国）の信用力が悪化しているのではないか」という見方が市場に広がり、それが実際に参照先の経営状況を悪化させる恐れがあります。

2010年に起きた欧州ソブリン危機でも同様の非難が欧州各国から浴びせられました。CDSは財政状況の悪化を知らせる早期警戒警報の役割を果たすと同時に、危機を加速するという性質も持っているのです。

SECTION 7-5

デリバティブが拓いた金融技術革命

「現在価値」という統一的な尺度で計測できればすべてが交換可能に

●現在価値革命

デリバティブは、高度な金融数学に支えられています。デリバティブに使われる金融数学は、**金融工学**ともいわれ、リスク管理などでも不可欠なものとなっています。

その金融工学の中でも重要な概念が**現在価値**です。

現在価値については、株の「ディスカウント・キャッシュフロー（4―2）」のところですでに説明していますが、将来のお金の流れ（キャッシュフロー）をいま現在の価値に置き換えたものです。繰り返しになりますが、いま現在の１００円を国債などで安全に運用して１年後に１０１円になるとすれば、１年後のキャッシュフローは１００／１０１をかけることで現在価値に置き換えることができます。

これを「現在価値に割り引く」といい、この例での１００／１０１のことをディスカウント・ファクターと呼びます。

このようにして、将来のキャッシュフローの価値を現在価値という統一的な尺度で計測できるようになると、現在価値が等しいものはすべて交換ができるということになります。この考え方が様々なスワップ取引を成立させる基本概念です。

すでに述べたとおり、オプションの買い手と売り手ははっきりと有利不利が分かれていて、お互いの将来のキャッシュフローの価値

デリバティブ理論の基礎

現在価値とは何か

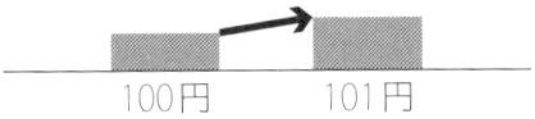

価格変動リスクやデフォルトリスクのない運用手段で運用したときに100円→101円になるとしたら……

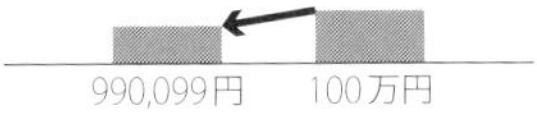

1年後の100万円は現在の価値に直して990,099円となる
＝100万円×100／101

現在価値＝将来キャッシュフロー ×ディスカウントファクター
（ディスカウントファクターは、キャッシュフローの期日ごとに計算される）

オプション価格の考え方

A社株を1,000円で買える権利（コール）の価値は……
まず、A社株の将来の価格を考える

現在
1,000円

	将来の株価	実現確率
ⓐ	1,100円	10%
ⓑ	1,050円	20%
ⓒ	1,000円	40%
ⓓ	950円	20%
ⓔ	900円	10%

ケースⓐ　1,100円のものを1,000円で買えるので1,100－1,000＝100円の利益
ケースⓑ　1,050円のものを1,000円で買えるので1,050－1,000＝50円の利益
ケースⓒ～ⓓ　利益が出ないので権利を放棄＝0円の利益

期待値＝ⓐ100円×10%＋ⓑ50円×20%＝**20円**

これがオプションの価値
（厳密にはこれを現在価値に直す）

将来価格の確率分布を推定できれば、その期待値によりオプション価値を計算できる

KEY WORD

金融工学：英語ではFinancial Engineering。高度な数学を使って構築された金融理論の体系をいう。金融商品の理論価格やリスク量を算出することができる。

は一致しません。その一致しない分をプレミアムとして調整することで、初めて売り手と買い手が対等の立場で取引できるようになります。ここでも、現在価値の等価交換法則が貫かれているわけです。

　現在価値という考え方は、このようにデリバティブを成立させるうえでなくてはならない革命的なアイデアだったのです。

すべてが交換できる

　金融工学においてもうひとつ重要な概念が、オプションの理論です。

　オプション理論の内容を説明するのは本書の範疇ではありませんが、簡単にいうと、確率理論の考え方を使って、将来の不確かなキャッシュフローの価値を見積もるというのが基本的なアイデアです（図表参照）。

　オプション理論によって、コールやプット、あるいはそれを様々に変形した複雑な商品の価値を測ることができるようになります。

　現在価値の考え方とオプション理論を組み合わせれば、様々なオプション付きのキャッシュフローの価値を測ることができ、そして価値を測ることができるものはどんなものでも交換ができるようになります。

　こうしてデリバティブは、利用者が望むとおりにキャッシュフローの形を変え、そこに含まれているリスクをヘッジしたり、もっと望ましい形の別のリスクに変換したりできるツールとして大いに発展していきます。

　このようにして金融工学は、金融技術革命と呼ばれる技術革新をもたらしました。その一方で、金融工学は複雑で簡単に理解できない商品も多く生み出してきました。それは、リスクを自由に加工したり変換できたりというデリバティブ最大の特徴の裏返しでもあるのです。

SECTION
7-6 巨大市場の悩み
連鎖破たんを防ぐための取り組みが重要

デリバティブにまつわる問題

デリバティブの市場規模は、まさに天文学的です。

この巨大な市場規模は、デリバティブが現代金融になくてはならない存在となっていることを意味しています。

デリバティブには様々な批判があります。自由に商品を設計できるというデリバティブの特性が悪用され、投資家や顧客にリスクがわからないように複雑な商品設計が施されるようなケースは後を絶ちません。

また、デリバティブはレバレッジ効果によって、わずかな自己資金で大きなリスクをとることを可能とします。このレバレッジ機能を使いすぎてしまうと、負いきれないほどの大きなリスクを負うことにつながります。「デリバティブ取引による巨額損失」という事態は度々起きますが、そのほとんどはこのレバレッジ機能を使いすぎた結果です。

このような不適切なデリバティブの利用をいかに防ぐかは、現代金融の大きな課題のひとつです。

しかし、だからといって、望ましい形にリスクをコントロールするというデリバティブ本来の機能は決して否定されるものではありません。そのような機能をうまく活かしつつ、不適切な悪用・誤用を防ぐためには、幅広い金融リテラシー（読解力）が不可欠です。

●デリバティブ市場に内在するリスク

デリバティブ市場の構図

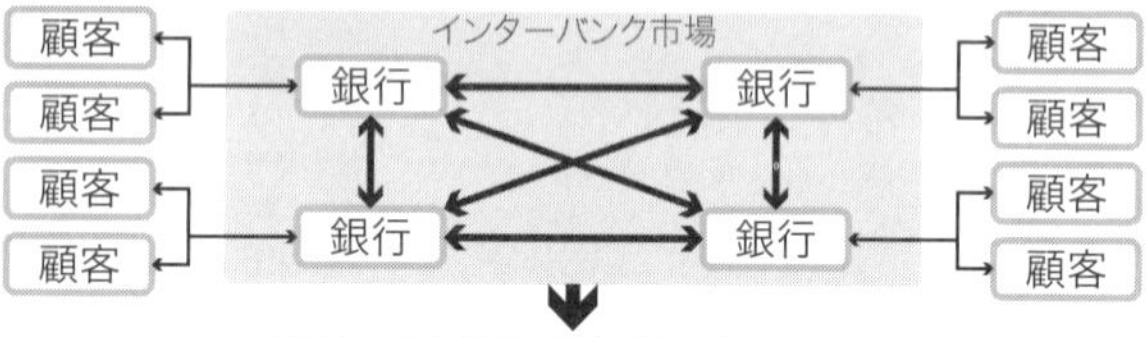

この中からA銀行を取り出してみると……

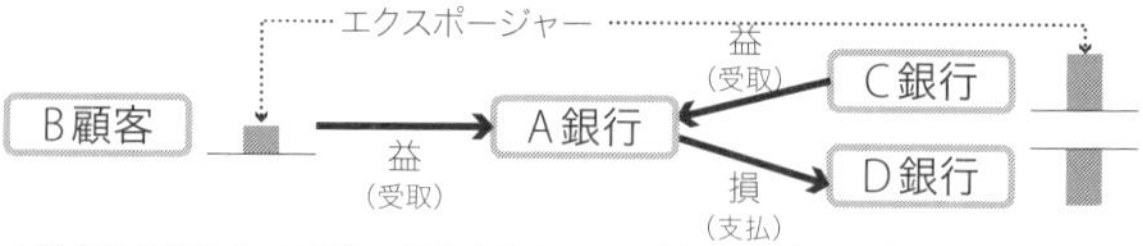

A銀行はD銀行との取引で損失を抱えているが、B顧客、C銀行との取引で利益を得て、それらが相殺し合っている。

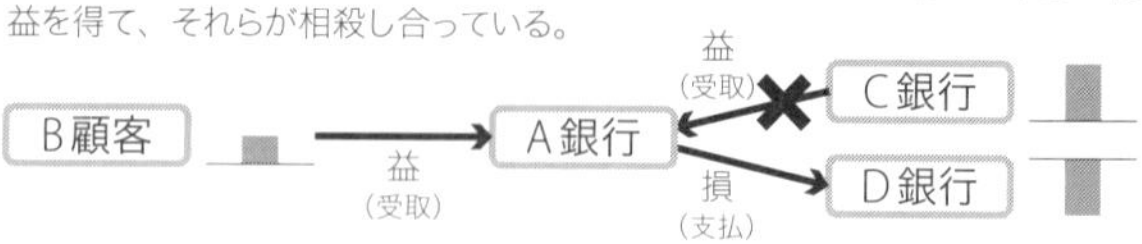

ここでC銀行が破たんすると、A銀行はD銀行との取引で抱えている損失を相殺することができなくなり、巨額損失を被る。ここでA銀行が破たんしてしまうと、D銀行への支払いができなくなる。

インターバンク市場でこのような巨額の債権債務関係が存在する場合、C銀行の破たんがA銀行⇒D銀行⇒E銀行と連鎖していく危険がある。

KEY WORD

カウンターパーティーリスク：信用リスクのひとつ。カウンターパーティーは取引相手のこと。デリバティブでは相場変動によってエクスポージャーが大きく変動するという特徴がある。

エクスポージャー：リスクにさらされる金額を意味するので、他にも為替エクスポージャー、金利エクスポ--ジャーなど様々な使い方をされる。

◎複雑な相互関係

デリバティブには、ここまで巨大な市場になったがゆえの大きな悩みがもうひとつあります。

デリバティブ取引のかなりの部分は、3—6でも触れましたが、グローバルに業務を行なう大手の金融機関に集中しています。彼らは、彼ら同士で様々なリスクを相互にやり取りし、巨額の取引によって結ばれる複雑な相互関係を形成しています。

この輪の中の1つの金融機関が破たんしたらいったい何が起きるでしょう。その金融機関を相手に様々なリスクヘッジをしていた他の金融機関は、そのリスクヘッジが一瞬に消えてしまうため、巨額の損失を被る可能性がでてきます。また、デリバティブ取引にともなう資金の受け取りがストップし、突如として資金不足に陥るかもしれません。このような取引相手の破たんリスクを**カウンターパーティーリスク**と呼び、取引相手から受け取れるはずの債権を**エクスポージャー**（リスクにさらされるものという意味）と呼びます。

このように1つの金融機関の破たんが別の金融機関の破たんを引き起こすという危険性が、デリバティブ市場ではとくに大きいのです。そして第二の破たんが第三、第四の破たんを引き起こし、国際的な金融システム崩壊の引き金を引くことになりかねません。

こうした事態を防ぐために、①デリバティブを取引する相手と相互に担保をやり取りすることでエクスポージャーを削減する、②デリバティブの資金決済を清算機関という第三者機関のもとで集中的に行なうようにして、資金決済リスクを減らす、などの取組みが行なわれています。しかし、それで万全というわけではなく、この問題は依然として国際金融の世界で大きな関心が寄せられるテーマとなっています。

SECTION 7-7

証券化とは何か

デリバティブと並ぶ金融技術革命のもうひとつの目玉

新たなファイナンスへの道

証券化は、デリバティブと並ぶ金融技術革命のもうひとつの目玉です。

証券化は、企業が有する資産を担保にし、その資産が生み出すキャッシュフローだけを返済原資とするノンリコース（非遡及）型のアセット・ファイナンスです。

企業は、この証券化の手法を取り入れることで、自社が保有する資産を活用する新たなファイナンスの手段を得ます。

また証券化は、その企業の信用力と切り離されて行なわれますので、コーポレート・ファイナンスによって企業そのものが資金調達をするよりも有利な条件で資金を調達することも可能です。

証券化は、投資家にとっても魅力的な投資手段を提供します。企業ではなく、その企業が持っている資産に直接投資することが可能になるからです。しかも、証券化は債券などの発行という形をとりますので、比較的少額からでも簡単に投資ができます。

たとえば、都心のオフィスビルに投資をしたいと考えている投資家にとっては、オフィスビルに直接投資するのは資金負担が重く、複数の物件に分散投資をするとなるとさらにハードルが上がります。

それでは、オフィスを保有する不動産会社の株を買うのはどうかというと、不動産会社

●証券化の分類と市場規模

原資産による分類

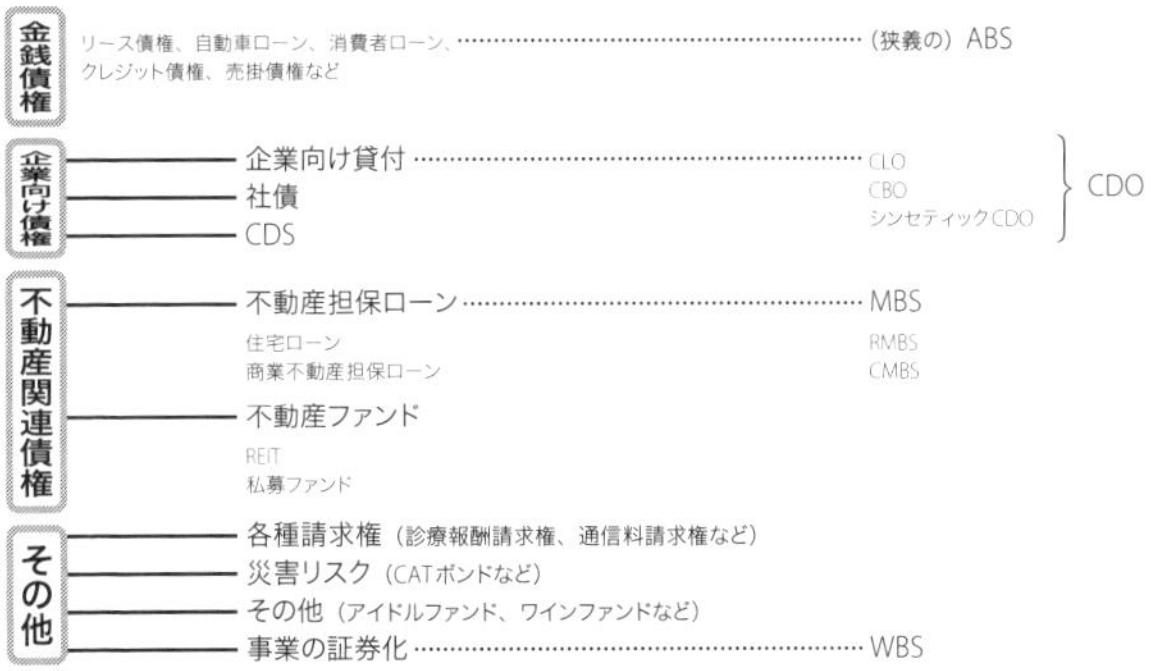

米国と日本の市場規模

米国ABS発行額の推移
（MBS、CDO除く。単位：100万ドル）

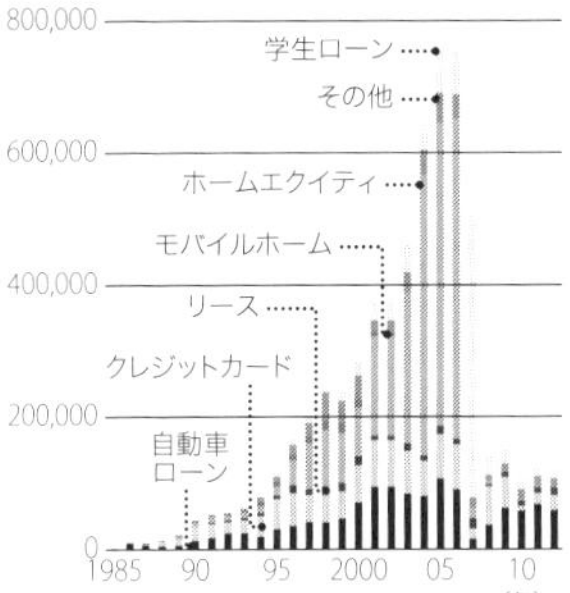

出所：Securities Industry and Financial Marrkets Association

日本ABS発行額の推移
（単位：億円）

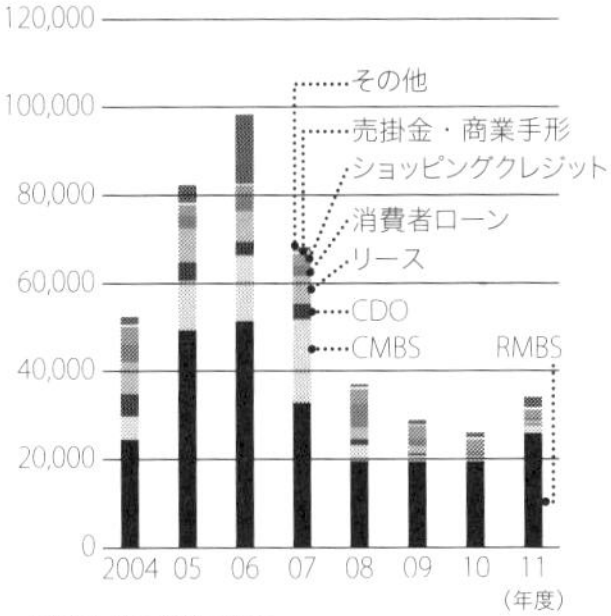

出所：全国銀行協会

の多くは様々な種類の不動産を保有しているので、それでは都心のオフィスビルに投資したいというニーズを直接的に満たすことができません。

しかし証券化商品に投資すれば、比較的少額から投資でき、分散投資も容易で、かつ都心オフィスビルに直接投資する効果を簡単に得ることができます。

●様々な証券化

証券化の対象となる資産として代表的なものには、賃貸不動産（商業用不動産）のほか、銀行ローンや住宅ローンなどの貸付債権、割賦販売債権、クレジットカード債権、オートローン債権、消費者ローン債権などの各種の金銭債権などがあります。

それ以外にも、将来のキャッシュフローの見積もりが合理的にできるものなら、基本的には証券化の対象とすることができます。

不良債権ですら証券化が可能です。不良債権というのは、元本や利息の回収が困難になっている債権ですが、通常、全額の回収は無理としても一部の回収は可能です。つまり、ある程度はキャッシュフローを生み出す資産なので、証券化が可能となるのです。

元の貸し手にとって不良債権は収益を生まない不稼働資産なので、いつまでも保有し続けているよりも、多少なりとも現金化して他の優良な貸出先に資金を振り向けるほうが有益です。

また、不良債権を減らすことで、財務上の不安定要素が減りますので、財務の健全性を取り戻すことにもつながります。証券化は、実質的に、対象となる資産を投資家に分割して売却することと同じですから、不要な資産を自社のバランスシートから切り離すことが可能になります。これを**オフバランス効果**と呼びます。

SECTION 7-8

証券化のしくみ

資産を元の保有者から切り離して取引することができる

SPCと倒産隔離

　通常、証券化では、証券化の目的のためだけにペーパーカンパニーが設立されます。このペーパーカンパニーのことを**SPC**（特別目的会社）といいます。会社以外のしくみが用いられることもあり、それらを総称する場合には、SPVとかSPEといいますが、いずれも基本的な役割は同じです。

　証券化の対象となる資産は、元の保有者からこのSPCに売却され、SPCがこの資産を裏付けに証券を発行します。

　このようなしくみをとるのは、資産を元の保有者から切り離すためです。元の保有者は、様々な資産を保有し、様々な事業も展開しているでしょうから、証券化の対象資産とは関係のないところで経営が悪化すれば、対象資産が他の債権者に差し押さえられたりして、影響を受けかねません。

　こうした影響を遮断するためにSPCが活用され、これに様々な法的な手当が施されていきます。これらの一連のしくみを**倒産隔離**と呼んでいます。

　この倒産隔離があるからこそ、投資家は安心して対象資産だけを見て投資をすることができるのです。

不良債権から高格付債券を発行する秘密

　証券化のしくみの中でもうひとつ重要な概

●証券家のしくみ

証券化のしくみ例

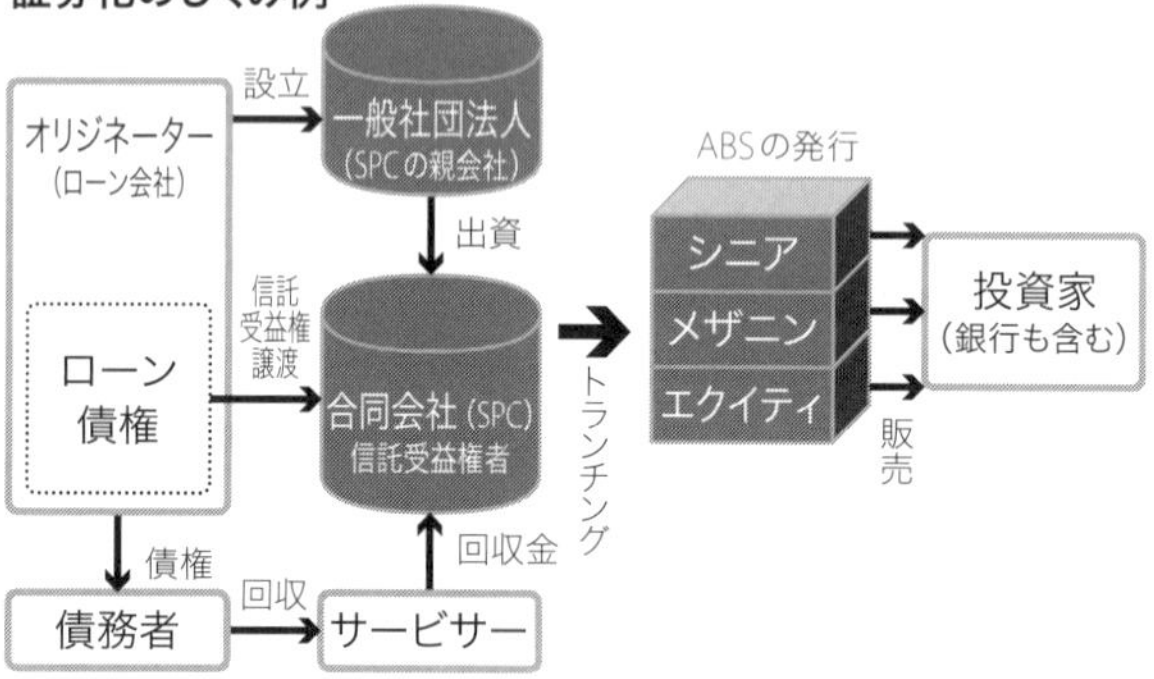

優先劣後構造

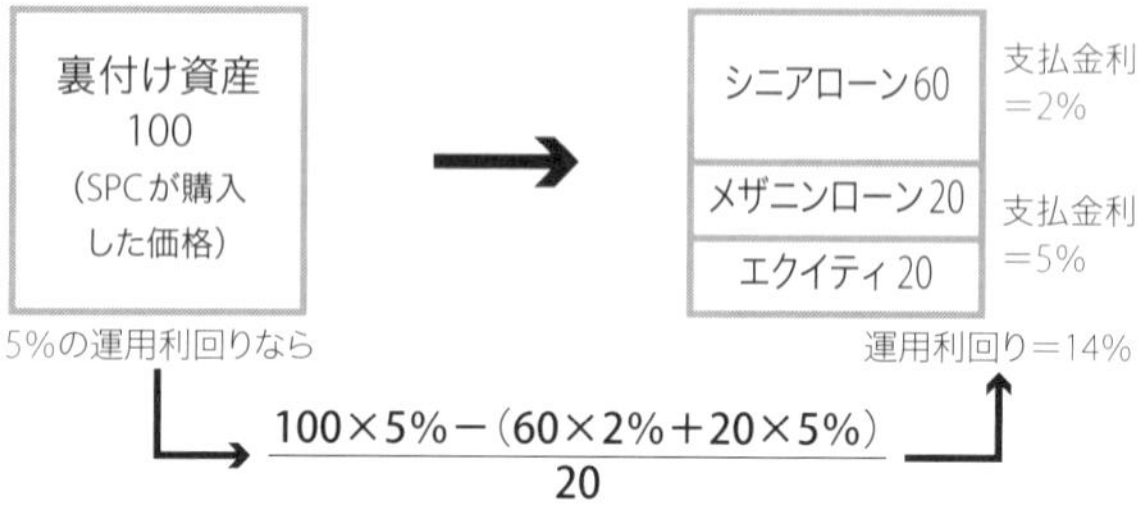

KEY WORD

優先劣後構造:優先劣後構造をつくることをトランチングといい、分解された各部分をトランチまたはトランシュという。

念が**優先劣後構造**というものです。ここでも不良債権を例にとって説明しましょう。

まず、不良債権をたくさん集めたポートフォリオを考えましょう。証券化ではこのような証券化対象資産の集合をプールと呼びます。

この不良債権プールは、(元の元本の合計を100億円として)ほぼ確実に回収できる金額が20億円、10億円が恐らくは回収でき、さらに10億円がもしかしたら回収できるかもしれないと見込まれているとします。

このプールから最優先で返済を行なう債券を20億円発行すれば、それはほぼ確実に返済される安全性の高い債券となります。

次の10億円部分は、回収の可能性が確実とは言い切れない部分です。ですから、これを見合いにして投資家に販売するときに、価格はたとえば7億円にして、リスクはあるけど利回りが高いという証券として発行します。

最後の10億円部分は非常にリスクが高いので、これを見合いとした債券は極めてリスクが高いものとなります。そこで、投資家に販売する価格はせいぜい1億円程度とします。しかし、回収がうまくいけば、この部分は非常に高いリターンを生むことになります。

この単純化された事例では、安全度の高い債券20億+ややリスクが高い債券7億+リスクが非常に高い債券1億=28億円を投資家に販売することになります。つまり、このプールをSPCが28億円で購入できれば証券化は成立するということになるのです。

これが優先劣後構造で、いちばん安全な部分をシニア債とよび、通常は高い信用格付が付されます。次がメザニンと呼ばれる部分で、最後はエクイティと呼ばれます。

このしくみにより、不良債権からでも高格付の債券を発行することができ、様々な投資家のニーズにあった債券の発行が可能になるのです。

SECTION
7-9 シャドーバンキング

「規制が及ばない金融機能」には恩恵と危険性が潜んでいる

●証券化が招いた金融危機

証券化は、世界を揺るがせた**サブプライムローン危機**の震源となりました。

サブプライムローンは、返済が不履行になるリスクがやや高い米国の住宅ローンです。低所得者や移民が住宅を保有できるようになる切り札として、政府のサポートを得て急速に発展してきました。

サブプライムローンは、リスクが高い代わりに金利も高く、証券化をすることで魅力的な投資商品をつくることができます。そして、ローン業者はどんどんサブプライムローンを貸し出しては証券化用資産として売却し、その証券化商品は世界中の投資家に次々と販売されていったのです。

ところが、その後不動産価格の上昇が止まるとサブプライムローンの延滞（利息や元本の返済が遅れること）率が急上昇し、証券化商品も一斉に値崩れしてしまいました。これがリーマン・ショックへと続く歴史的な金融危機へと発展していきます。

このような経緯に至った原因としては、①証券化用に売却することを前提として、ローン業者がリスクに見合わない貸出を増加させた、②莫大な手数料が稼げるために、金融機関が証券化を競い、適正にリスクを見積もることを怠った、③金融機関、格付会社、そして投資家も、サブプライムローンは歴史が浅

サブプライム危機の構図と推移

サブプライムローンバブルの発生

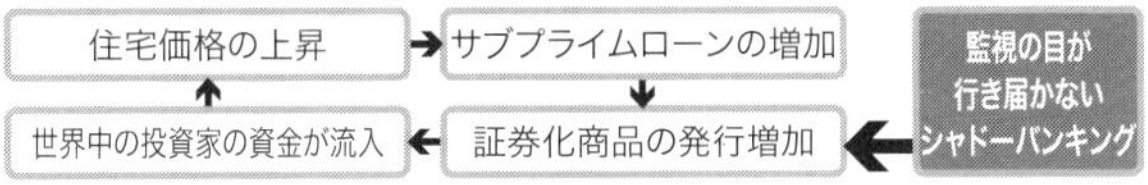

サブプライムローンバブルの崩壊

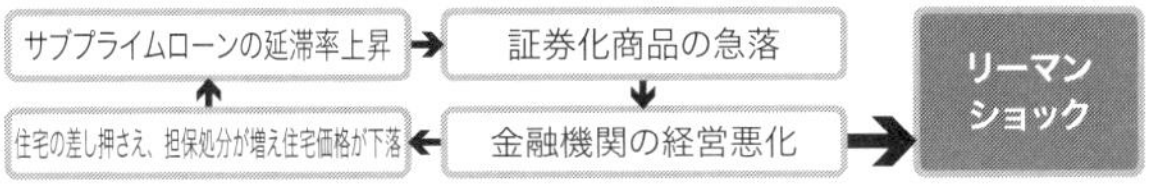

サブプライム危機の推移

2001～05年頃	住宅価格の上昇を背景に、サブプライム・ローンが急拡大。
2006～07年初	住宅価格の上昇率鈍化、サブプライム・ローン延滞率上昇。住宅ローン会社の経営難が表面化。
2007年3月	大手住宅ローン会社ニュー・センチュリーが経営破綻。
2007年6月	大手証券会社ベアスターンズ傘下のヘッジファンドが実質破綻。
2007年7月	格付会社が相次いでサブプライム・ローン証券化商品の格付を一斉に引き下げ。 独中堅銀IKB産業銀行がサブプライム・ローン関連で巨額損失を発表。
2007年8月	『パリバ・ショック』 仏大手銀BNPパリバが傘下のファンドを凍結。
2008年3月	ベアスターンズが実質破綻。JPモルガンに吸収合併される。 モノライン（金融保険会社）各社、ファニーメイ、フレディーマック、リーマン・ブラザーズなどの経営危機が表面化。
2008年9月	7日、ファニーメイ、フレディーマック政府管理下に。 15日、リーマン・ブラザーズ破綻。バンク・オブ・アメリカがメリルリンチの買収を発表。 16日、AIGに緊急融資、政府管理下に置かれる。 29日、米議会で金融安定化法否決。これを受けて、株式市場は史上最大の暴落。
2008年10月	3日、金融安定化法、修正可決。

いのに、その短期間のデータを鵜呑みにしてリスクを正しく見積もれなかった、などが考えられています。

監視の目が届かない

証券化は、投資家の資金を最終的な原資としてローンが行なわれるというように、銀行と似た機能を果たします。しかし、銀行には様々な規制がかかっており、情報の開示も義務付けられていますが、証券化でその役割を果たしているのはペーパーカンパニーであり、その実態は外部からはなかなか伺いえません。

このように銀行を介さずに、銀行類似の金融機能を果たすものを**シャドーバンキング**(影の銀行)といいます。

シャドーバンキングの拡大は、規制緩和による金融自由化の恩恵とも、金融技術革新による新しい金融サービスの登場とも位置付けられます。サブプライムローンの証券化が始まったときに、それが住宅保有の促進という国家的、社会的目的に貢献すると肯定的に評価されていたのもそのためです。

しかし、金融は一般の財サービスとは違い、行き過ぎが起きやすく、行き過ぎが起きたときのインパクトも巨大です。だから、民間会社であるはずの金融機関にもさまざまな規制がかけられています。ところがシャドーバンキングは、実態をつかむことが容易でなく、また規制をかけようにも捉えどころがありません。つまり、うまくいくかは運次第、行き過ぎが起きても是正することがむずかしいのです。

現在、シャドーバンキングの監督はいろいろと試みられていますが、この問題はイタチごっこのような部分があります。

ちなみに、中国では、理財商品というシャドーバンキングが急拡大しており、そのリスクに世界の注目が集まっています。

SECTION
7-10 リスク管理の重要性
リスク管理の巧拙はその金融機関に対する信用を左右する

最悪を想定し、破たんを回避する

リスク管理は、業務内容や財務内容に内在するリスクを測定し、たとえ最悪の事態が起きてもその企業が破たんしないようにリスクを制御することを目的として行なわれます。

とくに金融におけるリスク管理は、金融工学に支えられ、複雑なコンピュータシステムによって管理されます。

リスク管理は、金融機関経営の根幹をなすもののひとつです。リスク管理の巧拙は、その金融機関に対する信用を左右します。また、大手の金融機関であれば、リスク管理の失敗が金融システム全体に波及しかねません。

リスク管理は、あまりにガチガチに管理しすぎると、円滑な業務遂行の支障となり、リスクを恐れるあまり金融機関本来の機能を果たせなくしてしまう危険があります。

これは、リスク管理＝リスクの削減という誤解から生まれるものです。本来のリスク管理とは、リスクを適切な水準に管理することであって、リスクをただ抑えることと同義ではありません。

その一方で、業務推進に配慮しすぎると、リスク管理本来の意味を成しません。この点については、リスク管理を行なう部署は経営に直属し、営業部門や市場部門などの業務推進部署から独立した組織であることが必須の条件とされています。

リスク管理の基本概念と自己資本収益率の再定義

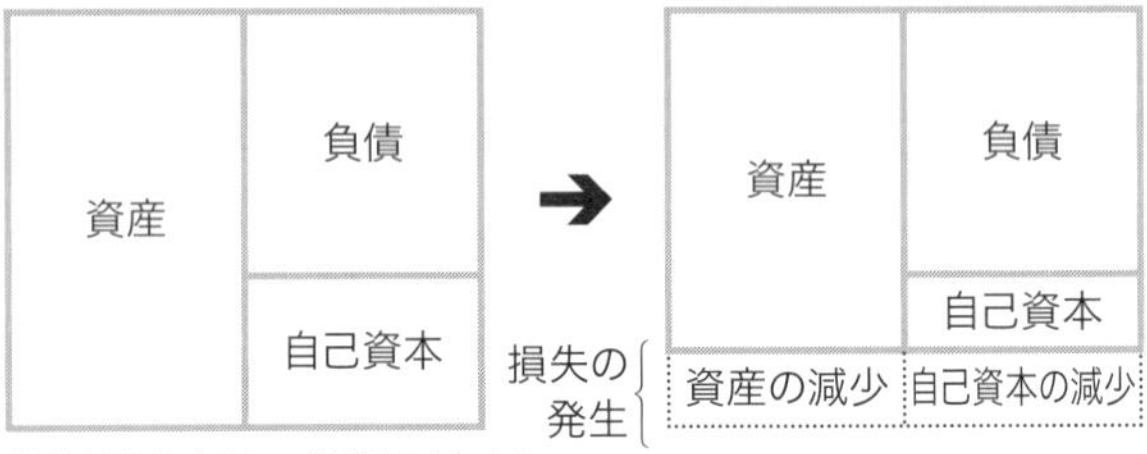

損失が発生すると、資産が減少する。
これが自己資本の範囲に留まれば破たんを回避できる。

リスク管理の基本概念

予想されうる損失額を上回る自己資本を備えておく。
または予想されうる損失額を自己資本の枠内に収まるように運営する。

リスク＝資本使用量

リスクをとることは、そこに自己資本が投下されていることと同じ。
事業の収益性は、リスク（＝必要自己資本）に対する比率で考えるべき。

$$\text{リスク調整後資本収益率} = \frac{\text{収益}}{\text{必要自己資本額}}$$

KEY WORD

資本収益率：リスクの大きさに応じて割り当てられる自己資本を、規制上の自己資本（レギュラトリー・キャピタル）に対し、エコノミック・キャピタルという。このエコノミック・キャピタルに対する収益率をリスク調整後資本収益率と呼ぶ。

規制＋内部管理

6―8で説明した自己資本比率規制は、国際的な共通ルールによる公式のリスク管理といえます。しかし、共通ルールであるがゆえに、各金融機関の実情に合わせてリスクを厳密に測定するという点では必ずしも十分ではありません。

そこでバーゼル規制では、規制上の数値をクリアするだけでなく、各金融機関が適切な内部管理体制を構築することを求めています。

内部管理とは、業務運営上の自主ルールのことです。次項で説明するＶａＲなどを用いてリスクをできるだけ正確に測定し、各部門がリスクをとりすぎていないか、あるいは業務範囲を逸脱していないかということを自ら監視するのです。

こうした精緻なリスク管理は、各業務の収益性の評価にも役立てることができます。

リスクは、損失の可能性を意味しますから、自己資本でカバーされていなければなりません。そして、リスクが表面化して実際に損失が発生したときには自己資本で穴埋めすることになります。つまり、リスクをとるということは、その分の自己資本を使っていることと同義なのです。

そこで、各業務のリスクの大きさに応じて仮想的に自己資本を割り当て、その割り当てられた資本に対してどれだけの収益を上げたかを測定します。これで業務ごとの**資本収益率**を測定することができます。各業務は、割り当てられた自己資本の資本コストを上回る利益率を達成することが求められます。

この考え方に基づくと、リスクの小さなビジネスではそこそこの利益が稼げれば十分ですが、リスクの大きなビジネスではその分大きな利益が期待されることになります。

SECTION

7-11 リスク管理の考え方

価格変動を確率分布に置き換えて最大の予想損失額を計算する

バリュー・アット・リスク（VaR）

VaRは、1990年代に米国で開発されたリスク測定の手法で、現在ではリスク管理の主流といえるものです。

基本的な考え方は、株価、金利、為替レートなどの変動を確率分布に置き換えて、実務上想定しうる最大の予想損失額を計算しようというものです。

簡単な例で、ある株を100億円保有しているとします。その株の将来の価格変動確率を正規分布に置き換えることができるとして、その標準偏差（ボラティリティ）が10日間で5%としましょう。

正規分布では確率の計算が簡単にできます。たとえば標準偏差の2・33倍を超える価格下落が生じる確率は約1%となります。

つまり、このポジションを10日間持っていたとして、100億円×5%×2・33＝11・65億円を超える損失が発生する確率は約1%です。これは、「99%の確率で、損失は11・65億円以内に収まる」と言い換えることができます。

この11・65億円がVaRです。専門的な言い方をすると、保有期間10日、信頼区間99%のVaRは11・65億円であるということになります。

10日－99%のVaRは、換金性が高く、大きな損失が発生したときにすぐに売れる資産

VaRの概念と流動性リスク

利益と損失の発生確率を以下のような正規分布で見積もると……

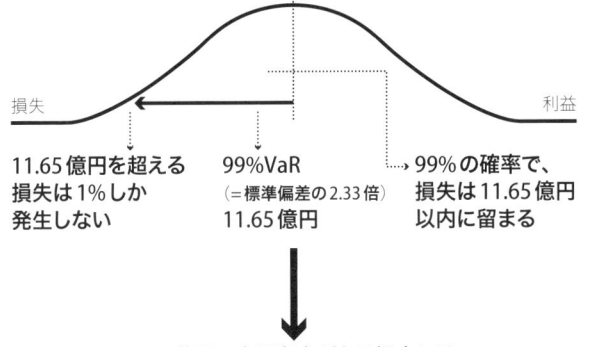

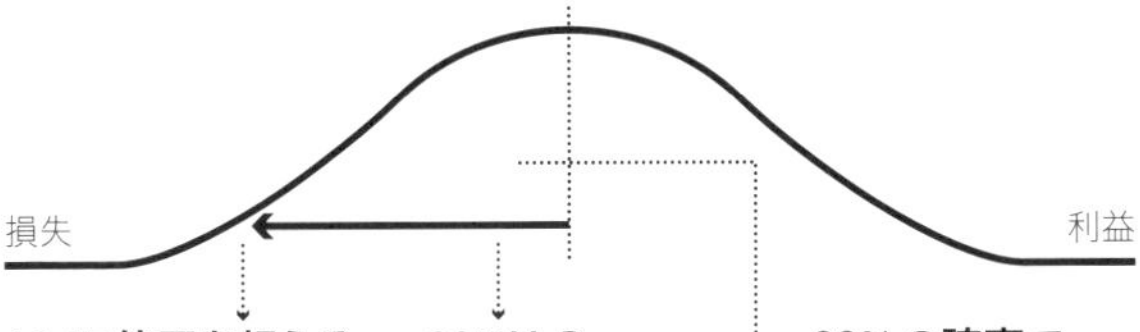

11.65億円を超える損失は1%しか発生しない

99%VaR
（=**標準偏差の2.33倍**）
11.65億円

99%の確率で、損失は11.65億円以内に留まる

↓

11.65億円の自己資本がある場合には、
99%の確率で破たんを免れる。

↓

ただし、実際には、自己資本が吹き飛ばなくても、
資金が足りなくなって債務を支払えなくなると
企業は倒産してしまう。

↓

流動性リスク管理も重要

資金繰りリスク：資金調達が困難になったり、資金が流出したりするリスク
市場流動性リスク：持っている資産が売却・換金できないリスク

に対して一般的に使われているものです。

これに対して、換金性が低く、すぐに売れないものはもっと厳しい条件でVaRを計算します。

また、信用リスクはやや特殊で、デフォルトが起きる確率はたとえば0・2%しかないが、そのときに巨額の損失が発生するというような特徴を持っています。こうしたリスクは1%以内の出来事を無視する99%のVaRでは十分に測定することができません。

そこで、銀行貸出などの損失リスクは、保有期間1年―信頼区間99・9%のVaRで計算するのが一般的です。

●流動性リスク

金融機関におけるリスクの主な発生源としては、自己資本比率規制のところで説明した市場リスク、信用リスク（カウンターパーティーリスクを含む）、オペレーショナルリスクのほかに、**流動性リスク**があります。

流動性リスクには2つの概念が含まれています。一つ目は資金繰りのリスクです。資金調達がうまくいかなかったり、予期しない資金流出が発生したりして、資金繰りが困難になるリスクです。

二つ目は、株や債券など通常は簡単に売却して現金化できるはずのものが、市場の混乱などによって売れなくなってしまうリスクです。これを市場流動性リスクといいます。

流動性リスクは、ただ損失を発生させるだけでなく、もし資金の手当てがつかなくなってしまうと即、破たんに追い込まれるという重大なリスクです。リーマン・ショックも、危機の本質はこの流動性リスクにありました。

事の重大性にかんがみ、バーゼル規制でも、バーゼルⅢで新しい流動性リスク管理の枠組みが導入されています。

SECTION 7-12

リスク管理の限界

100%のリスク管理はあり得ない

VaRの限界

リスク管理はとても重要ですが、リスク管理に絶対はないということを知ることはさらに重要です。とくにリスク管理の中心的な手法であるVaRには、最大の損失額を測りきれていないという批判が付きまといます。

1987年10月19日、米国の株式市場でブラックマンデーと呼ばれる大暴落が起きました。下落率は実に22・6%です。

当時はまだVaRという概念が登場していませんでしたが、もしVaRがあったとしても、このときの損失はVaRのリスク量をはるかに超えるものとなったことでしょう。

VaRの限界には2つの側面があります。

第一には、そもそもVaRの定義上、VaRを超える損失は発生しうるということがあります。VaRは、信頼区間が99%なら、1%の確率でVaRを超える損失が発生することを意味します。

つまりVaRは、厳密にいうと、予想される最大の損失額ではないのです。ではなぜ信頼区間を100%にして、厳密な予想最大損失額を計算しないのでしょうか。

それは、信頼区間100%だとリスク量があまりにも大きくなりすぎて、現実の業務が成り立たなくなってしまうからです。たとえば巨大隕石が衝突して地球が壊滅的被害を受ける可能性は厳密にはゼロではありませんが、

●ファットテールとリスク管理の限界

市場の価格変動（米国S&P500指数、月次、過去20年間）

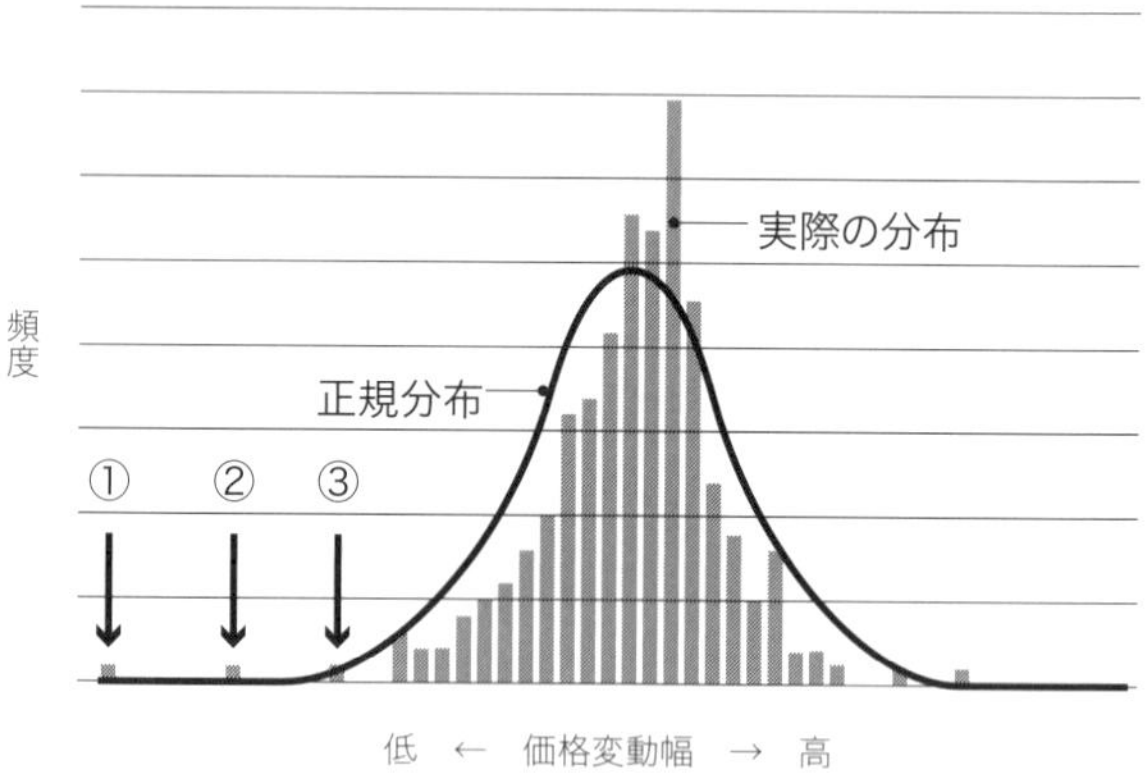

上のグラフは、過去20年間のSP500指数の月間変動率の分布を示したもの（図表4-6と同じ図）。
正規分布では想定されないような大きな価格変動（①〜③）がみられる。
これらの価格変動を正規分布で解釈すると、

①標準偏差の6.1倍＝約1億9千万年に一度の出来事
②標準偏差の4.6倍＝約4万6千年に一度の出来事
③標準偏差の3.4倍＝約230年に一度の出来事

がこの20年間で起きていることになる。

⟶ 大きな価格変動のリスクは、正規分布の想定よりもはるかに高い

ファットテール

こうした事前に予測することが困難な大きな価格変動のリスクをどう計測するかがリスク管理の大きな課題

それを言い出したらビジネスなどできません。

　ですから、リスク量は現実的な信頼区間のもとで計測するよりほかにありません。それが信頼区間99%とか、99・９%の前提となっています。

●テールリスク

　ＶａＲの限界の第二は、市場の構造に関するものです。ＶａＲはもっとも単純なものでは、相場変動が正規分布に従っているという仮定を置いています。実際の相場変動も多くの場合、正規分布に非常に近い形をしているのですが、厳密には正規分布で想定されるよりも大幅な価格変動が起きる可能性がわずかに高いということが知られています。

　これを、ファットテール（裾が広い、という意味）といいます。リスク管理の世界では、このファットテールにともなうリスク（**テールリスク**）が非常に大きな意味を持ちます。

　ブラックマンデーは、まさにこのファットテールに該当します。正規分布を想定した場合、１日で22・６%の価格下落は数億年に一度しか発生しないような事象なのです。

　本当に数億年に一度の事態がたまたま起きてしまったのかというと、正規分布の想定では１００年に一度とか何万年に一度しかありえない事象が実際には何度も起きています。つまり、実際の相場変動の構造は、正規分布などの単純な分布では厳密には表せないということになります。

　テールリスクをどうとらえるのかという問題には、まだ確たる回答がありません。実務上は、単純に正規分布を想定するのではなく、過去に実際に起きた大きな相場変動を元にして予想損失額を計算するべきという考え方が主流になっていますが、この方法でも過去に例を見ない事態に対処することは困難です。

COLUMN

VaRが暴落を招く

VaRによるリスク管理には、7—12で述べたような限界があるだけでなく、金融市場における価格変動を増幅してしまうという側面も指摘されています。これは、相場が荒れるとVaRが膨れ上がるという性質に起因しています。

VaRの基本概念は、将来の相場変動の幅を想定して、被りうる損失を推定するというものです。この将来の相場変動の幅の予想は、将来のことなので正確に予想することができず、基本的には過去の相場変動パターンを元に推測が行なわれます。

一般に行なわれているVaRの計測では、直近の過去何年間かの価格変動率を元にリスクが計測されます。これは遠い過去の出来事よりも、より新しい出来事のほうが将来の予測に有効であるという考え方に基づいています。

この方式だと、直近の市場が安定していればボラティリティは低く、したがってリスクも低く見積もられます。そのため、「安定した繁栄の時代にバブルの種がまかれている」という歴史の教訓をこの方式では勘案することができません。

逆に、バブルが崩壊して相場が急落するような局面になると、ボラティリティが上昇し、それがリスクの推計値を膨れ上がらせることになります。計測されるリスク量が大きくなると金融機関はリスクを減らすために資産の売却を迫られます。それが、株価などの資産価格のさらなる下落を促すのです。

こうして、膨れ上がるVaRを抑えるための売りが価格の下落を招き、それがボラティリティを押し上げてさらにVaRを膨れ上がらせるという、VaRと相場下落の悪循環が始まります。

リーマン・ショックではボラティリティが通常計測される水準の数倍にまで跳ね上がり、それによって膨れ上がったVaRを減らすための売りがさらなる暴落を招く一因になったと考えられています。

リスク管理が市場の混乱を広げ、結果的にリスク管理の有効性を阻害してしまうのです。これもまた克服すべきリスク管理の課題の一つといえるでしょう。

BEST INTRODUCTION TO ECONOMY

8章 金融がうまくいかないと大変なことになる!

SECTION

8-1 金融自由化と金融危機

金融分野においては「市場の機能」が必ずしも有効に働かない

●各国で進められた金融自由化

1986年、イギリスで**金融ビッグバン**と呼ばれる金融自由化が行なわれました。手数料の自由化、取引所集中義務の廃止、業務規制の緩和、外資参入の促進などを主な柱とした一大改革でした。

この改革により、イギリスでは伝統的な金融業者が次々と外資に買収されるなどで淘汰され、イギリスで開催されるのに活躍するのは外人選手ばかりという有名なテニス大会にちなんでウインブルドン現象と揶揄される状況となりました。

その一方で、ロンドンは国際金融センターとしての地位を不動のものとし、数多くのイギリス人が外資系金融機関に高給で雇われ、イギリス経済の復活に大きく貢献したといわれています。

イギリスの金融自由化の成功は各国にも影響を与え、日本でも「**日本版金融ビッグバン**」といわれる包括的な規制緩和策の導入が1996年に決定されました。

米国でも、順次規制緩和が進み、1999年には銀行と証券の分離を定めたグラス＝スティーガル法の撤廃により、金融自由化は一応の完成を見ました。世界最大の経済大国であり続ける米国では、金融は最も強力な産業分野のひとつであり、金融自由化により誕生した米国の巨大金融機関は、文字どおり世界

金融自由化の歩み

	日本での動き	海外での動き
1980年	外為法改正 （内外資本移動を原則禁止から原則自由へ）	
1983年		米国で金利自由化が完了
1982～84年	銀行による公共債の窓販（窓口販売）、ディーリング業務解禁	
1986年		英国で金融ビッグバン実施
1980年代後半	金利の自由化、外資金融機関の参入、ユーロ円取引の拡大など規制緩和が順次進む	
1993年	業際規制緩和 （銀行による証券子会社解禁）	
1996年 （～2001）	日本版ビッグバン （包括的な金融規制の緩和） 1998年、金融システム改革法成立 ・外為取引の完全自由化 ・持株会社を利用した銀行・証券、生保・損保などの相互参入解禁 ・手数料の自由化 ・商品の多様化 ・取引所集中義務の廃止 ・公正な取引ルールの整備など	
1999年		グラム＝リーチ＝ブライリー法成立 （銀行・証券の分離を定めたグラス＝スティーガル法の廃止）

を席巻する存在となっていきます。

こうした金融自由化の流れは、市場の力に委ねることで生産性が向上し、新サービスが生まれ、何か問題が起きたときにも、政府が下手に介入するより市場の自律的な調整機能にゆだねたほうがうまくいく、という考え方に基づいています。

そして、それは一面では正しい考え方だったといえます。

自由化が招く金融危機

その一方で、過度な金融自由化がその後のリーマン・ショックを招いたという批判もあります。

伝統的な経済理論では、何らかの要因で価格が上がれば、需要が減衰し供給が増えるため、価格上昇には歯止めがかかり、市場価格は安定に向かうことが想定されています。

だから市場に任せられるものは市場に任せればよい、という考え方につながっていくのですが、近年、金融に関してはこの機能が必ずしも有効に働かないことが明らかにされつつあります。簡単にいえば、株価が上昇するとさらに買い手（需要）が増え、株価をさらに押し上げるという作用が金融には備わっているということです。

また、5章でも触れましたが金融には景気のサイクルを増幅させる作用もあります。たとえば銀行貸出は景気拡大を支えますが、景気が拡大すると銀行貸出はさらに増加し、それがまた景気の拡大を強めます。逆に景気が悪化したときは、逆回転がかかります。金融のサイクルは、景気を過熱させすぎたり、その反動で恐慌を招いたりする性質があると考えられるのです。

実際に、金融の歴史は過熱（バブル）とその後の急反動の歴史です。これをうまく制御する方法は、いまだ見いだせていません。

SECTION 8-2

グローバル化と通貨危機・ソブリン危機

一国の経済危機が他国に容易に伝播しやすくなっている

金融のグローバル化

ユーロ市場と呼ばれる市場があります。もともとはロンドンを中心として、ヨーロッパで資産家などが保有しているドルを運用する市場として発展してきました。現在では、ある通貨が母国以外で取引されるのを広くユーロ市場といいます（欧州の統一通貨ユーロとは異なる概念です）。

たとえば、海外で円建ての貸し借りを行なったり、円建て債券を発行したりする場をユーロ円市場といいます。

このように、古くからマネーは容易に国境を超え、世界的規模で取引が行なわれる傾向があります。

現在では、中国など一部の新興国を除く主要国はおおむね資本規制（お金の流れを制限する規制）を撤廃しています。また前項で述べたような規制緩和により、外資系金融機関の相互参入も進んでいます。

その結果、マネーは瞬時に世界を駆け巡り、世界の金融市場が一体化して、1つの巨大なグローバル金融市場を形成するようになっているのです。

こうした金融のグローバル化は、経済のグローバル化が進む中で不可避の流れといえます。また、金融のグローバル化は世界の金融市場の効率性を高めて世界経済の発展に資するものと捉え、グローバル化を積極的に支持

●通貨危機発生のメカニズム

①経常収支悪化と固定相場制の組み合わせ

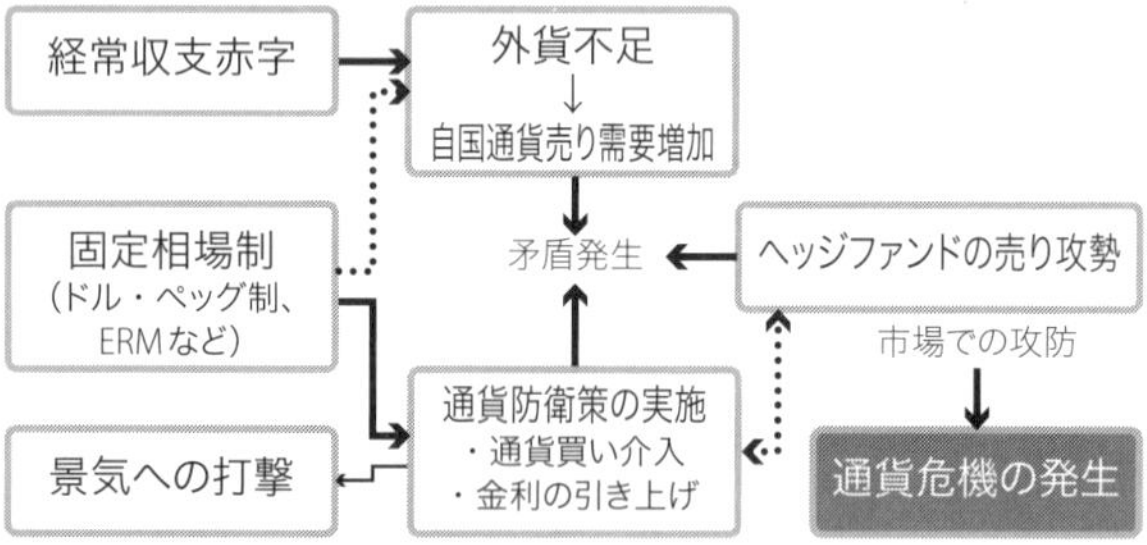

②財政赤字と海外資金への依存

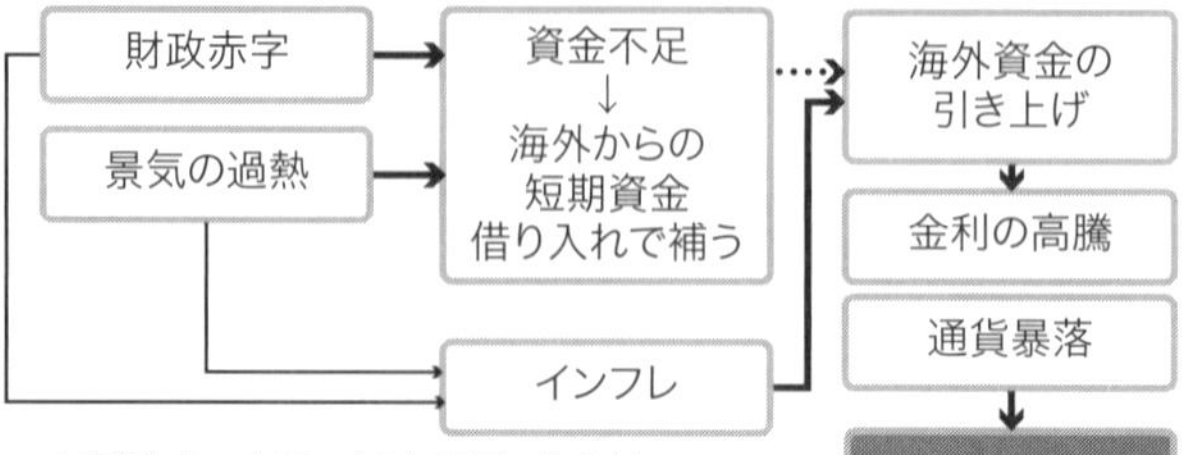

※実際には、上記のような要因の複合が
原因となることが多い。

KEY WORD

通貨危機、ソブリン危機：ある国から資金が国外に流出し、通貨が暴落することを通貨危機という。国債が売られて国家の信用不安を伴うときにはソブリン危機という言い方もされる。激しいインフレや国家の破たんに至ることが多い。

する考え方も見られます。

頻発する通貨危機とソブリン危機

その一方で、金融のグローバル化は米国流金融資本主義の押しつけであり、また米国による世界経済の支配を後押ししているとの批判があります。

さらに、金融のグローバル化が**通貨危機**や**ソブリン危機**を頻発させる原因となっているとの指摘もあります。

1997年、アジア通貨危機に際して、当時のマハティール・マレーシア首相が、ジョージ・ソロスを代表とするヘッジファンドこそ危機の元凶であると激しく非難しました。これに対して、ソロスや彼を擁護する米国高官が、危機の原因は各国経済の脆弱性と、偏った資本規制にあると反論し、激しい論争となりました。

たしかに通貨危機やソブリン危機では、初めにヘッジファンドが一斉に資金を投じ、次に手のひらを返したように一斉に資金を引き揚げるという行動パターンがよく見られます。

その反面、これらの危機は基本的に問題を抱える国に起こります。市場主義者からすれば、それこそが市場の役割であり、その市場の圧力が正しい経済政策を導入するインセンティブになると主張することでしょう。

また、反市場主義、反グローバル主義は、ただ反対するだけで現実的な代替案を提示していないという見方もできます。

ただし、金融のグローバル化にともなって一国の金融危機が他国に容易に伝播しやすくなっていることは確かです。危機の連鎖を防ぐために、国際的な協調と適切な金融支援の枠組みの重要性は今後さらに増していくものと思われます。

SECTION 8-3

サブプライム危機はなぜ起こったか

「自己増殖的な動き」がその背景にあった

●サブプライムローン問題の構図

サブプライムローン問題の概要と、その背景については7―9で少し触れましたが、ここでは問題がいかにして膨れ上がったのかを簡単に追いかけてみましょう。

サブプライムローンは、意義のある新しい金融サービスの提供という形で登場しました。リスクの高いローンも、適切な金利をとり、適切なリスク管理を行なえば適切な業務になります。また、サブプライムローンによって自宅の所有という夢をかなえることができた人も決して少なくなかったでしょう。

サブプライムローンの提供と、それによる新しい住宅取得者の増加は、住宅価格の持続的上昇の一因となります。これは、実需に支えられた価格上昇といえます。

住宅価格の上昇は、それだけ住宅の担保価値が上がることを意味しますので、金融機関もサブプライムローンの提供により積極的になっていき、それがまた住宅価格の上昇を招くという順回転が回り始めます。

このサブプライムローンの拡大は、金融技術革命によって生まれた証券化と結びつき、魅力あふれる新しい金融商品を生み出します。当時、低インフレ化で金利が低く抑えられていたこともあり、世界中の投資家がこうした証券化商品に飛びつくようになります。

証券化によって世界の投資家の資金を集め

資産バブルと金融の膨張

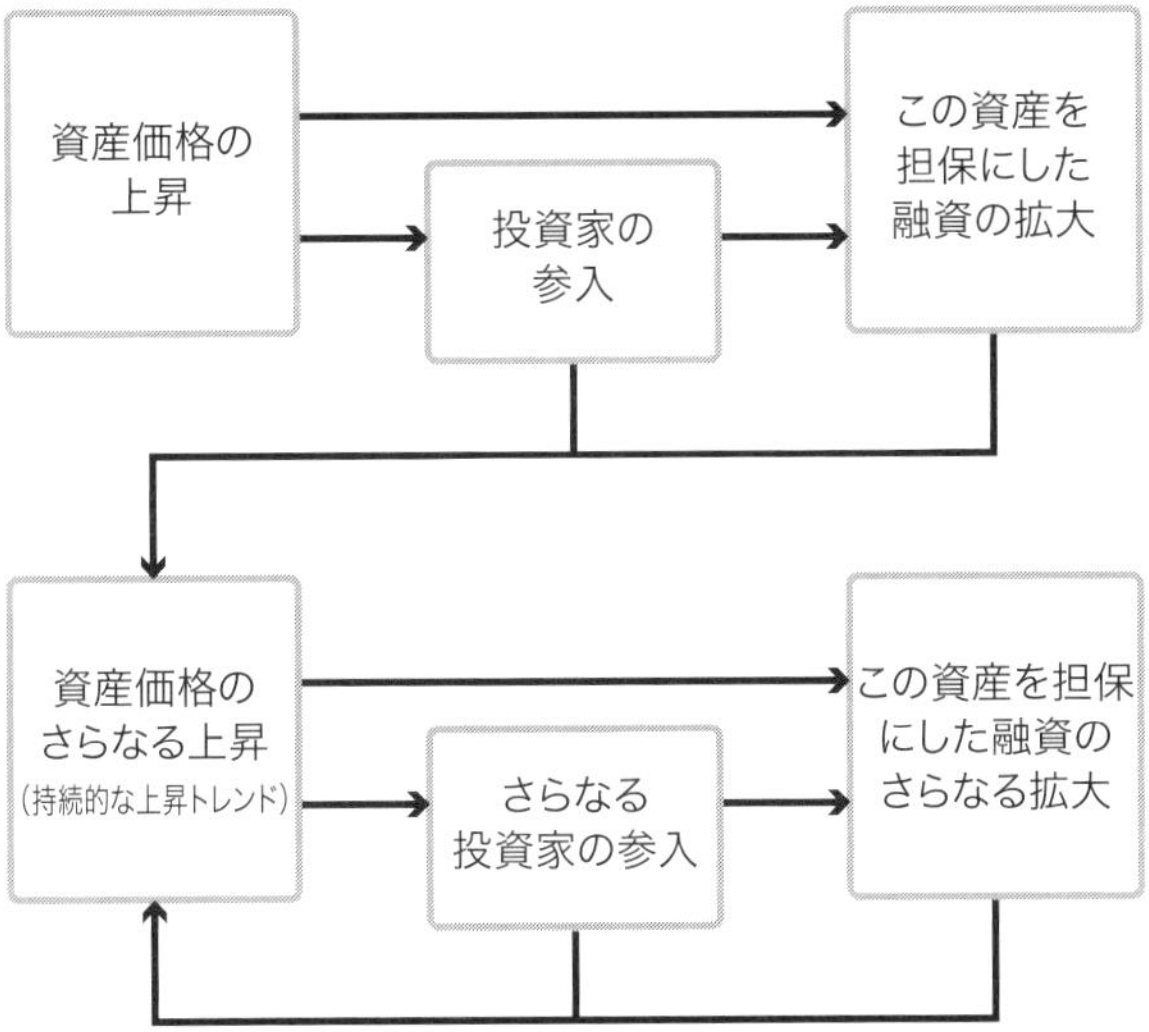

投資家

相場の上昇トレンドが続くと、投資家はより積極的になり、レバレッジを引き上げていく

↓

相場反転に脆くなっていく

金融機関

相場の上昇トレンドが続くと、銀行はより積極的になり、融資残高を膨らませていく

↓

相場反転に脆くなっていく

バブルには、このような金融の膨張サイクルが付き物である。

るようになったサブプライムローンは、さらに成長し、これが住宅価格を一層押し上げていきます。

住宅価格の持続的上昇は、投機的な行動を助長します。サブプライムローンでお金を借りて投機目的で住宅を買い、値上がりしたところで転売するという行為です。このあたりから少しずつ事態はおかしくなっていくのですが、いったん動き始めた正のフィードバック機能は強力です。投機資金の流入は、さらなる住宅価格の上昇を招き、それがさらなる投機資金を呼び寄せていきます。

こうして、サブプライムローンの増加、住宅価格の上昇、証券化による新たな資金の流入、投機の拡大などが、それぞれを強め合う要因となって、ブームが巻き起こります。

そして、サブプライムローンの審査は甘くなり、金融機関はリスク評価もそこそこに争ってこれらのローンを買い取って証券化し、世界中の投資家がそれに群がります。こうしてバブルは形成されていきます。歴史上のバブルはそれぞれ異なる特徴を持ちますが、資金の流入が資産価格の上昇を招き、資産価格の上昇がさらなる資金の流入を促すという自己増幅的な動きは常にその背景にあります。

そして、この自己増幅機能のエンジン役を果たしているのが、金融による資金流入の仲介機能なのです。ローンなど金融の仲介機能のことを「信用」ということがありますが、「信用」の膨張こそがバブルの主因であるという見解には説得力があります。

サブプライムローン・バブルの特徴は、その「信用」の膨張を支えた証券化が、シャドーバンキングであり、その実態がつかみにくいというところにありました。サブプライムローンのリスクがどこにどれだけ広がっているか、誰にもわからないままにバブルが膨らんでいったのです。

SECTION

8-4 システミック・リスク

連鎖倒産の可能性を避けるために市場機能が停止するとより深刻な事態に

●悪いことは次々に起きる

歴史の教訓が教えることは、バブルがいつかは必ずはじけるということです。そして通常、バブルの崩壊は急激で、しばしば市場の暴落を伴います。

借金をして投機目的で住宅を購入している人を想像してみましょう。住宅価格の上昇が止まると、彼らは利益を得ることができないばかりか、売却代金で返済を見込んでいた金利の高いサブプライムローンの返済がままならなくなります。

返済が滞ると、ローン業者は担保となっている住宅を差し押さえ、これを売却して債権を回収しようとします。それが住宅価格を押し下げる要因となり、住宅価格の下落がさらなる返済不能者を増やしていきます。

バブルを育んできた順回転のフィードバック機能が、今度は逆回転し始めるのです。

そして損失が表面化し始めると、人は恐怖にとらわれ、やがてパニックに陥ります。このパニックこそが、バブルの崩壊が急激なものになりやすい原因だと考えられます。

いずれにしても、いったんバブルが崩壊すると、次から次へと予想を超える悪いことが起こります。人はいつまでも悪いことが続くはずがないと思いたがるのですが、ひとつの悪いことが次の悪いことを引き起こす原因となるため、物事は連鎖していくのです。

●金融市場と住宅市場の悪循環

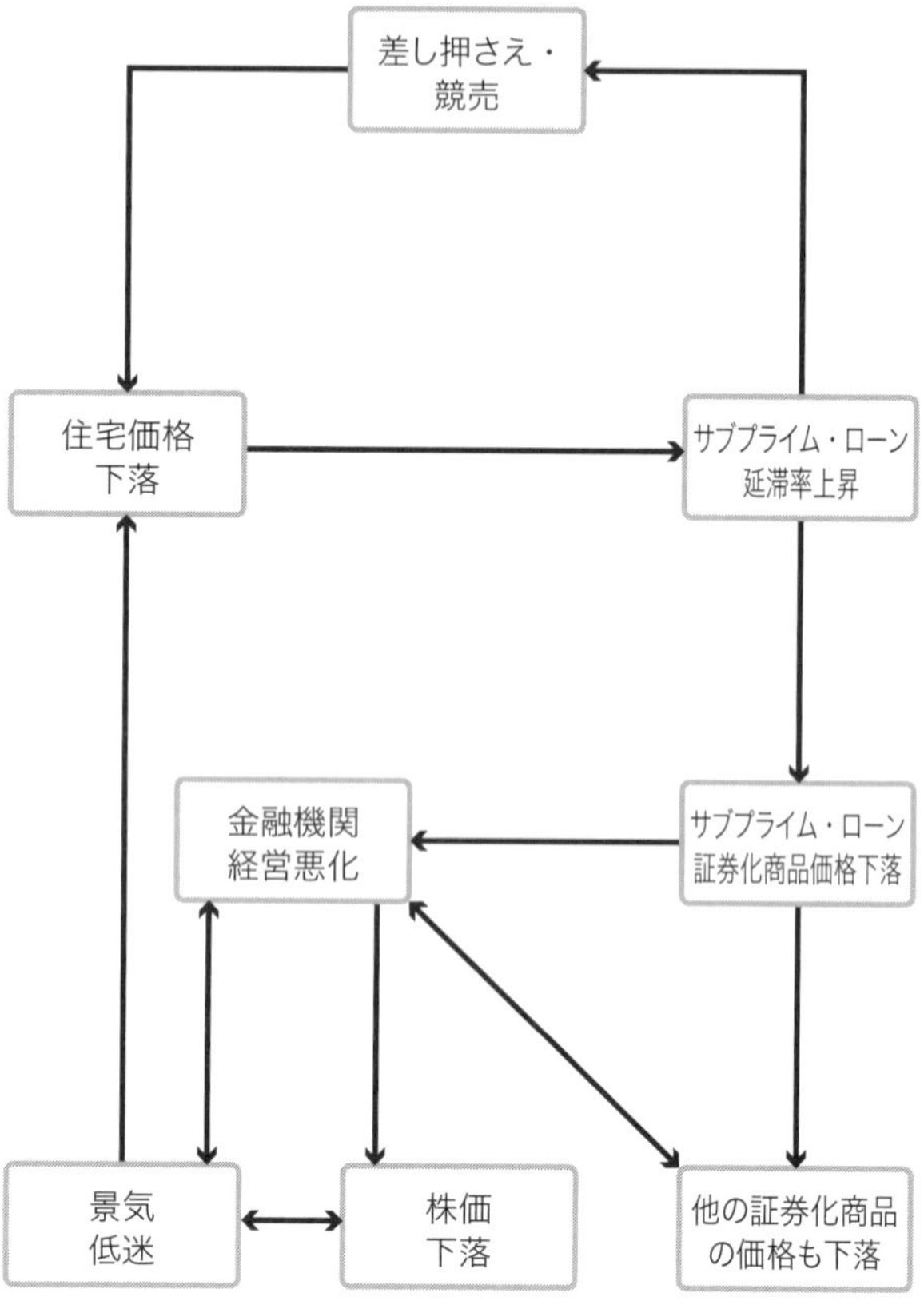

危機の連鎖

バブルの崩壊は、資産価格の下落↓投機家の破たん↓資産価格のさらなる下落↓一般投資家や一般の債務者の破たんという軌跡を描き、投機家や一般投資家、あるいは一般債務者への貸付が焦げ付いて、銀行に不良債権の山を築きます。

　銀行の経営悪化は、銀行の貸し渋り、貸し剥がしを招き、資産価格のさらなる下落と景気の悪化を招いていきます。

　これだけでも十分に恐ろしいのですが、金融機関の経営が悪化すると金融システムの動揺というさらに恐ろしい事態が待ち受けます。

　金融システムが、金融機関同士の巨額の取引ネットワークに支えられていることは何度か指摘しました。ある金融機関が経営破たんをすると、この巨大取引ネットワークの中に巨額の損失や資金不足が発生し、連鎖倒産が起きる可能性が生まれます。これが**システミック・リスク**です。

　危機時には、こうしたシステミック・リスクに巻き込まれないために、金融市場の参加者は、取引相手の経営状態に過敏になります。

　ある銀行の経営状態が悪いらしいという噂がいったん広まると、その銀行は金融市場の取引ネットワークから締め出され、リスクのヘッジも資金繰りもままならなくなり、本当に危機を迎えてしまいます。

　サブプライムローン問題のときは、証券化によってリスクが分散されていたため、誰がどれだけの損失を負っているのかがわからず、事態はより深刻でした。誰もが相手に関わらずに取引をしなくなり、金融市場はその機能を果たせなくなっていったのです。それがついには、リーマン・ショックへと発展していきます。

SECTION 8-5

銀行救済の意義と問題点

破たんはシステミック・リスクを引き起こし、救済はモラル・ハザードを招く

●安易な救済と危機の放置

　システミック・リスクへの恐れは、それ自体が金融市場を収縮させ、新たな危機を巻き起こします。それを防ぐには、銀行や大手金融機関の破たんが未然に防がれるという確信を市場に与えることが必要です。

　しかし、ここにむずかしい問題が出てきます。確実に破たんしないことが保証されていれば、当の金融機関は失敗を恐れずに行動できることになります。極端なことをいえば、ローンの審査やリスク管理などする必要がなく、野放図にリスクをとるようになってしまうのです。モラル・ハザードの問題です。

　また、経営危機に陥った金融機関に対して破たん防止策を政府がとることに対しては、政治的に厳しい批判がつきものです。一般企業は経営に失敗すると倒産するのに、なぜ銀行は倒産から守られるのかという反発があるからです。

　加えて、銀行の破たん防止は不良債権を抱える不健全な銀行を温存することにつながり、その結果、金融機能がいつまでも回復せず、経済の低迷を長引かせることになります。

　つまり、金融機関の破たんはシステミック・リスクの引き金を引きかねませんが、かといって安易な救済はモラル・ハザードを招き、政治的な批判を浴び、経済の低迷を助長するという恐れを生むのです。金融には様々

バブルとその崩壊

①世界恐慌～米国の株価変動（単位:ドル）

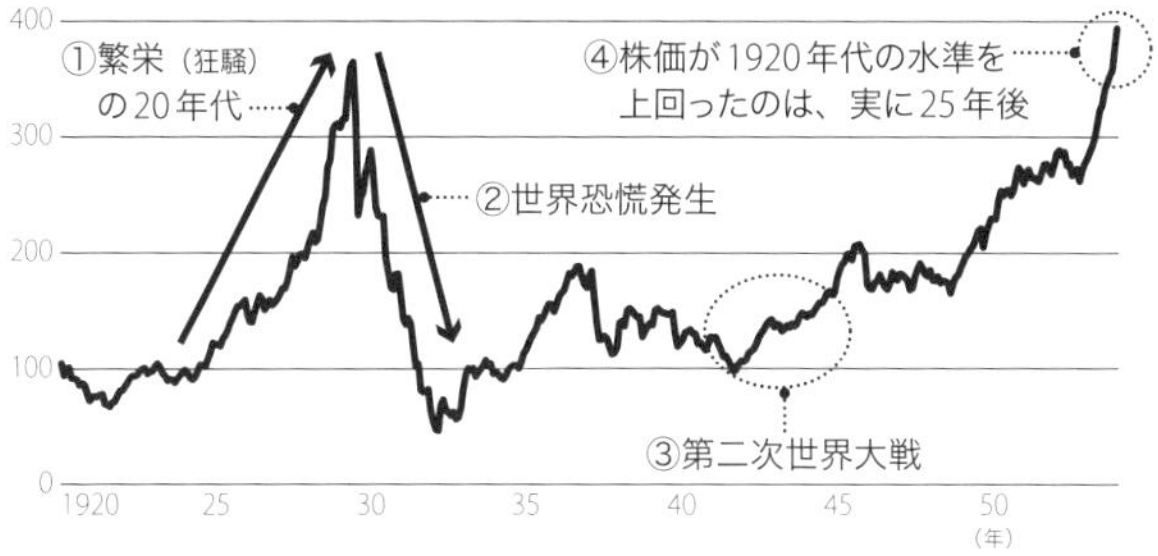

②日本のバブルとその崩壊（単位:円）

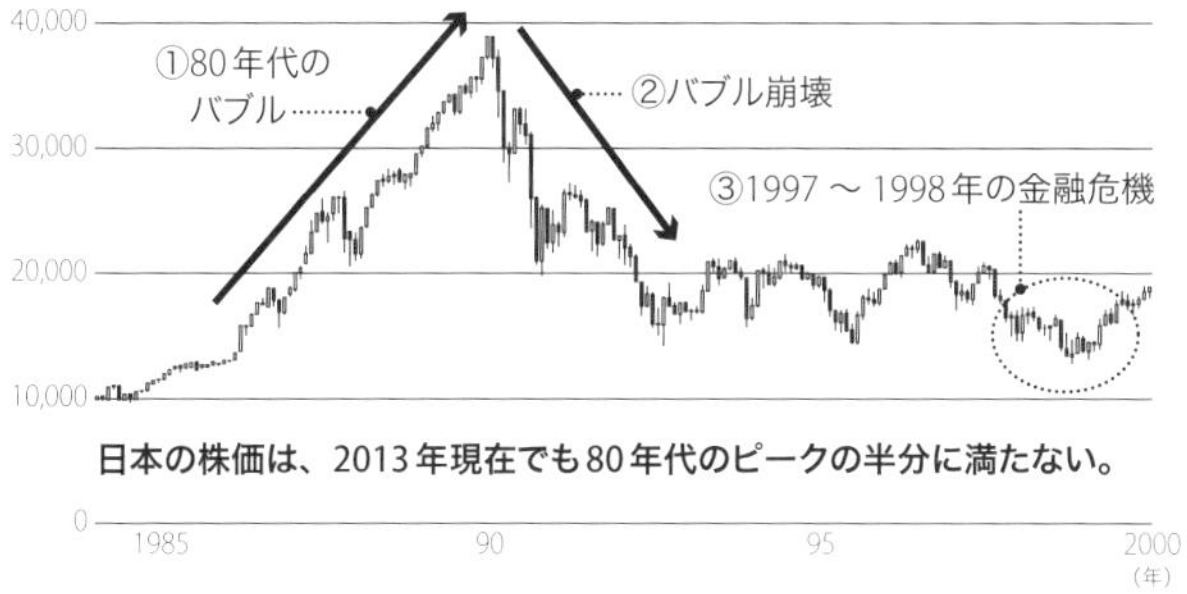

KEY WORD

セーフティネット：リスクの拡大を防ぐための安全網。

2　8章
3　金融がうまくいかないと
7　大変なことになる!

な矛盾が潜んでいますが、これこそがその最大のものといっていいでしょう。

１９３０年代の世界恐慌は、米国株式相場の暴落に始まったといわれていますが、近年の研究では、その後の金融政策に問題があったという見方が有力になっています。

銀行に厳しい対応をとり、その経営危機に対して何ら有効な策をとらなかったために、銀行の連鎖倒産が発生し、それが恐慌につながったというのです。

一方、１９９０年代の日本ではバブルの崩壊で銀行が山のような不良債権を築いてしまいましたが、政府は銀行に厳しい態度を取らずに、問題を先送りしようとしました。

そのために問題は解決するどころか悪化を続け、景気は長期にわたって低迷します。そして、１９９７～98年にかけて大手金融機関が相次いで破たんする事態に至るのです。

政治は金融危機を救えるか

いまのところ、システミック・リスクを防ぐための政策としては、安易な救済はせず、経営が立ち行かなくなった金融機関については、システミック・リスクに発展しないように様々な**セーフティネット**を張りながら、スムーズに破たん処理を進めるというのが一応のコンセンサスとなっています。

しかし、スムーズな破たん処理といっても現実にはそう簡単なものではありません。とくにグローバルに活動する巨大金融機関の破たんは何を引き起こすのか事前に予想することが困難です。

ですから、実際にはこうした巨大金融機関の破たん処理はシステミック・リスクを引き起こす可能性を排除できません。これが「大きすぎてつぶせない（**トゥー・ビッグ・トゥー・フェイル**）」と呼ばれる問題です。

SECTION
8-6 リーマン・ショック

米国議会の政治的な配慮が史上最大規模の暴落を引き起こした

救済への批判がリーマン破たんへと繋がる

２００８年3月、米国第5位の大手証券会社ベア・スターンズが突如として破たんの危機を迎えます。サブプライムローンがらみの損失が膨らみそうだという疑念から、資金調達が困難になったのです。

このとき、政府・ＦＲＢは、システミック・リスクへの発展を防ぐため、公的支援付きで米国最大規模の金融機関グループであるＪＰモルガンによる救済合併を後押しします。

しかし、サブプライムローン問題の傷跡は深く、危機はそれで終わりませんでした。

9月には、巨額の債券を世界中の投資家向けに発行している2つの巨大住宅金融会社が事実上国有化されます。しかし、これらの処理は金融機関の安易な救済として激しい批判を浴びるようになります。

次に焦点となった米国第4位の証券会社リーマン・ブラザーズの破たん危機に際し、政府・ＦＲＢは公的支援を断念し、民間による救済スキームを模索します。

あと一歩というところまでこぎつけたこのスキームは結局、成就せず、リーマンは9月15日に破たんを申請します。

巨大金融機関の破たんは、様々な連鎖反応を呼び起こしました。これに巻き込まれないように、米国第3位の証券会社メリルリンチは大手銀行グループであるバンク・オブ・ア

サブプライム危機とリーマンショック時のモルガンスタンレーの株価

株価推移（単位:ドル）

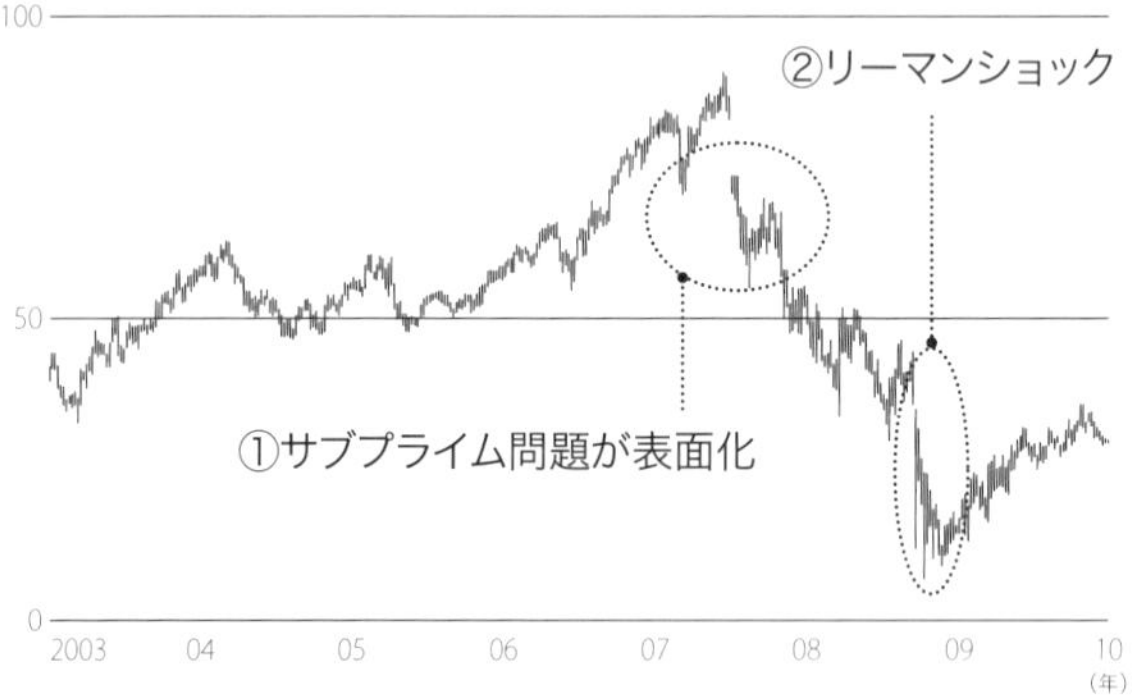

出来高（単位：●）

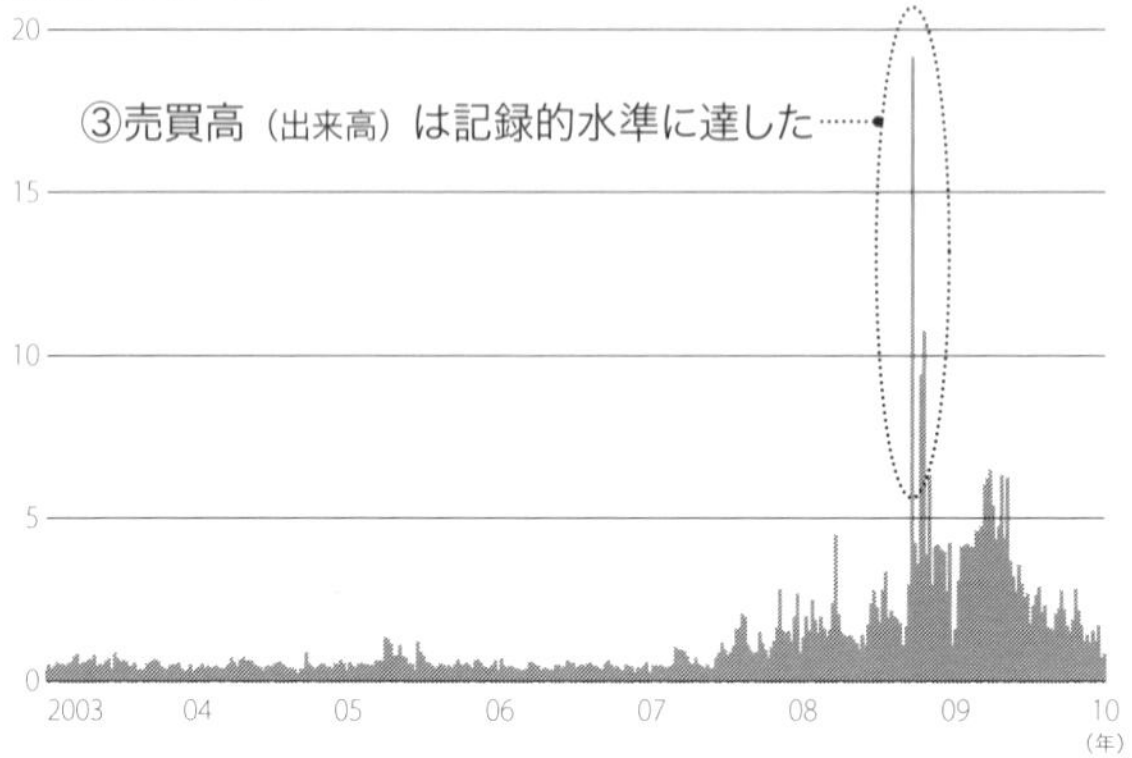

メリカへの身売りを決断します。

9月16日には、クレジット・デリバティブの総元締めのような存在だった保険会社大手のＡＩＧが破たん寸前に追い込まれます。政府・ＦＲＢは、公的支援をしないという方針をわずか1日で放棄し、ＡＩＧの実質国有化に舵を切ります。ＣＤＳ市場を通じたシステミック・リスクが大きいと判断したのです。

しかし、市場はすでにパニックに陥っており、売りが売りを呼ぶ展開が止まりませんでした。そんな中で、米国第2位のモルガン・スタンレー、さらには世界最強といわれるゴールドマン・サックスにまで危機が及びます。

もはや市場は完全に冷静さを失っていました。しかし、米国議会が包括的な金融危機対策を9月29日に否決したとき、それまでの相場下落が単に序章にしか過ぎなかったかのような本当の大暴落が起こりました。政治家たちは、選挙が間近に迫っていたため、世論に受けの悪い政策を拒絶したのです。

このとき、市場関係者は奈落の底に落ちていくような恐怖を味わいました。結局、修正法案が10月3日に議会を通過し、やがて大手金融機関に巨額の公的資金が注入されることで、ようやく混乱は収束に向かっていくことになります。

リーマン・ショックは、市場の行き過ぎが生んだ混乱でしたが、政治もまた混乱の収束に失敗し、それどころか政治的配慮を優先した米国議会の判断が史上最大規模の暴落の引き金を引くことになったのです。

政府・ＦＲＢによる危機対応もその場しのぎで一貫性がなかったという批判があります。その一方で、激変する環境の中での対応には限界があります。このような状況の中で、政府・ＦＲＢが迅速に手を打ち続けたことが、世界経済の崩壊を寸前で食い止めたと評価する声もあります。

SECTION
8-7 金融システム危機の影響
実体経済への打撃も深刻で、余波はまだ終わっていない

リーマン・ショックがもたらした惨禍

リーマン・ショックのような金融危機は、経済に何をもたらすのでしょうか。

２００７年10月から２００９年3月にかけて、米国の株価は最大58%下落しました。欧州の状況も同様に悲惨です。

また、欧米ではリーマンをはじめとしていくつもの金融機関が破たんします。破たんを免れた金融機関もまた大幅に業務を縮小し、大規模なリストラが相次ぎました。

影響は金融界に留まりません。実体経済への打撃も深刻でした。主要国は軒並み景気後退に陥り、失業率が跳ね上がっています。これに対応して、欧米各国は軒並み大胆な金融緩和政策をとります。

日本では、サブプライムローンの直接の影響が少なく、金融システムの動揺も抑えられました。それでも、株価の下落率はやはり58%に達し、経済は低迷に陥って再びデフレ懸念が襲います。

リーマン・ショックは、世界経済における米国の覇権を揺るがせると同時に、中国経済の台頭を印象付ける出来事にもなりました。

中国経済は、大規模な景気対策を打って景気後退を免れ、それが世界経済の悪循環を断ち切ったと評価されています。そして、中国の経済規模は、２０１０年に名目ＧＤＰで世界第2位に躍進を果たします。

リーマンショックの影響

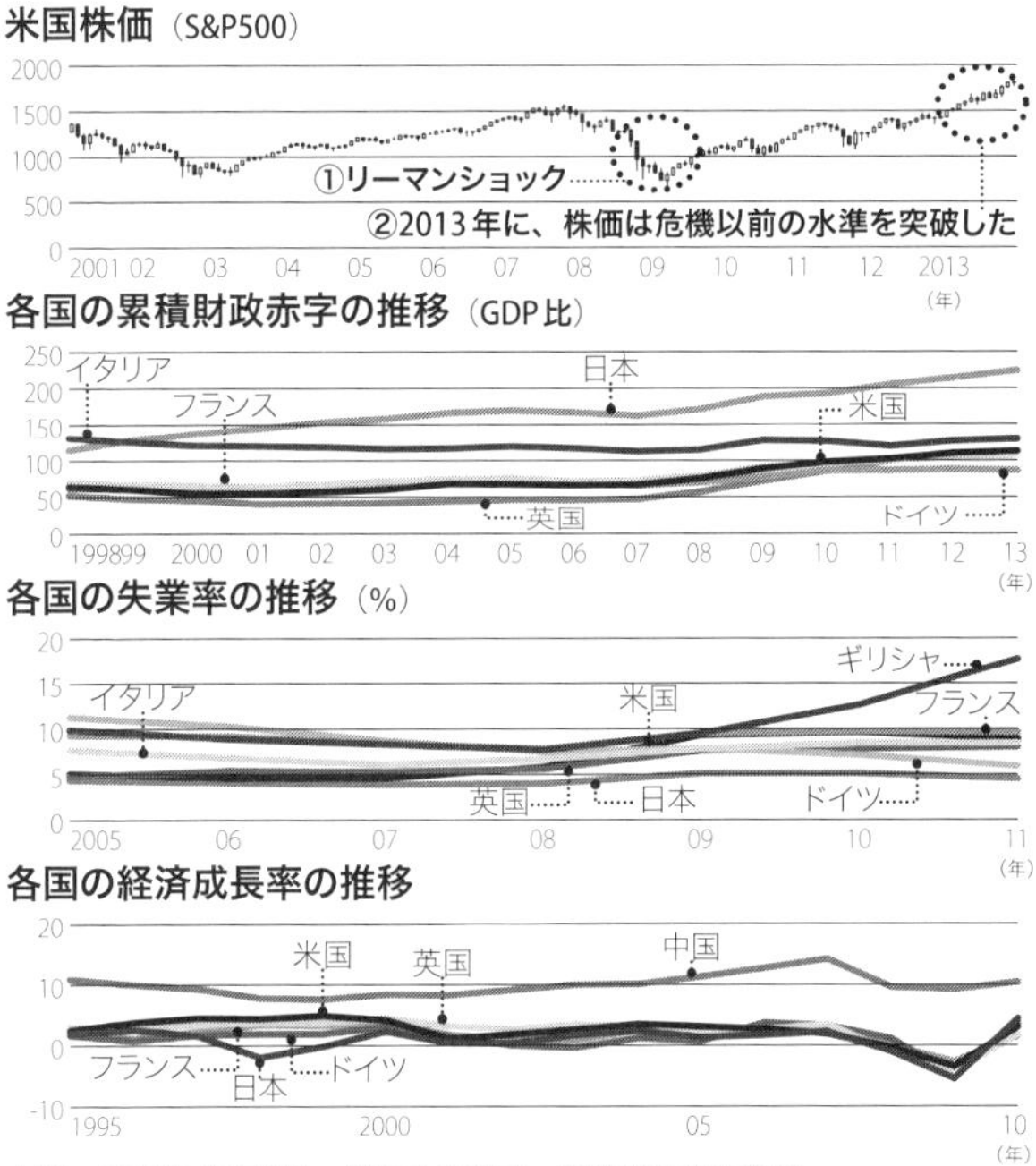

出所：財務省公表資料、労働政策研究・研修機構公表資料

KEY WORD

IMF：国際通貨基金。国際復興開発銀行（世界銀行）と並ぶ国際通貨体制の中核的存在。主要国の出資により運営され、通貨危機、ソブリン危機を迎えた国に支援融資をする見返りに、様々な経済改革を要求する。

ただしその後、中国経済にもバブルの影が差し始めます。バブルの崩壊を支えようとする試みが新たなバブルの芽を育むというのもまた、金融の歴史では繰り返されてきたことなのです。

ソブリン危機

リーマン・ショックの大きな帰結のひとつは、各国の財政問題を悪化させたことでした。世界で最も信用力が高いとされている米国では、危機対策や景気対策で対ＧＤＰ比の累積財政赤字が危機前の60%程度から１００％以上にまで跳ね上がります。英国でも似た状況です。

欧州も大きな打撃を受けましたが、それが欧州内の格差問題に発展します。イタリア、スペインなどの南欧諸国は問題をかかえ、ドイツと並ぶ欧州統合の中心国だったフランスも影響力を落としていくなか、ドイツは強さを維持し、一人勝ちの様相を呈します。

そんな中で欧州を揺るがせたのがギリシャ危機です。もともと経済基盤が脆弱だったギリシャで、２０１０年１月にデリバティブを悪用した財政赤字隠しが発覚し、それを契機にギリシャ売りが始まります。ギリシャは結局、ＥＵとＩＭＦによる救済策を受け入れることになります。

その後、２０１３年4月に米国の株価は危機前の水準を回復します。それでも、失業率は依然として高水準で、金融市場に対する信頼は完全には回復していません。

この間の経済の回復、とりわけ株価の回復には、大胆な金融政策が大きな効果を持ったと考えられています。しかし、異例な金融緩和もいつかは正常化しなければならず、それに世界経済が耐えられるかどうかは定かではありません。リーマン・ショックの余波はまだ終わってはいないのです。

SECTION 8-8

新たな規制の動向

金融業界からの反発は大きいが、規制を強化する方向性は不可避

●マクロ・プルーデンス

リーマン・ショックは、金融規制のあり方にも大きな一石を投じました。

リーマン・ショックはシステミック・リスクの典型です。個別の金融機関の経営状況を規制・監督するという従来のミクロ・プルーデンスを強化することに加え、金融システム全体の安定を重視するマクロ・プルーデンスの考え方が重視されるようになります。

たとえばバーゼル規制は、バーゼルⅢで自己資本比率規制が大幅に強化されます。そして、そこにマクロ・プルーデンスの視点がとり入れられています。具体的には、

- ●グローバルに重要な金融機関については、さらに自己資本比率を引き上げる
- ●景気拡大期には自己資本比率を引き上げ、景気後退期にそれを取り崩すことで、金融が景気変動を増幅する機能を抑える

などが盛り込まれています。

また、グローバルな金融機関の取引状況や、それらの金融機関のあいだの依存関係などを常時把握できるように、新たなモニタリング機関としてFSB（金融安定化委員会）が設置されています。

また、金融規制の新たな流れとして、金融自由化の中で緩和・撤廃されてきた業務規制を復活させようという試みもあります。

代表例が米国のドッド=フランク法で、こ

●バーゼル規制の強化

自己資本比率規制強化は、2013年以降に段階実施

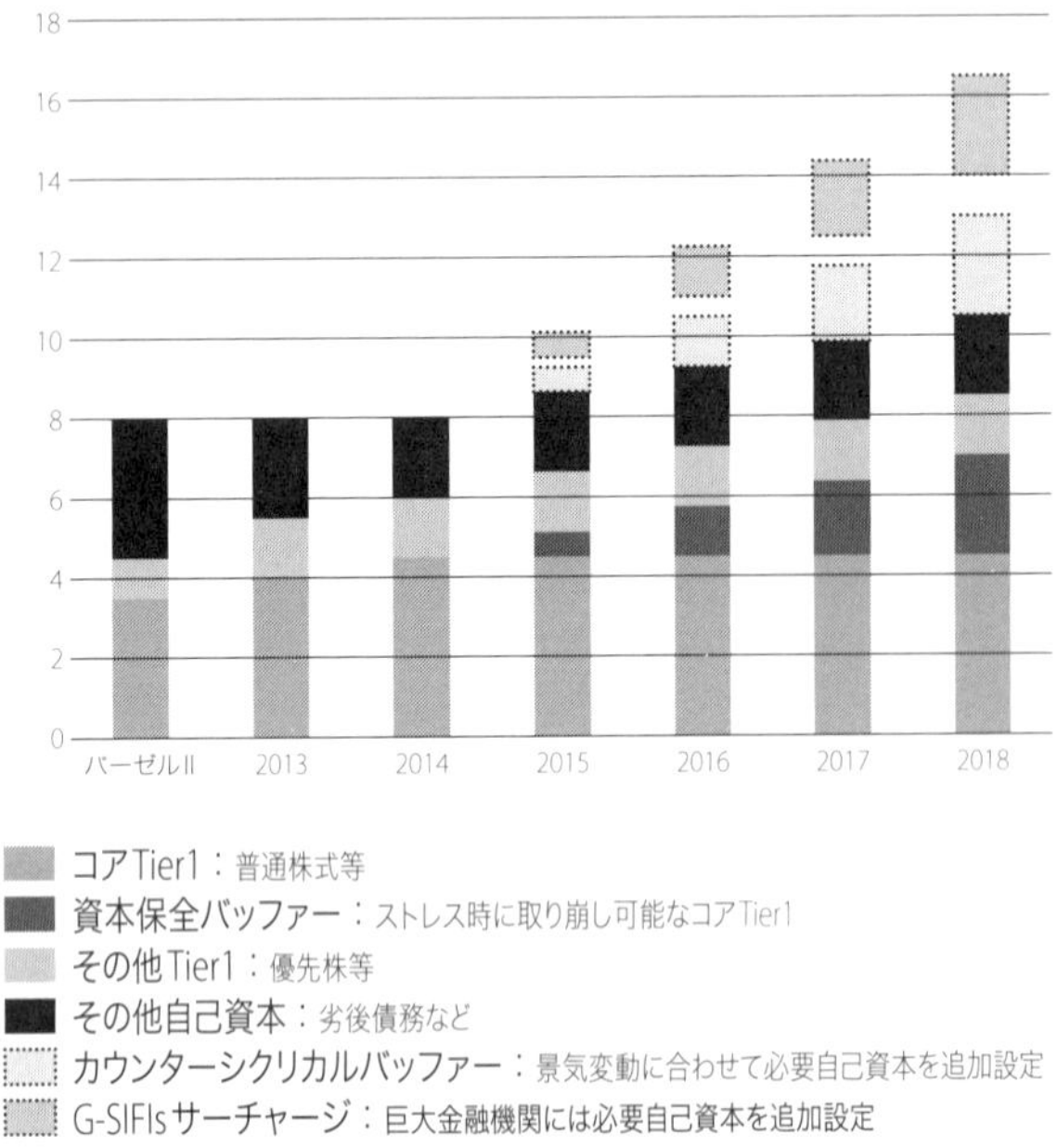

バーゼル規制で強化される他の主な項目

- 証券化商品のリスク評価を厳格化
- デリバティブのカウンターパーティーリスク管理の強化
- 流動性リスク規制の導入
- レバレッジ規制の導入

のなかに銀行がリスクの高い自己勘定売買業務を行なうことを原則禁止する**ボルカールール**が盛り込まれています。

規制の強化は何をもたらすのか

ただし、こうした規制強化の流れに対して、金融業界からは根強い反発の声も上がっています。金融業界は元来政治力の強い業界で、ボルカールールについても銀行界の抵抗で完全実施が危ぶまれる状況となっています。

ただし、総じて金融業界に対する政治的風当りは強く、全体としては大幅に規制が強化される流れになっています。

リーマン・ショックという大きな出来事の後だけにその方向性は不可避だと思われます。ですが、厳しい規制を課すことが何をもたらすのかについては必ずしも同意が得られていません。

- 過去何度も繰り返されてきたバブルとその崩壊は、規制を強化しさえすればはたしてなくなるのか
- 規制の強化は、金融機能を弱め、長期的な経済発展に負の影響を与えるのではないか
- 市場を批判し、政府の介入を是とする風潮は、政府部門の比重を引き上げ、それが生産性の改善を妨げ、ついには政府の失敗を呼びこすのではないか

これらの疑問に、明確な答えは用意されていないのです。

一方で、市場に任せておけば万事うまくいくという考え方も信頼を失ったままです。本書でも繰り返し指摘してきましたが、金融には放っておくとバブルを生み、それを破裂させてしまうメカニズムが組み込まれています。

リーマン・ショックを契機に始まった適切な金融システムのあり方を探る道は、まだ始まったばかりといえるでしょう。

COLUMN

1998年、ロシアでソブリン危機が起きると、LTCMは価格が大幅に下がったロシア国債を割安と見て大量に取得します。しかし、ついにロシアがデフォルトに陥ったため、LTCMは巨額の損失を被ってしまいます。レバレッジが高い場合、資産の一部が毀損するだけで破たんのリスクは大幅に高まります。LTCMの危機はまさにその典型例でした。

結局、LTCMは当局の指導の下で民間銀行コンソーシアムの融資を受けて取引を継続したうえで、解体処理が進められます。

近年、新たなヘッジファンドの帝王といわれるのが、ジョン・ポールソンです。

ポールソンは、サブプライムローンのバブルが崩壊することをいち早く予見し、一世一代の賭けをします。サブプライムローンを組み込んだ証券化商品の破たんを補償するCDSを大量に買い込んだのです。

ポールソンの賭けは当たり、「史上最大のボロ儲け」という書物の題名にもなったほどの利益を上げます。2007年1年間で、その収益は1兆数千億円、ポールソン自身の年間報酬は4000億円近くに上りました。

ちなみに、ヘッジファンド・マネジャーの報酬は、通常の運用管理手数料のほかに、成功報酬として投資リターンの25%程度が相場とされています。リスクを大きくとり、巨額の利益を上げると、数千億円規模というとてつもない報酬を得ることができるのです。だからこそ、ヘッジファンド・マネジャーは、レバレッジを掛けたり、一世一代の大博打をうったりします。

ソロスのポンド売りは、不適切な為替レートを是正する役目を果たしました。ポールソンのバブル崩壊への賭けは、市場の健全な調整機能と考えることもできます。しかし、一部のヘッジファンドがあまりにリスクを過大にとり、失敗すれば市場を危機に陥れかねないことはLTCMの失敗からも明らかです。

数千億円という常識はずれの報酬は、市場を揺るがすだけのリスクをとる結果として得られているものであり、金融が世界経済を振り回す現象の象徴といえるかもしれません。

ヘッジファンドの興亡

ヘッジファンドには、専門分野に特化して地道に投資を続けるファンドも少なくありません、しかし、ヘッジファンドといえば、やはり派手に巨額の資金を振り回すのが一般的なイメージでしょう。

代表格としては、ヘッジファンドの帝王と呼ばれたジョージ・ソロスのクオンタム・ファンドがあります。1992年当時、英国はERMという欧州域内の為替レートを事実上固定する制度に加盟していました。ソロスは、ERMによって英ポンドがあるべき水準よりもはるかに高い水準に固定されていると考え、ポンド売りを仕掛けます。

英国の中央銀行であるイングランド銀行（BOE）は、金利引上げやポンド買い介入で必死にERMを維持しようとしますが、ソロスに誘発されたポンド売りによってついにERMからの離脱に追い込まれます。これにより、ポンドの為替レートは急激に低下しました。

ソロスは、世界最古の中央銀行といわれるイングランド銀行を打ち負かした男として一躍名を馳せます。このときのソロスの上げた収益は、当時の日本円で2000億円規模といわれています。

ちょうどその直後にLTCMというヘッジファンドが創設されました。創設者は、名門投資銀行のソロモン・ブラザースでアービトラージ部門を率いた伝説のトレーダー、ジョン・メリウエザーです。オプションの価格計算モデルとして有名なブラック=ショールズモデルを開発し、1997年のノーベル経済学賞を受賞したマイロン・ショールズとロバート・マートンをアドバイザーに擁した文字どおりのドリーム・ファンドでした。

LTCMの取引手法は、割安な債券を買い、割高な債券を売るという現在ではリラティブ・バリューといわれるものです。設立当初に好成績を上げ、投資家から巨額の資金を引き付けたLTCMは、その期待に応えるために、次第にレバレッジを効かせて大きくリスクをとる戦略に傾斜していきます。レバレッジは最大で25倍、スワップなどの契約額は100兆円を超えたといわれています。

INDEX — 索引

田渕直也（たぶち なおや）
1963年生まれ。1985年一橋大学経済学部卒業後、日本長期信用銀行に入行。海外証券子会社であるLTCB International Ltdを経て、金融市場営業部および金融開発部次長。2000年にUFJパートナーズ投信（現・三菱UFJ投信）に移籍した後、不動産ファンド運用会社社長、生命保険会社執行役員を歴任。現在はミリタス・フィナンシャル・コンサルティング代表取締役。シグマベイスキャピタル株式会社特別研究員フェロー。『図解でわかる　ランダムウォーク＆行動ファイナンス理論のすべて』『新版　金融の基本』（日本実業出版社）、『ファイナンス理論全史』（ダイヤモンド社）など著書多数。

見《み》る・読《よ》む・深《ふか》く・わかる
入《にゅう》門《もん》 金《きん》融《ゆう》のしくみ

2014年３月１日　初版発行
2020年10月20日　第６刷発行

著　者　田渕直也　©N.Tabuchi 2014
発行者　杉本淳一

発行所　株式会社日本実業出版社　東京都新宿区市谷本村町3−29　〒162−0845
大阪市北区西天満６−８−１　〒530−0047
編集部　☎03−3268−5651
営業部　☎03−3268−5161　振　替　00170−1−25349
https://www.njg.co.jp/

印刷／厚徳社　製本／共栄社

この本の内容についてのお問合せは、書面かFAX（03−3268−0832）にてお願い致します。
落丁・乱丁本は、送料小社負担にて、お取り替え致します。

ISBN 978-4-534-05163-9　Printed in JAPAN